RICHELIEU

A LUÇON

SA JEUNESSE — SON ÉPISCOPAT

RICHELIEU

A LUÇON

SA JEUNESSE — SON ÉPISCOPAT

PAR

L'abbé L. LACROIX

du Clergé de Paris

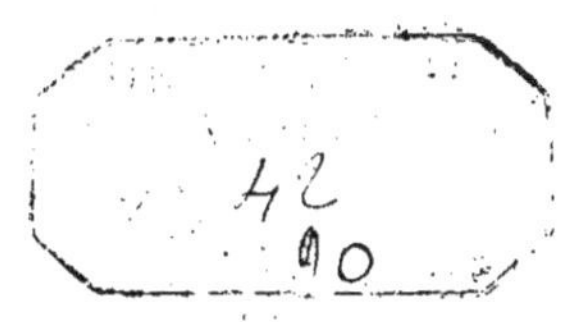

PARIS

LETOUZEY ET ANÉ, ÉDITEURS

17, RUE DU VIEUX COLOMBIER, 17

—

1890

INTRODUCTION

L'objet de cette étude est de raconter la jeunesse et l'épiscopat du cardinal de Richelieu.

On connaît l'homme d'État qui, pendant dix-huit ans, a été le maître de la France et l'arbitre de l'Europe; on connaît le diplomate souple et tenace qui a signé tant de traités glorieux et qui a su *égrener le chapelet d'Espagne;* on connaît l'homme de guerre qui, la cuirasse au corps et le casque en tête, réduisit la Rochelle, créa et organisa des armées, et porta à la maison d'Autriche des coups dont elle ne s'est jamais relevée ; on connaît aussi le ministre redoutable qui a fait tomber tant de têtes rebelles et a dompté la grande noblesse au profit de l'autorité royale; on sait enfin que Richelieu a été le protecteur des lettres et des arts et le promoteur de la renaissance religieuse en France au xviie siècle. Son rôle, à ces divers titres, a été minutieusement étudié, et il suffit de se rappeler les travaux de MM. Bazin, Avenel, Zeller, d'Avenel et Hanotaux, pour se convaincre que ce vaste sujet a été presque entièrement épuisé.

Mais, comme le disait un jour Mgr Perraud. dans la chapelle de la Sorbonne, « il est un côté de la vie et des œuvres du cardinal de « Richelieu que semble avoir mis dans l'ombre l'éclat de son rôle « politique. Uniquement préoccupée de l'homme d'État, la postérité

« a presque oublié l'homme d'Église. Ses plus ardents admirateurs
« eux-mêmes ont paru croire que la gloire du Ministre n'avait rien
« à gagner aux travaux de l'évêque et aux œuvres du théolo-
« gien (1). »

En effet, à partir de 1616, on peut suivre tous les progrès de son
ambition, de sa puissance et de sa fortune. Mais la plupart des historiens ne nous disent presque rien sur les années qui ont précédé
son entrée aux affaires. Il serait pourtant curieux de savoir quelle a
été la jeunesse de ce grand homme, quelles ont été ses études et
comment, à l'âge de vingt-deux ans, il gouverna le diocèse de Luçon. Il serait surtout intéressant de surprendre chez ce jeune homme,
à qui la Providence réservait de si hautes destinées, les premiers
indices de sa politique, de connaître les idées et les maximes de
gouvernement qu'il méditait dans la solitude de son évêché, avant
de les réaliser avec tant d'éclat pendant son ministère.

Cette lacune, que signalait il y a vingt-quatre ans Mgr Perraud, je
voudrais essayer de la combler ; je voudrais raconter ce qu'a été
Richelieu pendant son épiscopat et montrer que l'évêque a préparé
le ministre, et que ces huit années obscures qu'il a passées dans le
bas-Poitou ont été pour lui un merveilleux apprentissage de la vie
politique. Le diocèse de Luçon a été l'école où il s'est initié aux affaires et où il a appris à gouverner la France ; car il n'est personne
à qui l'on puisse appliquer plus justement qu'à Richelieu cette parole de Mignet : « L'Église formait alors les grands politiques ; elle
« développait la valeur propre de l'homme et y ajoutait la force du
« rang (2). »

Malheureusement pour cette période de la vie du Cardinal, les
documents ne sont pas aussi nombreux qu'on le souhaiterait. Comme
le fait très justement remarquer M. Avenel, Richelieu, avant son second ministère (1624) semble avoir été méconnu de ses contemporains, et les mémoires de cette époque font à peine mention de lui.
Ceux qui citent son nom ne lui donnent « que quelques mots d'in-
« différence, un souvenir plein d'inattention ou seulement les mar-
« ques de quelque dédain (3) ».

Aussi est-ce à lui-même, c'est-à-dire à sa correspondance, qu'il

---

(1) Mgr Perraud, *Richelieu évêque et théologien*, Paris 1882, p. 43.
(2) Mignet, *Introd. aux négoc. relat. à la guerre d'Espagne.*
(3) Avenel, *Lettres, instructions diplomatiques et papiers d'État du cardinal
de Richelieu.* Paris, 1853, t. 1er, Introduction, p. LIII.

faut surtout demander des confidences et des renseignements sur son épiscopat et sur ses ambitions naissantes. On verra que j'y ai largement puisé. Chaque fois que je l'ai pu, j'ai laissé Richelieu exposer lui-même ses desseins ou raconter les événements grands ou petits qui remplissent sa vie. Il y a dans ses lettres, si nombreuses et si variées, un accent de sincérité qui m'a vivement frappé et qui me paraît être un sûr garant de vérité.

A cette source si importante, il m'a été donné d'ajouter de précieuses informations tirées des dépôts publics. La vaste collection des *Papiers d'Aquitaine* de dom Fonteneau m'a fourni la plupart des pièces relatives à l'administration du diocèse de Luçon. En outre, de nombreuses lettres trouvées, soit aux archives des Affaires étrangères, soit à la Bibliothèque nationale, m'ont permis d'établir avec quelque précision quelles étaient ses relations d'affaires ou d'amitié. On y constate que ce jeune prélat, même avant les États généraux de 1614, avait pour ainsi dire forcé l'attention et l'estime de tous ceux qui l'avaient approché et qu'il s'imposait à eux par la supériorité de son esprit et l'élévation de son caractère. Enfin, les *Archives de la famille de Richelieu*, où une permission gracieuse m'a fait pénétrer, m'ont donné de curieux détails sur les rapports de l'évêque de Luçon avec sa mère, ses frères et ses sœurs : on verra, peut-être non sans surprise, combien cet homme à qui l'on refuse toute ouverture de cœur fut tendre et généreux pour les siens, même au moment où il se débattait encore contre la gêne et presque la pauvreté.

Je ne me dissimule pas néanmoins que ces ressources sont encore insuffisantes pour traiter complètement le sujet que j'ai entrepris. J'ai particulièrement souffert de cette pénurie de documents, quand il m'a fallu retracer les années d'études de Richelieu, son entrée dans les ordres et son voyage à Rome; sur tous ces points, j'aurais été réduit à de simples conjectures, sans le précieux et très rare petit volume de l'abbé de Pure, qui m'a fourni les détails les plus curieux et les plus intéressants.

« Rechercher, dit M. Avenel, dans la première vie d'un personnage
« devenu célèbre les germes naissants des qualités qui se développe-
« ront plus tard, soit qu'on aperçoive de piquants contrastes, soit
« qu'on puisse déjà surprendre le présage de ce que verra l'avenir,
« c'est une étude qui a son charme...; elle a aussi ses difficul-
« tés (1). »

(1) Avenel, *Revue des questions historiques*, t. VI, p. 147.

Le charme, il est impossible de ne pas l'éprouver au contact de Richelieu, quand on assiste aux premières manifestations d'un génie qui sera si puissant, quand on le voit administrant un diocèse avec une décision et une prudence que ne comporte pas son âge, conciliant ses devoirs d'évêque avec le service de son ambition, recherchant toutes les occasions de se produire et de mettre en lumière sa valeur et son talent, s'entourant d'amis fidèles et de protecteurs dévoués, enfin, après huit années de labeurs obscurs, de méditations silencieuses, et, il faut le dire aussi, d'intrigues savantes, arrivant aux affaires avec un esprit déjà mûr, une expérience consommée et des aptitudes supérieures à tous les emplois.

Mais si cette étude m'a vivement passionné, j'en ai éprouvé aussi toutes les difficultés. Je l'ai poursuivie avec le sentiment que le sujet était trop vaste et trop délicat, mes ressources trop restreintes et surtout mes forces trop insuffisantes : si je n'ai pas su remplir ma tâche, j'aurai peut-être le mérite d'avoir indiqué à d'autres tout ce qu'elle offre d'intérêt.

CHAPITRE PREMIER

ENFANCE ET JEUNESSE DE RICHELIEU

SOMMAIRE. — Généalogie de la famille. — Naissance et première éducation
de Richelieu. — Ses études littéraires et philosophiques. Il choisit le
métier des armes et fréquente les académies.

La maison du Plessis-Richelieu était l'une des plus nobles
et des plus anciennes familles du Poitou. Des généalogistes
complaisants, tels que André du Chesne et le père Anselme,
et après eux Mézeray, la font remonter par les femmes à Louis
le Gros, et par les hommes aux rois de Léon, de Castille et
de Jérusalem (1). Mais cette illustre origine, découverte à
l'époque de la toute-puissance du cardinal, nous semble
trop peu désintéressée pour être prise au sérieux. D'ailleurs,
André du Chesne a bien soin de déclarer que les titres anciens de la maison du Plessis ont disparu (2). Nous savons
seulement que, lorsque le duc d'Orléans reprochait à
Richelieu ses prétentions à une origine royale, celui-ci se
bornait à répondre qu'il n'était pas le centième dans le
royaume qui fût descendu par les femmes des anciens rois
de France (3). Souvent, en effet, au moyen âge, les rois
épousaient les filles des seigneurs français, et ainsi s'explique ce grand nombre de gentilshommes qui pouvaient se

(1) ANDRÉ DU CHESNE, *Hist. généalogique de la maison du Plessis de Richelieu,*
p. 46. Il composa son livre en 1631, lorsque le Cardinal était déjà un personnage si
considérable, lorsque lui-même, client du grand ministre, était comblé de ses bienfaits et honoré de sa bienveillante familiarité,

(2) *Id.,* p. 5.

(3) Richelieu, *Mémoires,* t. II, p. 326. Édition Michaud et Poujoulat.

vanter d'une parenté quelconque avec leur souverain. Cette question de l'ancienneté de la race nous laisse aujourd'hui un peu indifférents, et nous estimons avec raison que la science des d'Hozier ne peut rien pour la gloire d'un homme tel que Richelieu. Mais, au xvii° siècle, on n'en jugeait pas de la sorte, et le grand cardinal, en particulier, tenait autant et plus qu'aucun de ses contemporains aux traditions nobiliaires de sa famille et à l'éclat de son nom (1).

C'est près d'Angles, dans la paroisse de Néons en Poitou, sur les bords de la Creuse, que la famille du Plessis-Richelieu a eu son premier établissement (2). André du Chesne affirme qu'un Laurent du Plessis accompagna en Terre-Sainte Guy de Lusignan, roi de Jérusalem et de Chypre (3). Il mentionne également un Guillaume du Plessis, seigneur de la Vervolière, de Breux et autres terres, situées en Touraine et en Poitou, qui passa sous la domination de Philippe-Auguste, quand ce prince enleva le Poitou aux Anglais. Enfin, aux archives de la Vienne, on voit une foule de papiers ou actes de vente, sur lesquels figure, à partir du xive siècle, le nom de du Plessis. Ce nom était porté par deux branches distinctes : l'aînée possédait la terre du Plessis; l'autre, d'où est sorti Richelieu, s'était fixée non loin de là, à la Vervolière.

Le premier des ancêtres du Cardinal, dont on puisse af-

---

(1) On en a la preuve dans le soin qu'il prend, dans ses *Mémoires*, d'indiquer si les personnages dont il parle sont de bonne ou médiocre noblesse ; et Tallemant est dans le vrai quand il reproche à Richelieu d'avoir eu « trop de faiblesse sur sa noblesse et sur sa naissance ». Tallemant, t. II, p. 2.

(2) Aimé Martineau, *Le cardinal de Richelieu*, p. 46. Pour tout ce qui se rapporte à la généalogie de Richelieu, nous n'avons fait que résumer le 1er chapitre du livre de M. Martineau, qui a fait une étude très consciencieuse et très exacte des ancêtres du Cardinal. Cf. Bossebœuf, *Richelieu, monuments et souvenirs* p. 12.

(3) André du Chesne, *Hist. de la maison du Plessis de Richelieu*, p. 7.

firmer l'existence avec certitude, est un Geoffroy du Plessis qui mourut en 1484. Il avait épousé, vers 1420, Perrine Clérambault, fille de Jean Clérambault, à qui appartenait la seigneurie de Richelieu, et c'est ainsi que cette terre, dont le nom devait être si illustre, passa, un siècle et demi avant la naissance du Cardinal, dans la maison du Plessis (1).

Le fils et le petit-fils de Geoffroy du Plessis s'appelèrent François. On ne sait rien du premier, sinon qu'il fut écuyer tranchant de la reine Marie d'Anjou, femme de Charles VII, et qu'il survécut peu à son père. Le second eut huit enfants, dont six garçons. L'un fut abbé de la Chaise-Dieu et l'autre, évêque de Luçon. Cet évêché allait rester dans la famille pendant plus d'un demi-siècle pour y être l'unique ressource des cadets. Le troisième se fit moine ; enfin l'aîné, Louis, devint à la mort de son père le chef de la maison et hérita tout ensemble des seigneuries de Beçay, la Vervolière, Chillou et Richelieu. Il servit François Ier et Henri II, et mourut dans la force de l'âge, en 1551. De son mariage avec Françoise de Rochechouart, il eut deux fils : Louis du Plessis qui fut tué dans un guet-apens, sur la route de Champigny, par le sieur de la Brichetière, et François du Plessis, père du Cardinal.

François du Plessis était l'un des plus brillants gentilshommes du XVIe siècle. Il avait été élevé comme page à la

---

(1) Amelot de la Houssaye, dans une note manuscrite, conservée à la Bibliothèque nationale, prétend que la seigneurie de Richelieu, avec le nom et les armes de du Plessis, était entrée dans la famille du Cardinal pour prix du commerce honteux de Pierre d'Amboise, évêque de Poitiers, avec Catherine Genouillac, fille d'un apothicaire d'Angles. C'est là une odieuse calomnie. M. Martineau l'a victorieusement réfutée en établissant, d'après des papiers de famille déposés aux archives de la Vienne, que la dite seigneurie appartenait aux Clérambault avant 1457, c'est-à-dire plus d'un quart de siècle avant que Pierre d'Amboise fût évêque de Poitiers, 1481. (MARTINEAU, *Le cardinal de Richelieu*, p. 43.) Voir aussi AVENEL, *Revue des questions historiques*, t. VI, p. 148.

cour de Charles IX (1), et avait fait ses premières armes contre les protestants. A la bataille de Moncontour, il avait sauvé la vie au duc d'Anjou, en lui donnant son cheval pour se dégager de la mêlée, et, depuis ce service rendu au frère du Roi, il s'était fait une situation supérieure à son rang et à sa fortune. Quand ce prince fut proclamé roi de Pologne, il fut envoyé avec le sieur de Chémeraut pour y recevoir à l'avance la foi des seigneurs. Il partagea les ennuis de son maître « au pays des Sarmates », et favorisa son départ, lorsque la mort de Charles IX l'appela à prendre la couronne de France. Dans cette circonstance, le marquis de Richelieu fit preuve d'une audace incroyable. Il amena des chevaux aux portes de Cracovie, tint tête, l'épée à la main, aux seigneurs polonais qui voulaient s'opposer à la fuite de leur roi, et, pour empêcher leur poursuite, détruisit le pont de la Vistule (2). On sait que ce retour en France ne fut qu'une série de fêtes et de divertissements qui commencèrent à Vienne et ne finirent qu'à Lyon. François de Richelieu profita de tout ce temps pour gagner de plus en plus la faveur d'Henri III. Aussi, malgré sa jeunesse, fut-il nommé conseiller d'État, grand prévôt de France (3) et chevalier du Saint-Esprit (4). Comme prévôt, il exerçait une véritable

(1) Il dut cette faveur à l'influence de François Pidoux, médecin fort habile, originaire du Poitou, des environs de Châtellerault, qui profitait de son crédit auprès de Catherine de Médicis pour rendre des services à ses compatriotes du Poitou. Son fils Jean Pidoux, également médecin du roi, accompagna Henri III en Pologne et soigna plus tard Henri IV. Il était l'ami de François de Richelieu. (A. MARTINEAU, *Le cardinal de Richelieu*, p. 70).

(2) AUBERY, *Vie du cardinal de Richelieu*, p. 4.

(3) Le grand prévôt présidait un tribunal important; il veillait au bon ordre de la Cour et avait rang de colonel. C'est en qualité de grand prévôt que François de Richelieu rédigea plus tard pour Henri IV un rapport sur le procès fait à Jacques Clément, assassin d'Henri III. (PIERRE DE MIRAUMONT *Le prévôt de l'hôtel et le grand prévôt de France*, p. 22.)

(4) L'ordre du Saint-Esprit avait été fondé par Henri III, le 31 décembre 1578, en mémoire de trois événements qui le concernaient, arrivés le jour de la Pentecôte: sa naissance, son élection au trône de Pologne et son avènement à celui de France.

autorité à la cour ; comme chevalier, il était mis au rang des grands seigneurs et des plus illustres capitaines. Il justifiait du reste ces honneurs par une extrême bravoure et beaucoup de finesse d'esprit (1). C'était un causeur plein de charme, un gai compagnon dans tous les amusements, et ces qualités brillantes le rendaient fort agréable à Henri III et à sa mère, Catherine de Médicis.

Il avait épousé Suzanne de La Porte, fille de François de La Porte de Vézins, avocat au parlement de Paris. Les de La Porte étaient également originaires du Poitou. Ils habitaient Parthenay, et, comme ils se trouvaient peu éloignés de Richelieu, il est probable qu'ils avaient depuis longtemps des rapports d'amitié et de bon voisinage avec les du Plessis. La marquise de Richelieu était une femme supérieure. « C'était, dit André du Chesne, l'une des plus nobles et des plus vertueuses dames de son siècle, joignant aux plus solides vertus les agréments de l'esprit et de la beauté (2). » Nommée dame d'honneur de la reine Louise de Lorraine, femme de Henri III, elle avait pris à la cour des Valois cette urbanité exquise et cette distinction des manières qui avaient été apportées en France par Catherine de Médicis. Mais, vivant dans un milieu corrompu, elle s'était maintenue irréprochable dans sa conduite et dans sa réputation, et les divertissements et les plaisirs frivoles, auxquels ses fonctions l'obligeaient à prendre part, ne purent jamais entamer cette piété profonde, cette noblesse de sentiments, cette sagesse et cette

---

L'ordre comprenait 100 chevaliers qui devaient déjà être décorés de l'ordre de Saint-Michel. Chaque chevalier jouissait d'une pension de 1000 écus d'or, réduite plus tard à 300 livres.

(1) Tallemant des Réaux, d'ordinaire si hostile à la famille de Richelieu, déclare que le père du cardinal était un *bon gentilhomme*.

(2) ANDRÉ DU CHESNE, *Hist. de la maison du Plessis de Richelieu*, p. 73.

fermeté qui devaient faire d'elle une mère si accomplie.

On le voit, les Richelieu jouissaient d'une situation considérable à la fin du xvi° siècle. Ils étaient bien apparentés et bien en cour. Leur fortune était médiocre et le grand prévôt avait dépensé au delà de ses ressources dans la guerre contre les protestants et dans son voyage en Pologne. Mais il était encore jeune, et il avait le droit de compter sur la faveur royale pour lui-même et pour ses enfants. Le futur ministre de Louis XIII ne sera donc pas complètement le fils de ses œuvres, comme d'autres personnages célèbres, qui partirent de très bas et durent uniquement à leurs mérites et à leurs talents d'être appelés aux plus hautes charges de l'Etat. Il sera redevable à sa famille de tous les avantages que donnait la naissance, en un temps où elle primait le plus souvent la valeur personnelle. Il sera, de plus, l'héritier de deux traditions qui exerceront chacune une influence distincte sur sa vie. Il recevra des Richelieu, avec la fidélité et l'attachement inviolables au roi, cet esprit chevaleresque, cette ardeur militaire, ces goûts de luxe et de dépense qui caractérisaient la noblesse de cette époque. Les de La Porte, au contraire, vieille famille parlementaire enrichie dans les offices de judicature, lui transmettront cette passion de la procédure et de la chicane, cette rigueur implacable dans l'exercice de la justice, et cette énergie, j'allais dire cette brutalité dans le gouvernement et l'administration, dont il fera un si redoutable usage pendant son ministère.

Armand-Jean du Plessis de Richelieu est né à Paris (1),

(1) On peut résumer ainsi toutes les preuves qui attestent la naissance de Richelieu à Paris :

I. L'extrait de baptême publié par M. Jal, qui fixe la naissance au 9 septembre 1585.

dans la rue du Bouloi, le 9 septembre 1585. Le débat relatif
au lieu de sa naissance a été définitivement clos par la découverte et la publication de son extrait de baptême.
M. Jal a détruit la légende qui faisait naître le grand
ministre au château de Richelieu. La chambre qui fut montrée à mademoiselle de Montpensier et à La Fontaine prouve
seulement que Richelieu, par un caprice de grand homme,
avait voulu que, dans le superbe palais qui remplaça le châ-

Il est à croire que si Richelieu était né ailleurs qu'à Paris, où il a été baptisé,
l'acte de baptême aurait mentionné cette particularité. (JAL, *Dict. crit. de biogra-
phie et d'histoire*, p. 1060.)

II. Le témoignage même du Cardinal :

1° En 1628, après la prise de la Rochelle, il dit aux magistrats de Paris :
« *Etant Parisien comme je suis*, il m'est impossible de me voir parmi vous sans
être touché de la joie qu'ont ceux qui reviennent au lieu de leur naissance après en
avoir été longtemps absents. »

2° En 1633, à propos d'une affaire qui intéresse Paris, il écrit à MM. Bullion et
Bouthillier, conseillers du Roi : « Messieurs, *si je n'étais pas Parisien*, vous
pourriez trouver étrange que je sollicitasse les affaires de Messieurs de Paris. Mais
ma naissance m'ayant rendu tel, il m'est impossible de ne pas suivre l'inclination
que j'ai de servir une *ville où je suis né*..... »

3° Enfin, le 6 novembre 1641, à l'occasion du retour du roi, il assure, au corps
de ville, venu pour le féliciter, que « *comme Parisien*, il aimait toujours la ville et
ses magistrats ». (A. de Boislisle. Ann. Bullet. de la Soc. de l'hist. de France. Année 1874, p 1809.)

III. On peut ajouter qu'Aubery, qui a écrit l'*Histoire de Richelieu* d'après les
papiers du Cardinal, et André du Chesne. qui a dresé la généalogie de la maison du
Plessis-Richelieu sous les yeux mêmes du ministre, le font naître tous les deux à
Paris. En cas d'erreur sur ce point, Richelieu ou sa nièce, la duchesse d'Aiguillon,
leur auraient certainement demandé une rectification.

IV. Enfin, dans le mausolée ou éloge funèbre du cardinal de Richelieu, dédié
au prince de Monaco, on lit :

« Il naquit l'an 1585, qui fut la même année où son père reçut le cordon bleu,
comme si la plus grande gloire de sa maison eût été jointe avec celle de ce fils
incomparable. Au reste, *il reçut le jour dans Paris*, et ce héros parut d'abord sur
le plus grand théâtre du monde pour ravir ensuite tout l'univers. Ou bien l'on peut
dire qu'il naquit dans le centre du royaume très chrétien, dont il devait étendre si
loin la circonférence... »¡Arsenal, H., 187, f° 32.

L'auteur de la vie abrégée du cardinal de Richelieu le fait également naître à
Paris, le 5 septembre 1585. Arsenal, 186.

Baudrand dans son *Dictionnaire géographique et historique*, a écrit au mot
Richelieu : « Né à Paris, rue de Jouy, où est à présent l'hôtel d'Aumont. »

L'abbé de Pure dit également que Richelieu est né à Paris, « *civitatis et vitæ
haud dispar celebritas splendore.* » (*Vita emin. cardinal. Richelii*, p. 4.) D'après
ce même auteur, le baptême d'Armand se fit sans aucune pompe. Le père était
absent au moment de la naissance de son fils, et la mère faillit mourir à la suite
de ses couches. (*Op. cit.*, p. 5.)

teau paternel, on conservât le modeste appartement où il avait passé les années de son enfance. Ce souvenir, qui attestait la magnifique carrière qu'il avait parcourue, n'avait rien que de très flatteur pour son amour-propre. — Il fut baptisé le 5 mai 1586 dans l'église de Saint-Eustache, qui était la paroisse de ses parents (1). Il eut pour marraine sa grand'mère Françoise de Rochechouart, et pour parrains deux maréchaux de France, Armand de Gontaut-Biron et Jean d'Aumont (2). Le premier était gouverneur du Poitou ; le second était un ami du marquis de Richelieu. C'était l'usage, avant Louis XIII, de donner deux parrains et une marraine à un garçon et un parrain et deux marraines à une fille. Mais plus tard cet usage se perdit. D'ailleurs, le concile de Trente l'avait formellement interdit pour ne pas multiplier les empêchements de mariage résultant de la parenté spirituelle (3).

Richelieu vint au monde à l'une des époques les plus

---

(1) AVENEL, t. VIII, p. 5, donne une copie très exacte de l'acte de baptême. Cette pièce a été détruite dans les incendies de la Commune. — L'abbé de Pure fait remarquer que Saint-Eustache était alors la plus grande paroisse de Paris. (*Vita em. card. Richelii*, p. 4.)

(2) Armand de Gontaut-Biron (1524-1592) se distingua en Piémont sous François Ier pendant les guerres de religion ; il assista aux batailles de Dreux, Saint-Denis et Moncontour ; nommé maréchal de France en 1577, il fit rentrer les places de Guyenne et du Languedoc dans l'obéissance royale. Il se rallia des premiers à Henri IV, aux côtés duquel il combattit à Arques et à Ivry. Après la bataille d'Ivry, où il avait dirigé l'attaque avec une extrême habileté, il disait au Roi : « Sire, vous avez fait aujourd'hui ce que devait faire Biron, et Biron a fait ce que devait faire le Roi. » — Il eut la tête emportée d'un coup de canon au siège d'Épernay.

Jean d'Aumont (1522-1595) combattit à Saint-Quentin et à Calais. Il assista avec le sire de Richelieu à la bataille de Moncontour. Comme Gontaut-Biron, il reçut le cordon du Saint-Esprit et fut fait maréchal de France, 1579. Henri IV l'invita à souper après la bataille d'Ivry. « Il est juste, lui dit-il, que vous soyez au festin après m'avoir si bien servi à mes noces. » C'était un véritable preux d'autrefois, renommé pour sa vaillance et son honnêteté.

(3) AVENEL, *Richelieu et la monarchie absolue*, t. III, p. 275.

critiques de notre histoire. On était en pleine Ligue.
Henri III se sentait perdu dans l'opinion publique. Son
frère, le duc d'Anjou, venait de mourir, et la porte était
ouverte à toutes les compétitions. Henri III n'ayant pas
d'enfant, qui l'emporterait, des Bourbons ou des Guises?
Henri de Guise avait signé le traité de Joinville avec
Philippe II. Sous prétexte de défendre la religion catholique, l'Espagne fomentait la guerre civile en France et prêtait
le concours de ses vieilles bandes à l'ambition des Lorrains.
Henri III aurait dû s'unir à Henri de Navarre pour accabler
les Guises; mais le rusé Béarnais n'osait pas encore se séparer des protestants. Le roi dut donc dissimuler et, par le
traité de Nemours (juillet 1585), il s'était rapproché du
duc de Guise. La guerre recommença aussitôt contre les
protestants.

Le marquis de Richelieu resta fidèle au roi, au milieu de
toutes ces luttes. Il était aussi catholique que les ligueurs;
mais des liens d'affection et de reconnaissance l'attachaient
à Henri III. Du reste, il avait l'esprit trop délié pour ne pas
deviner les prétentions des Guises, et sa foi monarchique
lui faisait un devoir de rester du côté de la légitimité et du
droit. Il est probable qu'il vécut à Paris pendant la nouvelle
guerre qui venait d'éclater. Il demeura à la Cour auprès de
son maître et partagea son temps entre les devoirs de sa
charge de prévôt et les joies de la famille. Il avait son hôtel
rue du Bouloi ; c'est là que le jeune Armand passa les trois
premières années de son enfance. Sa santé était très débile
et donnait les plus vives inquiétudes. Il était élevé avec ses
deux frères et sa sœur sous la direction de leur mère. La
maison était tenue avec luxe; le marquis et la marquise
étaient de toutes les fêtes que la Cour continuait à donner,

malgré les soucis de la politique et les préoccupations de la guerre. Cette vie large et non sans éclat frappa sans doute l'imagination de l'enfant et laissa dans sa mémoire un souvenir que la solitude et la gêne, après la mort du grand prévôt, devaient rendre plus profond et plus pénible.

Cependant le duc de Guise victorieux reparut dans Paris, malgré la défense du roi. L'entente n'était plus possible : il fallait que l'un des deux adversaires quittât la capitale. Henri III, redoutant une popularité qui grandissait tous les jours, et effrayé des barricades qui avaient été élevées en quelques heures, préféra se retirer, et chercha un refuge à Blois. François de Richelieu protégea son départ de Paris, comme il l'avait fait à Cracovie. Il sortit le dernier par la Porte-Neuve et supporta bravement les coups d'arquebuse que les ligueurs envoyaient de loin au roi fugitif (1).

Henri III avait juré de ne rentrer dans la ville rebelle que par la brèche. Devant cette perspective d'une guerre civile et d'un siège, le marquis de Richelieu ne pouvait laisser sa famille dans Paris sans l'exposer aux horreurs de la lutte et peut-être à l'animosité des ligueurs. On est donc fondé à croire que c'est à cette époque (1588), et non pas en 1590, comme le dit M. Martineau, que sa femme et ses enfants sortirent de Paris et se retirèrent à Richelieu pour y trouver la sécurité et y attendre la fin de la guerre. Outre la satisfaction de les savoir hors de danger, le grand prévôt pouvait aussi concilier ses devoirs de père avec son attachement à la cause royale. La distance de Blois à Richelieu n'était pas considérable ; il lui était donc facile, sans cesser de remplir

(1) AUBERY, *Hist. du cardinal de Richelieu*, p. 4.

ses fonctions, d'aller assez fréquemment embrasser ses enfants et veiller à ses intérêts.

Le rôle qu'il avait à jouer aux États généraux de Blois n'était pas sans difficulté, ni même sans péril. Il fut chargé par le roi de briser l'opposition de l'assemblée et d'arrêter les députés facticux. Avec ses archers et un fort détachement de gardes françaises, il se rendit à l'hôtel de ville, où le Tiers tenait ses réunions, et fit appréhender La Chapelle-Marteau, président de cet ordre, le président de Neuilly, Compans, député de Paris, et Leroy, député d'Amiens. Le président de la noblesse, Brissac, fut mis aux arrêts chez lui, de même que Bois-Dauphin, son compagnon des barricades. Louis d'Orléans, les évêques de Boulogne et de Rodez et quelques autres qu'on devait prendre réussirent à s'échapper. Néanmoins, rien ne prouve que le grand prévôt ait pris part à la mort du duc de Guise (1). Sa nature chevaleresque se serait certainement refusée à participer à un crime. Il comprenait toutes les sévérités de la justice ; mais il ne voulut en aucune façon s'associer à un acte qui ne fut qu'un guet-apens et un lâche assassinat.

Le jour même de la mort de Henri III (2 août 1589), au camp de Saint-Cloud, François de Richelieu promit fidélité au roi de Navarre. Il ne suivit pas l'exemple de d'Épernon, de La Trémoille et de tant d'autres seigneurs catholiques ou protestants qui se retirèrent. En présence du roi expirant, il prêta serment au Béarnais, sans se préoccuper des hésitations, des inquiétudes et des défections qu'il voyait de toutes parts autour de lui. Du reste il était de ceux que la

---

(1) On ne s'explique pas l'erreur de Michelet qui, en parlant de Richelieu, « reconnaît le petit-fils du prévôt d'Henri III qui brûla Guise. » Le grand-père du Cardinal était mort avant l'avènement d'Henri III, et, de plus, Guise ne fut pas brûlé.

vaillance, l'entrain et la bonne humeur du roi de Navarre avaient séduits et au nom desquels parlait le baron de Givry, quand il disait à Henri IV : « Sire, vous êtes le roi des braves ; vous ne serez abandonné que des poltrons. »

Avec le concours des Anglais et des Suisses, le nouveau roi reprit bientôt les hostilités, et, cette fois, pour son propre compte. Le grand prévôt le suivit pendant toute la campagne ; il combattit brillamment à Arques et à Ivry. Henri IV lui donna, en récompense de son dévouement, une gratification de 20.000 écus et le fit capitaine de ses gardes du corps (1). Cette nouvelle faveur était la plus haute marque de confiance que pût ambitionner le marquis de Richelieu. Pour la justifier davantage, il s'épargna moins que jamais au siège de Paris. Les assiégeants souffraient presque autant que les assiégés. Les sorties qu'il fallait repousser, les attaques soudaines que l'on tentait aux portes de la ville, les courses à bride abattue que le roi faisait souvent avec l'élite de la noblesse, dans la campagne et jusqu'en Picardie, pour empêcher les arrivages de vivres ou capturer des corps de ligueurs, toutes ces fatigues épuisèrent le marquis de Richelieu. Il tomba malade d'une fièvre violente et mourut au bout de peu de jours à Gonesse, le 10 juillet 1590, sans avoir eu la consolation de revoir une dernière fois sa femme et ses enfants.

Il avait à peine 40 ans. C'était un homme aimable, spirituel, généreux, toujours prêt à rendre service, le modèle en un mot du parfait gentilhomme. Deux lettres qui nous sont restées de lui prouvent l'intimité de ses rapports avec

---

(1) AUBERY, *Hist. du card. de Richelieu*, t. I⁰⁰, p. 5.

Henri III et Henri IV, et témoignent de l'estime et de l'affection que ces deux princes avaient pour lui (1). Il succombait au moment où, par son crédit et plus encore par ses qualités et son dévouement, il pouvait compter parvenir à la plus haute fortune. Il était réservé au plus jeune de ses fils, à Armand, de réaliser ce beau rêve.

La mort du grand prévôt fut un véritable désastre pour sa famille. Sa femme et ses enfants, habitués à compter sur lui, dans tous leurs besoins, se trouvaient tout à coup abandonnés à eux-mêmes, n'ayant pour ressources qu'une fortune compromise, des terres en mauvais état, et de lourdes dettes auxquelles il fallait faire honneur. Leur condition d'existence était brusquement changée; après les splendeurs et les fêtes de la Cour des Valois, c'était la solitude dans un château de Poitou, et, ce qui rend l'isolement plus douloureux, la gêne, succédant subitement à toutes les douceurs de la fortune.

Le château de Richelieu n'était pas alors le magnifique édifice que le Cardinal devait faire construire dans la suite. « C'était un petit castel bien bâti, dans un lieu plaisant, avec une jolie chapelle gothique et de grands corps de servitude au milieu de cours et de jardins, entouré de murailles et de fossés remplis d'eau courante (2). » Cette châtellenie était située au milieu d'une vaste plaine arrosée par l'Amable. Le pays voisin était monotone et découvert, mais les communications étaient faciles avec Tours et Poitiers. Les familles

---

(1) Il existe à la Biblioth. nationale d'autres lettres de François de Richelieu. Elles sont de 1587 et 1588, et prouvent avec quelle fermeté il remplissait sa charge de grand prévôt. (Biblioth. nationale, fonds Béthune, 8881 et 9810.

(2) Dom Mazet, bénédictin du xviie siècle, manuscrit de la bibliothèque de Poitiers. — La gravure de ce château est à la Bibliothèque nationale, au cabinet des Estampes (châteaux de Touraine). La ville de Richelieu n'existait pas encore. On ne voyait autour du château que de très modestes maisons habitées par des

des environs venaient rendre de fréquentes visites à la veuve du marquis de Richelieu. On s'entretenait des événements de la guerre, on parlait du roi, de ses talents militaires, de ses qualités, de ses bons mots, et l'on faisait des vœux pour qu'il se fît instruire dans la religion catholique, afin qu'il pût prendre possession de son trône. Il est donc permis de croire que la fidélité à la cause du roi fut l'une des premières leçons que le jeune Armand du Plessis reçut de la bouche de sa mère.

Il en reçut une autre qui laissa dans son esprit une impression non moins vive. Encore enfant, il comprit les embarras de sa mère et devina les expédients auxquels elle avait recours pour suffire à tout, et l'on peut dire qu'il fut élevé à l'école austère et fortifiante du malheur. « Le grand prévôt, disent les mémoires du temps, avait dépensé tout son bien à la guerre (2), et laissait sa maison fort endettée et ses affaires en fort mauvais état. » La situation fut un moment si critique que sa veuve fut obligée de vendre le collier du Saint-Esprit qu'il avait reçu du roi, pour subvenir aux frais de ses funérailles et apaiser les créanciers les plus intraitables. Sa dot, qui était considérable, avait disparu depuis longtemps. Elle ne pouvait pas songer à aliéner les terres de ses enfants ; les terres patrimoniales étaient inalié-

paysans, et l'infertilité du sol et l'éloignement des grandes rivières et des routes, ne faisaient pas prévoir que cet état dût jamais s'améliorer, ni que ce hameau pût devenir « le plus beau village de l'univers », comme l'écrivait La Fontaine (5 septembre 1663.)

(1) Un colonel, un capitaine était moralement tenu de payer de sa poche la solde de ses hommes si l'État ne le faisait pas. Or, le marquis de Richelieu avait fait deux campagnes avec le roi de Navarre, qui n'avait pour faire la guerre ni ressources personnelles, ni ressources publiques. On comprend donc que ses compagnons d'armes aient fait pour lui de très lourds sacrifices, et c'était le cas de François de Richelieu. — La pauvreté de celui-ci est attestée par une lettre inédite de 1588 qu'il écrit à M. de Bournazel : « Je vous remercie humblement des chevaux que vous me mandez ; mes moyens ne se peuvent étendre pour cette heure de les acheter. » (*Arch. de la famille de Richelieu.*)

nables d'après la législation de cette époque. Ce fut donc dans l'économie et dans l'administration intelligente de ses domaines (1) qu'elle dut chercher le moyen de relever sa fortune. Elle se consacra avec un dévouement admirable à cette rude tâche, et après quinze années d'efforts, de prudence et d'ordre, elle avait terminé l'éducation de ses enfants, elle avait constitué une dot pour ses filles, établi son fils aîné à la cour et pourvu les cadets de bénéfices ecclésiastiques.

En 1600, Henri IV, qui se souvenait de son ancien capitaine des gardes, offrit à Mme de Richelieu le titre de dame d'honneur de Marie de Médicis. L'offre était séduisante ; l'accepter, c'était revenir à la cour et reprendre cette vie si brillante qu'elle avait menée pendant les premières années de son mariage. Mais le pouvait-elle, maintenant qu'elle était veuve et qu'elle avait cinq enfants à élever et à établir ? Elle comprit qu'il valait mieux qu'elle ne se laissât point détourner de son œuvre, et elle refusa la gracieuse proposition du roi, le priant de reporter ses bontés sur son fils Henri, qui était nourri comme page à la cour.

Le roi s'inclina devant ce refus dicté par l'amour maternel. Il donna le titre de gentilhomme de sa chambre, avec

(1) **Les biens de la famille étaient nombreux et importants ; ils comprenaient :** 1° la terre patrimoniale de la Vervolière ; 2° celle de Richelieu, sur la paroisse de Braye ; 3° celle de Primery, relevant de la baronnie de Mirebeau ; 4° celle de Mausson, près de Braye ; 5° le domaine du Chillou, situé dans la paroisse de Jaulnay ; 6° enfin la châtellenie et le prieuré de Coussay. (MARTINEAU, *Cardinal de Richelieu*, p. 65.)

Mais, comme le fait remarquer M. d'Avenel, on pouvait à cette époque avoir des fiefs immenses et des revenus très restreints. En effet, les seigneurs affermaient leurs terres à perpétuité, et l'on appelait *cens* le fermage effectif de ces terres. Mais cet intérêt, qui était resté le même depuis l'origine du fermage, était devenu dérisoire par suite de la dépréciation de l'argent et du changement de la valeur monétaire. — D'autre part, les droit féodaux, tels que champart, droits de mutation et corvées, étaient peu lucratifs. Voilà pourquoi la plupart des familles nobles étaient obligées de solliciter du roi des pensions, des gratifications et des bénéfices ecclésiastiques. (D'AVENEL, *Richelieu et la monarchie absolue*, t. Ier, p. 280.)

1200 écus de pension, au fils aîné, et au cadet l'évêché de
Luçon et plusieurs autres bénéfices (1).

On conçoit qu'une femme de tête et de cœur comme était
Mme de Richelieu n'ait rien négligé pour donner une
bonne éducation à ses enfants. Elle laissait au prieur de
Saint-Florent de Saumur (2), qu'elle avait choisi comme précepteur, le soin de leur enseigner la grammaire, le grec, le
latin et l'espagnol. Mais elle se chargeait elle-même de leur
formation morale et religieuse. L'exemple de ses propres
vertus valait mieux encore que toutes ses leçons. Excellente
chrétienne, elle réunissait chaque soir les gens du château,
et faisait la prière à haute voix, après quoi le travail de la
veillée commençait (3). Les fils faisaient leurs devoirs d'écoliers ; quant à leurs sœurs, elles s'occupaient, comme leur
mère, d'ouvrages de couture destinés aux serviteurs et aux
pauvres du voisinage.

Mme de Richelieu avait conservé pour la mémoire de
son mari un culte que les années ne purent jamais affaiblir.
Elle aimait à raconter ses faits d'armes et à vanter les grâces
de son esprit, la noblesse de son caractère et la généro-ité
de son cœur. C'était là le sujet ordinaire des entretiens du
soir, et l'on devine que ces épanchements intimes devaient
grandement contribuer à faire naître des sentiments élevés

(1) « Le feu roi avait de grands soins de ceux qui l'avaient bien servi....., que
s'ils mouraient devant que d'avoir récompense, il la donnait à leurs héritiers,
comme il se vit en ceux du grand prévôt de Richelieu, qui laissa sa maison fort
endettée et ses affaires en mauvais état; donnant plusieurs bénéfices à son second
fils, lequel les ayant quittés pour se faire chartreux, il les redonna au troisième
qui a été depuis le cardinal de Richelieu. Et quant au fils aîné, il eut 1200 écus
dès qu'il fut en âge de venir à la Cour. » (Fontenay-Mareuil, année 1610, p. 72.)

(2) Ce même ecclésiastique fut plus tard le précepteur de mademoiselle de Pont-
Courlay, duchesse d'Aiguillon. A. du Chesne dit qu'il n'était pas moins renommé
par sa piété que par sa doctrine. Il s'appelait Hardi le Guillou. (*Hist. de la maison du Plessis de Rich.*, p. 73.)

(3) M. Bonneau-Avenant, *Vie de la duchesse d'Aiguillon*, p. 25.

dans l'âme des enfants. Ils vivaient, pour ainsi dire, dans
une atmosphère de travail, de régularité, de respect et de
piété ; et la pratique de ces fortes vertus, commencée dès
l'enfance, les trempa pour le reste de leur vie. C'est ainsi que
les robustes générations du xviie siècle ont été formées. Il
ne paraît pas que les adoucissements, les complaisances et
les soins exagérés que l'on prodigue aujourd'hui aux
enfants aient donné des résultats meilleurs.

On peut croire que le calme de cet intérieur si patriarcal
était quelquefois troublé par les petits conflits qui éclatent
d'ordinaire entre frères et sœurs. S'il faut s'en rapporter à
Remy du Ferron, l'un des biographes les plus hostiles à
Richelieu, Armand se serait particulièrement distingué par
la pétulance de son caractère. « Il remplissait, dit-il, la
maison paternelle de querelles, de fausses délations, de disputes avec ses frères, de rixes et de coups ; aussi fut-il
relégué de la maison pour être instruit dans les lettres (1). »

Mme de Richelieu avait d'autres raisons pour se
séparer de son fils. La première éducation était terminée ;
l'enfant avait grandi et les leçons du prieur de Saint-Florent
ne lui suffisaient plus. D'ailleurs, puisqu'il se destinait à la
carrière des armes, il devait, comme ses frères, se rendre
à Paris, pour suivre les cours de l'Université et fréquenter
les académies.

« Les gentilshommes, à leur entrée dans le monde, prenaient le nom d'un fief sous lequel ils étaient désignés,
et quand l'usage des titres se fut généralisé, ils faisaient
précéder ce nom de fief d'un titre à leur convenance (2).
« Pour se conformer à cet usage, Armand, à son arrivée

<hr>

(1) Remy du Ferron. *Vita card. Richelii,* Aurel., 1626, in-4°, p. 3.
(2) D'Avenel, *Richelieu et la monarchie absolue,* t. Ier, p. 360.

à Paris, se fit appeler le marquis du Chillou, du nom d'une seigneurie voisine de Poitiers qui était dans sa famille depuis plus d'un siècle (1). Il avait avec lui, outre deux laquais, Le Masle, son futur secrétaire, qui lui servait de précepteur.

Il est assez probable qu'il résida dans la famille de Bouthillier, avocat au Parlement, dont les fils devaient plus tard lui être si attachés (2).

Il fut placé, en 1597, au collège de Navarre pour y faire ses humanités. Il va sans dire que nous ne savons pas en détail comment il fit ses études ; mais nous connaissons les programmes qu'il suivit, les maîtres dont il écouta les leçons, et nous pouvons ainsi reconstituer d'une manière assez exacte le genre d'éducation qui lui fut donné.

L'Université venait de passer par une crise terrible. Les guerres de religion avaient dispersé les maîtres et les élèves. Aussi, quand Henri IV rentra à Paris, il n'existait ni enseignement secondaire, ni enseignement supérieur. Les collèges avaient été transformés en corps de garde et en étables. Les excès de la Ligue et les horreurs du siège

---

(1) La seigneurie du Chillou, paroisse de Jaulnay, était entrée dans la maison du Plessis par le mariage d'Anne Leroy, fille de Guillon Leroy, seigneur du Chillou, amiral sous Louis XII, avec François du Plessis, 3ᵉ du nom, vers 1519. (AVENEL, *Revue des questions historiques*, janvier 1869, p. 149.)

(2) L'historien de Marie de Médicis, Mᵐᵉ d'Arconville, donne les détails les plus intéressants sur les rapports de Richelieu avec la famille de Bouthillier. Son grand père maternel, l'avocat La Porte, avait pour principal clerc Denys Bouthillier auquel il laissa sa clientèle. Celui-ci, devenu dans la suite un personnage fort important, conserva d'excellentes relations avec son ancien patron. En mourant, La Porte recommanda instamment à son ami de veiller sur ses cinq petits-enfants, fils du grand prévôt, le marquis de Richelieu, que la mort de leur père avait laissés dans une situation fort embarrassée au point de vue de la fortune. Bouthillier accepta ce legs et s'en acquitta avec la plus scrupuleuse conscience. Il accueillit dans sa maison, à Paris, les trois fils du marquis de Richelieu et les fit élever comme ses propres enfants. De là cette amitié d'enfance que Richelieu eut pour les fils de Bouthillier, et qui dura toute sa vie. (*Vie de Marie de Médicis,* t. II, p. 577.)

avaient tout ruiné. « Oh ! que nous eussions été heureux, dit l'orateur du tiers dans la *Satire Ménippée*, si nous eussions été pris dès le lendemain que nous fûmes assiégés.....; nous verrions notre Université florissante et fréquentée, au lieu qu'elle est du tout solitaire, ne servant plus qu'aux paysans et aux vaches des villages voisins ! »

Tout était donc à refaire pour rendre à l'Université son ancien éclat. Henri IV, qui comprenait mieux que personne l'importance des fortes études, se mit à l'œuvre sans se laisser décourager par la grandeur du mal auquel il fallait porter remède. Il rouvrit solennellement les cours de la vieille Sorbonne, et Jacques d'Amboise fut nommé recteur. Ce fut une ère nouvelle. Les professeurs et les élèves affluèrent, plus nombreux qu'auparavant, et l'antique maison de Robert de Sorbon devint, comme au temps de Duns Scot et de saint Thomas, un foyer de lumière et d'étude dont la renommée se répandit dans toute l'Europe.

Avant tout, il était nécessaire de refaire les programmes d'enseignement et de les approprier aux besoins nouveaux. Le roi chargea l'archevêque de Bourges, assisté de huit commissaires, parmi lesquels étaient de Thou et Achille de Harlay, de préparer les réformes. Ce travail consciencieux, qui dura trois ans et demi, devint le célèbre édit de Réformation de 1598, qui fut en quelque sorte la charte de l'enseignement au xvii⁰ siècle. Ce n'était pas une œuvre parfaite ; mais il avait fallu pourvoir à l'urgence. Les améliorations devaient venir plus tard. En tout cas, on remarquera que cet édit était le fruit d'un travail collectif auquel le clergé, le Parlement et l'Université avaient collaboré, et peut-être, peut-on ajouter à cause de cela, que l'éducation organisée par cet édit était véritablement nationale.

Le début de cet édit montre quelle haute idée le roi, les ministres et les commissaires se faisaient de l'éducation : « Le bonheur de tous les royaumes et de tous les peuples, et principalement le salut d'un État chrétien, dépend de la bonne éducation de la jeunesse, laquelle éclaire et polit les esprits encore neufs, et de stériles qu'ils étaient les rend propres aux emplois publics et capables de les bien remplir. Elle augmente encore les sentiments religieux, la piété envers nos parents et notre patrie, le respect et l'obéissance à l'égard des magistrats. »

La religion occupait en effet le premier rang dans ce programme. On estimait que Dieu n'est pas de trop quand il s'agit de former des hommes honnêtes et des citoyens vertueux.

Le latin et le grec formaient alors la base de l'enseignement. La grammaire de Despautère était la seule qui fut classique au xviᵉ et au xviiᵉ siècle, et Dieu sait ce qu'elle coûta d'efforts et même de larmes aux écoliers de cette époque ! Elle était rédigée dans un style obscur, embarrassé, et de plus en latin, deux défauts que les élèves ne pardonnent guère. Toutefois, ce rudiment n'était pas sans valeur, puisqu'il forma des latinistes de premier ordre et rendit populaire et courant l'usage du latin dans les collèges. Toute autre langue était interdite aux maîtres et aux élèves, aussi bien pendant les récréations qu'en classe.

Les domestiques, les cuisiniers, les fournisseurs eux-mêmes étaient astreints à cette règle, et il va sans dire qu'ils s'en vengeaient cruellement. La langue qu'on entendait au quartier Latin n'avait souvent qu'une parenté très lointaine avec celle de Cicéron ou de Quintilien (1).

(1) Un jour, un papetier qui avait fourni aux étudiants du papier et autres

Le programme de 1598 présente deux innovations : l'étude de la grammaire française et l'enseignement des sciences mathématiques et naturelles. Jusque-là, on ne pensait pas qu'il fût nécessaire d'enseigner le français en France. La plupart des livres de philosophie, de religion, d'histoire, et même de médecine, étaient écrits en latin. Les savants dédaignaient donc une langue qui n'avait d'autre emploi que dans la conversation, et ils négligeaient d'en faire l'objet d'une étude spéciale. — Quant aux sciences, elles avaient fait de grands progrès pendant la seconde moitié du xvi⁰ siècle, et l'on n'était plus au temps où, pour calculer, on se servait de cailloux ou de petits pois. L'arithmétique, l'algèbre et la géométrie eurent une place distincte dans l'enseignement nouveau. Mais dans les comptes courants l'usage des chiffres arabes était encore peu fréquent. On voit, aux archives des Affaires étrangères, un état des dépenses et des recettes en 1610, ainsi que l'état des pensions. Toutes les sommes y sont inscrites en chiffres romains, et cependant cette numération suffisait, paraît-il, à Sully pour équilibrer son budget.

L'arrivée de Richelieu à Paris coïncida avec ces réformes. C'est là le programme d'études qui lui fut appliqué, et il nous est permis de penser qu'avec son esprit vif et ouvert, avec cette sagacité supérieure qui étonnait déjà tous ceux qui l'approchaient, il remporta d'éclatants succès (1). Il

---

objets de qualité inférieure fut appelé auprès du recteur qui lui adressa une verte réprimande en latin, dans le style des Catilinaires et des Verrines. « Parlez en français, dit le papetier, et je vous répondrai ! » Cette parole irrévérencieuse faillit lui coûter cher. Il fut traduit devant le Parlement, son crime fut longuement examiné par les magistrats qui voulurent bien cependant ne le pas condamner; mais sûrement le recteur et les professeurs durent en être indignés et protester contre cette coupable indulgence. (THÉRY, *Hist. de l'éducation*, t. II, p. 82.)

(1) L'abbé de Pure fait un tableau évidemment très embelli du séjour de Richelieu au collège de Navarre. Il vante sa gaîté, sa modestie, son obéissance, son

sortit du collège de Navarre avec une connaissance approfondie de l'antiquité grecque et latine, comme l'attestent les
souvenirs classiques que l'on trouve si nombreux dans ses
ouvrages de controverse. Comme à la plupart des hommes
de son temps, la langue latine lui était très familière et il
s'en servait au besoin dans ses lettres d'ami. Il est douteux
qu'il ait été un helléniste très remarquable (1), mais il parlait et écrivait couramment l'italien et l'espagnol. Il s'adonna
avec un soin spécial à l'histoire qui était déjà pour lui une
école de politique. Les instructions diplomatiques qu'il rédigeait à trente ans, au début de son premier ministère,
révèlent une connaissance minutieuse de tous les événements
politiques ou religieux qui, depuis la Réforme, avaient changé
la face de l'Europe. Comme le dit André duChesne dans son
langage précieux et maniéré, Armand aimait les lettres, « et
les muses favorisant son inclination naturelle venaient
volontairement caresser leur futur protecteur (2). »

Les historiens du collège de Navarre rapportent un souvenir relatif au passage de Richelieu dans cette célèbre maison.
Il figura à l'âge de douze ans, en qualité d'enfant de chœur,
dans une procession solennelle qui se fit à Saint-Denis, le
15 juin 1597, lorsque Jean Ion fut proclamé pour la quatrième fois recteur de l'Université (3). L'écolier devenu cardinal et ministre aimait à se rappeler ce pieux pèlerinage ; et
un jour que le recteur était venu vers lui en députation, il

émulation et une foule d'autres qualités qui auraient fait de lui un écolier parfait.
Il dit que Richelieu surmonta sans peine les premières difficultés de la langue
latine et de la langue grecque : « Statim ac velut uno haustu cuncta deglutiit
grammaticalia. » (Abbé de Pure, *Vita em. card. Richelii*, p. 7.)

(1) Cependant, il cite assez souvent du grec dans ses livres de polémique religieuse.

(2) André du Chesne, *Hist. de la maison du Plessis-Richelieu*, p. 73.

(3) Launoy, *Regii Navarrae gymnasii historia*, in-4°, p. 1052.

lui demandait s'il se souvenait que jadis, encore enfant, il avait eu l'honneur de l'y accompagner.

Quand il eut terminé ses humanités, Richelieu entra au collège de Lisieux (1) pour faire sa philosophie. C'était l'un des quarante collèges qui s'étageaient sur la montagne de Sainte-Geneviève. Les études philosophiques y étaient particulièrement en honneur. La philosophie formait le principal domaine de la Faculté des Arts. Avant de l'aborder, les élèves devaient attester qu'ils avaient étudié la rhétorique, et qu'ils savaient le grec et le latin. Le cours durait deux ans; il était consacré à la lecture presque exclusive d'Aristote. Pendant la première année, les élèves étudiaient les ouvrages de logique et de morale ; la seconde était réservée à l'explication des livres de physique et de métaphysique. Dans l'édit de réformation, il était recommandé aux maîtres de laisser de côté les questions oiseuses, et d'expliquer Aristote plutôt en philosophes qu'en grammairiens et de négliger les mots pour ne s'occuper que des faits (2). Cette recommandation prouve que si Aristote était encore, en attendant Descartes, le maître par excellence, la scolastique perdait du terrain. Cette méthode qui avait jeté tant d'éclat au moyen âge avait certainement le mérite d'aiguiser l'esprit et de lui donner l'habitude de la logique. Mais si elle

---

(1) D'après l'abbé de Pure, Richelieu fit sa philosophie au collège de Calvi et y eut pour maître le célèbre Hennequin. Sur la porte du collège de Calvi était gravée cette inscription : *Sorbona parva vocor, mater Sorbona major.*

Hic Logicam et Ethicam ab Hennequino professore edoctus est anno 1603. (DE PURE, *Vita em. card. Richelii*, p. 15.)

L'ancienne Université de Paris se divisait en quatre grandes nations : France, Picardie, Normandie, Allemagne, et chacune de ces nations ou provinces comprenait plusieurs Collèges qui s'appelaient du nom de leur ville ou de quelque personnage célèbre. Le collège du Plessis avait été fondé par Geoffroy du Plessis, notaire du pape Jean XXII et ancêtre de Richelieu. Celui de Lisieux était le principal collège de Normandie. Launoy soutient au contraire que Richelieu fit sa philosophie, comme ses humanités, au collège de Navarre.

(2) Charles JOURDAIN, *Hist. de l'Université*, p. 16.

était une arme merveilleuse de discussion, elle était stérile
pour l'invention, parce qu'elle emprisonnait les idées dans le
syllogisme et qu'elle ne tenait aucun compte des phéno-
mènes de conscience et de réflexion.

De tous les exercices philosophiques, le plus important
et celui qui inspirait à la jeunesse le plus vif attrait, c'é-
tait les disputes ou controverses. Pendant la première
année, les exercices avaient lieu dans l'enceinte des classes
et sans aucune publicité. Mais, pendant la seconde, ils de-
venaient de véritables solennités. A l'époque du carême, les
épreuves avaient lieu dans les écoles de la rue du Fouarre.
On posait au candidat une question de logique ou de morale
et il devait la développer « *oratorio modo* », c'est-à-dire
dans un véritable discours. Au mois de juin, les candidats
subissaient une nouvelle épreuve, également publique, sur
toutes les parties du cours, et cette session d'examens se ter-
minait par des festins et des réjouissances où se glissèrent
de tels excès et de tels abus, qu'il fallut proscrire ces sortes
de fêtes (1).

Voilà l'éducation intellectuelle qui fut donnée à Richelieu. Homme de raison plutôt que d'imagination, il dut surtout réussir en philosophie, et c'est peut-être dans ces
exercices oraux, véritables joutes oratoires, qu'il développa

---

(1) Les professeurs de l'Université avaient conservé l'usage primitif de ne recevoir la rétribution scolaire qu'en bloc, à certaines époques variables, une ou deux
fois par an. Les jours de solde donnaient lieu à des désordres peu dignes du corps
enseignant. A l'occasion des exercices publics de philosophie, et lorsque les écoliers, au mois de décembre et au mois de juin, venaient apporter à leurs professeurs les honoraires appelés *minervales*, la coutume avait aussi consacré des
fêtes terminées par de joyeux repas. dans lesquels, suivant l'expression de l'un des
censeurs, Claude Minos, le culte de Bacchus se mêlait impunément à celui de
Minerve. Les maîtres s'abaissaient aux fonctions de cuisiniers et d'échansons, et
les cris des convives, joints au bruit des tambours et des fifres, n'imitaient que
trop le bruit d'une armée qui se prépare au combat. (Abbé Puyol, *Edmond Richer*, t. 1er, p. 90.)

son talent pour la parole, et prit le goût des controverses
et des discussions, dans lesquelles il rêva d'être un jour,
comme du Perron, le défenseur du catholicisme contre le
protestantisme. Aujourd'hui nous comprenons et nous ensei-
gnons la philosophie d'une tout autre manière. Le syllogisme n'est plus notre unique méthode. Nos recherches et
nos investigations se sont portées dans les domaines les
plus divers, et toutes les sciences sont devenues les auxi-
liaires et les tributaires de la philosophie. Pourtant il ne
faut pas trop médire d'un système qui a formé les grands
esprits du xvi⁰ et du xvii⁰ siècle, et peut-être faut-il regretter qu'on n'ait pas conservé dans notre enseignement contemporain ces discussions et ces polémiques qui habituaient
l'esprit à la précision, la mémoire à la fidélité, et donnaient
un si grand élan aux facultés oratoires.

Avant de quitter le collège de Lisieux, le jeune marquis
du Chillou subit l'examen de maîtrise devant la Faculté des
Arts. Comme notre baccalauréat, cét examen était placé à
l'entrée de toutes les carrières libérales. Ceux qui aspiraient
à un office d'avocat, de magistrat ou de conseiller, ceux
encore qui, voulant entrer dans l'Église, désiraient conquérir les grades théologiques, étaient tenus de subir cette
épreuve. Richelieu qui se préparait au métier des armes
aurait pu se dispenser de ce brevet de science classique.
Bassompierre, Schomberg et d'autres, qui devinrent maréchaux de France, ne se mettaient nullement en peine d'être
bacheliers de la Faculté des Arts. L'ignorance était de bon
ton parmi les gentilshommes ; et quand, par hasard, l'un
d'eux savait un peu de latin, il se gardait bien de le faire
voir. Le duc de Rohan attribuait les *Pandectes* à Cicéron, et
Louis XIII déclarait n'avoir jamais pu comprendre le vieux

français de Joinville. Mais Richelieu jugeait que la science
n'est pas incompatible avec l'ancienneté de la race, et il tenait précisément à se distinguer de cette noblesse frivole et
illettrée par la supériorité de son instruction. Il faut même
voir, dans ce désir de surpasser les hommes de son temps
et de sa condition, le premier indice d'une volonté qui ne re-
culera devant aucun labeur pour triompher de ses rivaux.

Parallèlement à cette éducation littéraire et philoso-
phique, le marquis du Chillou recevait une éducation militaire (1). Le métier des armes était en effet le seul qui fût
ouvert à un cadet de grande famille, à une époque où l'aris-
tocratie dédaignait les fonctions civiles des finances et de la
justice, et où elle ne pouvait s'occuper, sans déroger, de
commerce et d'industrie (2). Il fallait donc de bonne heure
se préparer à la vie des camps et se livrer à tous les exercices capables de former un officier. C'est dans ce but
qu'Armand de Richelieu fréquenta pendant plusieurs années
les académies. On appelait alors académies, des salles où
les gentilshommes apprenaient l'équitation, l'escrime et la
danse.

Dès l'enfance, on se familiarisait avec le cheval, et cela
était nécessaire en un temps où les voyages ne se faisaient
qu'à cheval et où la cavalerie était considérée comme la
partie la plus noble de l'armée. Il ne serait pas venu à l'esprit

(1) C'est à tort, nous semble-t-il, que plusieurs historiens ont cru que Richelieu
n'avait fréquenté l'Académie qu'après avoir terminé ses études. Il est très probable
que les exercices physiques étaient une partie importante de l'éducation des
jeunes gentilshommes et qn'ils se pratiquaient pendant la période même des études.

Au dire de l'abbé de Pure, le jeune marquis du Chillou se faisait remarquer par
l'élégance et les grâces de son corps. Aussi, maitre de se choisir une carrière, il n'hé-
sita pas un instant et se destina au métier des armes : « Ad militaria statim trans-
latus est » (DE PURE, *Vita em. card. Richelii*, p. 9.)

(2) « Le gentilhomme n'est ni artiste ni lettré. Il dédaigne l'agriculture; il déro-
gerait s'il se livrait à l'industrie et au commerce. Il ne lui reste donc que la guerre
pour exercer son activité. » (D'AVENEL, t. II, p. 42.)

d'un fils de famille de servir dans l'infanterie ; il aurait cru s'abaisser au niveau des paysans et des fermiers. « Les grands maîtres d'équitation étaient alors Labroue et surtout Pluvinel. Bassompierre apprit à monter à cheval sous Pignatelli, et l'on sent au ton qu'il emploie l'admiration qu'il éprouve pour cet écuyer distingué. Benjamin, le directeur de l'Académie célèbre où la jeune génération passa presque tout entière sous Louis XIII, était une sorte de personnage, ami particulier du rigide Arnaud d'Andilly (1). » Il est vraisemblable que Richelieu fut l'élève d'Antoine de Pluvinel, écuyer de la grande écurie du roi. En tout cas, les mémoires nous racontent qu'étant cardinal il ne craignait pas de suivre à cheval les opérations d'un siège, comme à la Rochelle, et que les troupes étaient émerveillées de sa bonne contenance.

L'escrime n'était pas moins indispensable que l'équitation. Sous Henri IV, les duels avaient lieu pour le prétexte le plus frivole, et tout gentilhomme qui voulait passer pour un galant homme devait être toujours prêt à tirer l'épée. Il fallait donc, pour se conformer à de telles mœurs, acquérir une très grande pratique de cette arme. Richelieu avait perdu un de ses oncles dans une rencontre déloyale. Son père l'avait vengé en tuant à son tour le meurtrier. Ces exemples de famille n'étaient certainement pas faits pour l'éloigner de l'escrime, qui était pour lui une leçon de grâce et d'élégance, en même temps qu'une sauvegarde pour ses querelles à venir.

« Mais le divertissement le plus apprécié, le plus répandu, toujours renouvelé et toujours en honneur, c'était la danse. »

(1) D'AVENEL, *Richelieu et la monarchie absolue*, t. II, p. 291.

« Sans la danse, un homme ne saurait rien faire, » disait le bourgeois gentilhomme, et il disait vrai. On n'était tenu pour homme de bonne compagnie qu'autant qu'on pouvait figurer dans un ballet et danser avec agrément une *bourrée* ou une *pavane*. Le jeune de Richelieu se livra avec une ardeur passionnée à tous ces exercices qui assouplirent son corps et donnèrent à ses manières une si grande séduction. Ne sait-on pas que longtemps après, la pourpre de cardinal ne l'empêcha pas un jour d'exécuter un ballet chez la reine ? C'est une preuve manifeste qu'il avait reçu à cet égard d'excellentes leçons durant sa jeunesse.

Il était donc à vingt ans un parfait cavalier et un gentilhomme accompli, quand il renonça tout à coup aux succès de la vie mondaine pour devenir évêque de Luçon.

CHAPITRE II

ÉTUDES THÉOLOGIQUES DE RICHELIEU ET SON ARRIVÉE A LUÇON

SOMMAIRE. — Richelieu devient homme d'Église. — Ses études théologiques. — Voyage à Rome, où il est sacré. — Ses premiers succès à la
Cour. — Son doctorat. — Départ pour Luçon. — Son installation épiscopale.

L'évêché de Luçon était depuis fort longtemps dans la
famille du Plessis-Richelieu. Jacques du Plessis, un des
grands oncles d'Armand, en avait été pourvu en 1584. Les
luttes religieuses, qui sévissaient tout particulièrement dans
le Poitou, l'avaient empêché de prendre possession de son
siège. Un certain François Hyver (1) avait été chargé à sa
place de l'administration du diocèse. Cette substitution
s'appelait *confidence*. La confidence était un pacte par lequel
un ecclésiastique recevait un bénéfice, sous la condition de
le remettre un jour et d'en donner les revenus, en tout ou
en partie, à la personne qui le lui avait conféré. Grâce à ce
contrat simoniaque souvent condamné par les papes, le
siège de Luçon passa, à la mort de Jacques du Plessis,
entre les mains de son neveu Alphonse, frère d'Armand.
Celui-ci ne résida pas davantage et ne se fit même pas sacrer.
Aussi, dans toutes les nominations aux bénéfices, faites
durant ces deux épiscopats, trouve-t-on ces mots : « *sede
vacante*, pendant la vacance du siège. » Il en résultait de
grands dommages pour le bien spirituel et temporel du dio-

(1) Ce François Hyver avait été précédemment curé de Richelieu. (BOSSEBŒUF,
Richelieu, monumènts et souvenirs, p. 15.)

cèse. Le chapitre de Luçon était perpétuellement en conflit, soit avec l'évêque titulaire, pour l'obliger à se faire sacrer et à venir résider, soit avec la famille de Richelieu, pour la contraindre à prendre sa part des frais et réparations de la cathédrale. Beaucoup de paroisses étaient sans prêtres ; les églises étaient en ruines ou même entièrement détruites ; l'hérésie faisait tous les jours de nouveaux progrès, et ce n'était pas « l'évêque fantôme » qui était à la tête du diocèse, « l'homme de paille », comme disait le chapitre, dont se servait la dame de Richelieu, pour jouir du bénéfice, qui pouvait remédier à tant de maux.

Sur ces entrefaites, Alphonse, dont l'esprit mystique et un peu sombre s'accommodait mal des obligations de la vie du monde et de la responsabilité épiscopale, donna sa démission d'évêque de Luçon, et se retira à la grande Chartreuse (1605). Cette résolution affligea profondément Mme de Richelieu, car cette démission privait la famille d'un revenu de 18.000 livres.

« Au milieu de ses perplexités, elle eut l'idée de confier son embarras à son plus jeune fils, s'en rapportant à son jugement pour la solution de ces difficultés. Elle lui dit que son frère aîné, courtisan habile et ambitieux, pourrait peut-être, grâce à son heureux mariage, soutenir honorablement le nom de la famille, mais qu'il était incapable, avec ses goûts de dépenses, d'en relever jamais l'éclat et la fortune. Enfin elle lui avoua que son frère Alphonse, en renonçant aux dignités ecclésiastiques pour s'enfermer dans un cloître, cessait d'être utile à sa maison et en achevait l'abaissement. Richelieu comprit alors que lui seul pourrait, en immolant ses goûts, relever l'éclat d'un nom que la mort de leur père avait laissé tomber dans l'oubli. Le sacrifice était grand, mais la décision fut rapide, parce que l'âme était forte. Le marquis du Chillou se jeta dans les bras de sa mère et lui promit de devenir bientôt évêque de Luçon. Homme d'épée par vocation, soldat par nature, voilà comment Richelieu devint prêtre et homme d'église, par dévouement et par raison. Dans une lettre qu'il écrivit le lendemain à son oncle Amador de La Porte, pour lui apprendre cette grave décision, il a révélé lui-même le mobile secret de sa conduite : « Que la volonté de Dieu soit faite, dit-il ; j'accepterai tout pour le bien de l'Église et la gloire de notre nom (1). » Le motif de cette vocation est assurément bien humain. Cependant, si l'on considère qu'au xviie siècle, la plupart des cadets entraient dans l'Église sans aucune garantie de science et de vertu, et ne prenaient de leurs fonctions que les revenus qui y étaient attachés, on ne peut s'empêcher d'avoir quelque admiration pour ce jeune homme qui, en acceptant l'épiscopat, obéit sans doute à des raisons d'intérêt, mais qui a du moins le courage de se préparer par la solitude et le travail aux obligations de sa nouvelle charge.

A cet égard, toute son éducation était à refaire ; il fallait qu'il s'instruisît aussi rapidement que possible de toutes les sciences ecclésiastiques et qu'il imprimât à toute sa conduite la gravité et la dignité qui conviennent au premier pasteur d'un diocèse. Il devait passer sans transition des amusements mondains à une vie retirée, des exercices de l'académie aux études théologiques, des rêves brillants de la fortune à la réalité d'une carrière austère, laborieuse et semée de difficultés. Mais cette brusque métamorphose n'était pas pour le décontenancer ; avec la merveilleuse souplesse de son esprit et l'énergie de son caractère, il embrassa

(1) Bonneau Avenant, *Hist. de la duchesse d'Aiguillon*, p. 41.

résolûment le genre de vie que les circonstances venaient de lui imposer.

Dès que Henri IV lui eut donné par lettres patentes le bénéfice de Luçon, Armand se préoccupa de commencer sa théologie. A cette époque, les séminaires n'existaient pas encore, malgré les décrets du concile de Trente ; nous verrons même que Richelieu fut l'un des premiers évêques qui établirent en France ces maisons si indispensables pour la formation intellectuelle et morale du clergé. Les jeunes clercs étaient abandonnés à eux-mêmes pour la préparation aux saints ordres ; on se contentait d'exiger d'eux une courte retraite avant l'ordination, et l'on devine combien ces exercices de quelques jours étaient insuffisants pour leur apprendre les vertus de leur état.

La science sacrée leur était enseignée, soit à la Sorbonne, soit dans d'autres maisons, tant séculières que religieuses, incorporées ou non à l'Université, telles que le collège de Navarre, les Cordeliers, les Jacobins, etc. ; de plus, on avait fondé, depuis quelques années, au collège Royal, des chaires de théologie occupées par les professeurs les plus distingués de l'époque, Duval, Gamaches, et Loppé.

Le cours d'études dans la Faculté de théologie était très long. Après le grade de maître ès-arts, qui était préalablement exigé, car la connaissance des belles-lettres et surtout de la philosophie était avec raison jugée très utile à la théologie, les candidats, depuis la réformation de 1598, devaient d'abord étudier pendant trois ans. Au bout de ce temps, ils subissaient un examen qui portait sur la philosophie et la théologie (*examen theologicum*) ; et si leurs réponses étaient satisfaisantes, ils étaient admis à soutenir une thèse nommée *tentative*, à la suite de laquelle ils étaient *bacheliers*.

Une fois bachelier, on avait le droit d'entrer dans la prochaine *licence* (1), c'est-à-dire de prendre part à des exercices, thèses et argumentations, durant deux ans, et au bout desquels, si les suffrages des docteurs étaient favorables, on était *licencié*. A l'expiration de ces deux années, en effet, la Faculté dressait par ordre de mérite une liste des licenciés, afin de déterminer l'ordre dans lequel chacun d'eux pourrait prendre le bonnet de docteur, car, après la licence, le doctorat n'était plus qu'une cérémonie, sans qu'on eût à redouter de nouvelles épreuves éliminatoires.

Avant d'être reçus licenciés, les bacheliers étaient toujours tenus en haleine, par les argumentations publiques ou thèses à soutenir ou à attaquer en présence des docteurs de la Faculté; ils devaient aussi s'habituer à la prédication. Ils étaient soumis à une sorte d'entraînement constant qui tenait en éveil et développait sans cesse toutes leurs facultés. La méthode était dure, mais féconde ; elle habituait les étudiants à toutes les surprises de la discussion publique, et provoquait chez eux une ardeur et une émulation qu'on ne retrouverait sans doute pas dans l'enseignement théologique de notre époque.

De nos jours, l'enseignement des séminaires comprend la théologie dogmatique et la théologie morale, l'Écriture sainte, l'éloquence sacrée, l'histoire ecclésiastique, et le droit canon. Mais alors, cette dernière branche appartenait à la faculté de droit et non à celle de théologie ; le cours d'éloquence sacrée n'existait nulle part et était remplacé par les prédications auxquelles étaient tenus les bacheliers (2). Quant à l'histoire de l'Église, on ne songeait pas à

(1) La licence, au lieu d'être un grade comme aujourd'hui, était un temps d'études et d'épreuves qui s'ouvrait tous les deux ans, le 2 janvier.

(2) Cependant les bacheliers, dans la pratique, aimaient mieux payer une

l'enseigner. La Faculté de théologie avait des chaires d'Écriture sainte destinées à l'interprétation de la Bible, qu'on commentait à l'aide de textes puisés dans les Pères de l'Église. Le dogme et la morale n'étaient pas l'objet d'un enseignement distinct ; les mêmes maîtres les professaient en commentant les *Sentences* de Pierre Lombard, surtout d'après la *Somme* de saint Thomas.

On n'avait pas alors de manuels imprimés où les élèves pussent trouver, comme de nos jours, les éléments de chacune des parties de la science sacrée. L'enseignement était exclusivement oral ; les maîtres professaient des leçons qu'ils avaient rédigées d'après leurs études personnelles et surtout d'après celles qu'ils avaient eux-mêmes entendues autrefois, et les auditeurs notaient les explications.

Malheureusement, ces leçons avaient je ne sais quoi de suranné et d'oiseux, et les plus savants professeurs en étaient encore aux vieux procédés de la scolastique. Richelieu ne voulait pas perdre son temps aux vaines disputes de l'école ; l'essentiel à ses yeux était de pénétrer les différentes parties du dogme et de la morale, et de se rendre capable de donner sur chaque question les arguments les plus décisifs. On comprend donc que la direction d'un seul maître, savant et expérimenté, lui ait paru plus profitable que tous les cours de la Faculté de théologie.

Du reste, il savait qu'il était d'usage de dispenser les évêques nommés des épreuves ordinaires et des conditions d'âge et de scolarité. Il leur suffisait de subir l'*examen théologique* exigé des candidats avant la *tentative* ; puis, au

---

amende fixée par la Faculté, que de s'acquitter des sermons imposés par les statuts. « Singulis annis, pro more, baccalaureis conciones condicantur, quos si non habuerint, pœna facultatis arbitrio relicta mulctentur. » (*Reformat. Universitat*, 1598, art. XXII).

lieu de prendre part aux exercices de la licence, ils se faisaient sacrer et revenaient soutenir pour la forme une thèse
unique nommée *résompte*, après quoi ils étaient docteurs.

Richelieu se retira donc à la campagne, loin des dissipa-
tions de la ville et du bruit des écoles, et consacra trois années presque complètes à étudier la théologie avec un docteur
de Louvain, qui n'était autre que le célèbre Cospéan. Quoique
titulaire de l'évêché d'Aire et jouissant d'une grande réputation d'orateur et d'écrivain, Cospéan ne craignit pas de
mettre son érudition théologique et sa haute expérience en
matière de style et d'éloquence au service d'un jeune homme
dont il admirait le talent précoce, et dont il pressentait
peut-être les hautes destinées (1).

Nous n'avons aucun détail sur la manière dont le jeune
évêque de Luçon fit ses études théologiques ; nous savons
seulement qu'il s'y appliqua avec une ardeur qui ne fut pas
sans dommage pour sa santé. Il ne lui suffisait pas d'acquérir la somme des connaissances nécessaires pour remplir ses
devoirs d'évêque ; il voulait encore se faire un nom dans la
controverse. Avec son esprit positif, il sentait que la théologie devait répondre aux besoins du moment. Or, comme

(1) En commençant ses études théologiques, Richelieu se proposait de conquérir
ses grades en Sorbonne : « Ad Sorbonica postmodum transcurrit avidus qui gradus
et insignia baccalaurei indueret et adipisceretur ».(Abbé DE PURE, *Vita em. card.
Richelii*, p. 17.) Cet auteur dit qu'il prit pour professeur de théologie le célèbre
Cospéan. et qu'il l'emmena dans sa maison « quocum familiarius et commodius
etiam et citius stadium theologicum percurreret ac mentis noxas et rerum ambages
velocius emetiretur. (DE PURE, *Vita em. card. Richelii*, p. 18.) Le card. de Retz
dit de même que Richelieu fut l'élève de Cospéan : « (M. de Lisieux) avait la vigueur
de saint Ambroise et il conservait dans la cour et auprès du Roi une liberté que
M. le cardinal de Richelieu, *qui avait été son écolier en théologie*, craignait et
révérait. Ce bonhomme... avait tant d'amitié pour moi qu'il me faisait trois fois
la semaine des leçons sur les épîtres de saint Paul. » (*Mém. du card. de Retz*.
Collect. des grands écriv., t. I⁰ʳ, p. 184.) Cette dernière remarque du cardinal de
Retz prouve que l'épiscopat n'aurait pas empêché Cospéan d'être le professeur de
Richelieu.

l'ennemi, à cette époque, c'était le protestantisme, il tenait à se mettre en mesure de figurer avec honneur dans les conférences avec les protestants. L'Église pensait en effet que l'une des meilleures armes pour combattre cette nouvelle hérésie, c'était la discussion publique. Aussi favorisait-elle de tout son pouvoir ces rencontres où protestants et catholiques se donnaient rendez-vous sur des points de dogme qui avait été désignés à l'avance entre les adversaires. On choisissait des arbitres, que l'on prenait en nombre égal dans les deux religions, et ils devaient à la fin des débats se prononcer en faveur de celui des champions qui avait fait preuve du plus grand savoir et avait apporté dans la défense de sa croyance les raisons les plus victorieuses. On le voit, c'était, suivant le mot du Père Lacordaire, « de véritables champs clos où des hommes de bonne foi appelaient des hommes de bonne foi, où la parole était une arme égale pour tous, et la conscience le seul juge (1). »

L'usage des conférences était très fréquent au xviie siècle. Le cardinal du Perron passait pour le plus illustre défenseur du catholicisme. Le triomphe éclatant qu'il avait remporté sur du Plessis-Mornay, à la conférence de Fontainebleau, sous les yeux du roi et de la cour, lui avait valu, outre le chapeau de cardinal, une influence et une autorité très considérables dans les affaires politiques et religieuses de cette époque.

Richelieu rêvait d'acquérir une gloire toute semblable. Son historiographe nous raconte « que les succès de du Perron étaient pour lui ce que les trophées de Miltiade

---

(1) P. LACORDAIRE, *Vie de saint Dominique,* p. 52.

étaient pour le jeune Thémistocle (1) ». Rien ne lui paraissait
plus beau ni plus digne de son ambition que de figurer
dans ces grandes assises où les intérêts de l'Église étaient
en jeu, et d'y être l'avocat officiel du catholicisme. C'était
aussi, pensait-il, le moyen le plus rapide et le plus brillant
de parvenir à la fortune et aux honneurs. Tout le disposait
à ce rôle : la variété et l'étendue de ses connaissances, la
vigueur de sa dialectique, la précision et la clarté de sa
parole, enfin le sang-froid et la présence d'esprit qui lui
étaient déjà familiers, toutes ces qualités réunies auraient
pu faire de lui un controversiste de premier ordre.

Des amis lui représentèrent que son tempérament était
trop faible pour supporter le poids de longues discussions
publiques, et que, d'ailleurs, avec la faveur du roi qui lui
était déjà acquise, il pouvait faire mieux son chemin dans
la politique. Il renonça donc à son premier dessein, mais il
conserva toute sa vie un goût très vif pour les débats théologiques (2). C'est à sa demande qu'en 1616 une chaire de
controverse avec les protestants fut créée à la Sorbonne.
Renversé du pouvoir avec Concini, il employa ses loisirs
forcés à écrire un livre de polémique religieuse et un autre
de théologie pastorale. Plus tard, redevenu ministre, il se
délassait des préoccupations de la politique en discutant
avec des docteurs de Sorbonne sur des questions de dogme
ou de morale. Il fit même venir un jour chez lui le célèbre
Richer qui, dans un livre fameux, avait émis des opinions
condamnables sur la puissance ecclésiastique et séculière,
et qui persistait dans sa doctrine : « Je lui parlai, dit Ri-

______

(1) AUBERY. *Vie du card. de Richelieu*, p. 7.

(2) Richelieu avait en grande estime et presque en amitié le curé de Charenton,
Véron, qui s'était distingué dans ses nombreuses controverses avec les protestants.
Le cardinal aimait à le voir et à discuter avec lui les questions théologiques. (FERET,
Un curé de Charenton au XVIIe siècle.)

chelieu, avec tant de vigueur et d'efficace que je le contraignis par la force des raisons à se dédire sincèrement et volontairement de son erreur. » Au ton de satisfaction avec lequel il raconte dans ses mémoires ce triomphe personnel, on comprend que la théologie l'ait toujours vivement intéressé, et qu'il ait recherché ces polémiques où la raison et la vérité doivent toujours avoir le dernier mot.

Du reste, il ne faut pas croire que les études théologiques aient nui à son éducation d'homme d'État. Un écrivain moderne l'a justement remarqué : « On sait mieux les choses humaines, après avoir passé par l'étude des choses divines. Dante plaçait la science sacrée, sous les traits de Béatrix, au-dessus de la poésie elle-même. Pour gouverner les hommes, il faut savoir quelque chose des secrets de Dieu(1).» Aussi Talleyrand estimait-il que tout homme d'État devrait avoir fait sa théologie. En dehors de son propre exemple, il aimait à citer le cardinal Duprat qui négocia le concordat avec Léon X, le cardinal d'Ossat qui réconcilia Henri IV avec la papauté, Hugues de Lionne qui, après avoir étudié la théologie sous les yeux de son oncle, l'évêque de Gap, devint le diplomate le plus consommé du siècle de Louis XIV, et enfin le cardinal de Polignac qui fit élire le prince de Conti roi de Pologne (1696) et négocia le traité d'Utrecht (1713).

« En effet, autant l'abus des mathématiques rend absolu, opiniâtre, autant la théologie rend subtil et ductile. Elle affine l'esprit quand l'autre le raidit. Sur chaque difficulté, en faisant mille distinctions, elle crée mille ressources pour saisir le vrai et pratiquer le bien (2). » On l'a dit maintes

(1) Poujoulat, *Bossuétines,* p. 169.
(2) J. Wallon, *Le Testament politique de Richelieu.* Paris. 1866, p. 13.

fois, la cour romaine, composée exclusivement de prélats, a
été dans tous les siècles l'école par excellence de la diplo-
matie : le rôle que joue actuellement le Saint-Siège dans les
conflits de l'Europe prouve que les bonnes traditions ne s'y
sont pas perdues.

Certes, Richelieu avait reçu de la nature des dons supérieurs pour devenir un grand ministre. Sa hauteur de vues,
son aptitude aux affaires, son énergie et sa ténacité invinci-
bles eussent suffi pour le mettre au premier rang des hommes d'État; mais qui pourrait dire que la théologie ne
lui a pas été d'un grand secours, quand il gouvernait les
intérêts religieux de la France, quand il attaquait la puissance politique des protestants sans porter atteinte à leur
liberté de conscience, quand il avait à défendre les prérogatives royales sans se brouiller avec le pape ? Dans de
nombreuses circonstances, nous le savons, la théologie
inspira sa conduite, et, au besoin, il ne craignait pas de
recourir aux lumières des théologiens de Sorbonne, lorsqu'il
avait à prendre de graves résolutions touchant certaines
affaires du royaume.

On ignore la date précise de la démission d'Alphonse de
Richelieu et de sa retraite à la Chartreuse. Les lettres patentes du roi ne suffisaient pas à Armand pour qu'il pût prendre
possession de l'évêché de Luçon ; il lui fallait encore obtenir
de Rome l'investiture canonique et, de plus, la dispense
d'âge pour être ordonné, car il n'avait encore que vingt et un
ans. Le cardinal du Perron, qui avait été en ambassade extraordinaire auprès du Saint-Siège, fut chargé par Henri IV
d'intervenir en faveur du jeune évêque. Le 8 mars 1606, il
écrivait au roi : « Cependant je dirai à Votre Majesté que,
touchant l'affaire de M. de Richelieu, Monsieur l'ambassa-

deur en a déjà parlé à Sa Sainteté qui lui a donné sujet d'en bien espérer ; et pour mon particulier, je n'y oublierai rien du soin et de l'affection que je dois aux commandements qu'il a plu à Votre Majesté me faire à cet égard (1). »

Mais le moment n'était guère favorable pour cette négociation. La cour romaine était absorbée par le grave conflit qui avait éclaté entre le pape et les Vénitiens. Le pape Paul V, qui occupait depuis un an le trône pontifical, était tout entier à cette affaire et cherchait partout des alliés pour faire valoir ses droits contre Venise. On conçoit donc qu'au milieu de ces pourparlers l'évêché de Luçon ait été complètement oublié. Mais Henri IV qui, en ce moment, offrait sa médiation au pape, et qui comptait en tirer profit pour le *grand dessein* qu'il méditait contre l'Espagne, ne voulait pas que les intérêts de Richelieu fussent négligés. Il chargea de nouveau, en décembre 1606, son ambassadeur à Rome (2) et le cardinal de Joyeuse (3) d'unir leurs efforts pour hâter le succès de cette proposition. Il écrivit d'abord à Monsieur d'Alincourt : « Monsieur d'Alincourt, j'ai « naguère nommé à notre Saint-Père le pape M. Ar- « mand Jean du Plessis, diacre du diocèse de Paris, « frère du sieur de Richelieu, pour être pourvu de l'évêché « de Luçon en Poitou, par la démission et la résiliation qu'en « à faite à son profit M. François Hyvert, dernier titulaire « d'iceluy ; et parce que ledit du Plessis, qui est déjà dans « les ordres, n'a encore du tout atteint l'âge requis par les

(1) Les *Ambassades* de du Perron, p. 457.

(2) C'était M. d'Alincourt fils du marquis de Villeroy. Il était ambassadeur à Rome depuis 1600. C'est lui qui avait négocié le mariage de Marie de Médicis avec Henri IV.

(3) Le card. de Joyeuse était un négociateur prudent et habile, en même temps qu'un prélat grand seigneur. En 1605, il avait présidé avec un faste inouï l'assemblée du clergé. Il avait été successivement archevêque de Narbonne, de Toulouse et de Rouen.

« saints décrets et constitutions canoniques pour tenir ledit
« évêché, et que je suis très assuré que son mérite et suffi-
« sance peuvent aisément suppléer à ce défaut. Je vous
« écris cette lettre afin que vous fassiez instance de ma part
« à Sa Sainteté pour lui en moyenner la dispense nécessaire,
« et que vous vous y employiez avec mon cousin le cardinal
« de Joyeuse, à qui j'en écris, de telle sorte que cette grâce
« ne lui soit refusée, parce qu'il est du tout capable de ser-
« vir l'Église de Dieu et que je sais qu'il ne donne pas peu
« d'espérance d'y être grandement utile comme Sa Sainteté
« connaîtra par effet, priant Dieu, Monsieur d'Alincourt, qu'il
« vous ait en sa sainte et digne garde. Henry. » (1). La
lettre au cardinal de Joyeuse parle également « des bonnes
vertus, qualités et mérites du candidat ». Elles témoignent
toutes les deux de la bienveillance du roi et indiquent l'estime
et l'affection qu'il avait pour le jeune évêque de Luçon (1).

Cependant toutes ces sollicitations restèrent infructueuses :
au commencement de l'année 1607, les bulles n'avaient pas
encore été expédiées. D'ordinaire les ecclésiastiques pourvus
de bénéfices avaient un moyen à peu près certain de faire
agréer leur nomination par le Souverain Pontife, c'était de
recourir aux *banquiers expéditionnaires en cour de Rome.*

Ces banquiers avaient monopolisé pour ainsi dire toutes les
relations du clergé de France avec le Saint-Siège. C'étaient
eux qui transmettaient les suppliques et se chargeaient
d'obtenir les bulles au meilleur compte en marchandant
avec la Componenda et les bureaux du cardinal dataire.
Ils réussissaient d'autant mieux dans leurs négociations

---

(1) BERGER DE XIVREY, *Lettres de Henri IV*, t. VII, p. 53 et 54.
Ces lettres de Henri IV réfutent également les auteurs de la *Gallia Christiana,*
qui prétendent que François Hyvert cessa d'être évêque de Luçon en 1608.

qu'on leur abandonnait un droit de commission plus élevé.
L'un d'eux, Couturier, avait gagné à ce commerce plus de
1.200.000 livres : « C'était, dit Tallemant, le plus grand
« arabe du monde; mais, quoiqu'il prît plus que les
« autres, beaucoup de gens allaient à lui, parce qu'il était
« habile et en réputation (1). »

Richelieu aurait donc pu s'adresser à l'entremise de ces
banquiers ; mais, outre qu'elle était fort coûteuse, elle eût
peut-être été inutile pour avoir la dispense d'âge dont il avait
besoin. Son embarras devait être grand, lorsque Henri IV
lui suggéra le meilleur parti à prendre, celui d'aller à
Rome.

Il se mit en route dans les derniers mois de l'année 1606 (2).
Il ne lui déplaisait sans doute pas d'aller faire l'expérience
de ses talents diplomatiques, et de devoir uniquement aux
charmes de sa personne et à la distinction de son esprit le
succès d'une affaire dans laquelle ses puissants patrons
avaient déjà échoué. Il reçut à l'ambassade de France un
accueil tel que pouvait l'espérer un homme que Henri IV
aimait. Il trouva un autre appui dans le cardinal de Givry
qui résidait à Rome en qualité de comprotecteur du royaume.
Enfin le cardinal de Joyeuse lui-même le traita avec une
faveur marquée et ne lui ménagea ni ses conseils ni son crédit. Grâce à eux, Richelieu put voir de près cette cour romaine
qui devait l'intéresser sous tant de rapports, et avec laquelle
il allait avoir plus tard de si fréquentes relations.

Il y fit la connaissance du P. Le Bossu, un farouche

----

(1) D'AVENEL, *Richelieu et la monarchie absolue*, t. II, p. 234.
(2) Un auteur italien place le voyage de Richelieu à Rome en l'an 1604. Outre
cette erreur, il en commet une autre encore plus grossière en disant que Richelieu
fit ses études à Rome et qu'il ne retourna en France qu'après les avoir terminées.
(Don PIETRO, Marchese RICCIARDI, *Vita di Armando card. di Plessis, duca di
Richelieu*, p. 3.)

ligueur qui avait loué publiquement le meurtrier de Henri III
et qui avait dû chercher un refuge à Rome, à l'avènement de
Henri IV. C'était un homme de grand savoir et un puissant
orateur. Paul V lui avait confié la direction de la bibliothèque
Vaticane et la présidence de plusieurs débats théologiques.

Toujours au dire de l'abbé de Pure, Richelieu se fit
remarquer à Rome par la régularité et l'austérité de sa vie.
On le voyait très assidu auprès du pape et des cardinaux. Il
visitait aussi les couvents les plus célèbres. Enfin, il profita
de ses loisirs pour étudier à fond l'italien et l'espagnol, et
réussit à les parler aussi bien que sa propre langue (1).

Sur le séjour de Richelieu à Rome, l'abbé de Pure donne
encore d'autres détails fort intéressants qui, jusqu'ici, ont
passé inaperçus, et qu'on nous saura peut-être gré de repro-
duire en les résumant.

Un jour, dans un entretien avec le pape, à qui il exposait
les raisons de son voyage à Rome, l'évêque de Luçon vint
à parler de Henri IV, du succès de ses armes, de la paix
dont jouissait le royaume et de l'amour que lui témoignait
le peuple. Mais le pape, peu touché de cet éloge, rappelle
à son tour les désordres de ce prince et sa foi équivoque.
« Je ne veux pas revenir, dit-il, sur les actes des pontifes mes
prédécesseurs, mais je crains que le roi de France, en
s'abandonnant aux plaisirs grossiers, ne donne de funestes
exemples à tout son royaume. » En entendant ces paroles,
Richelieu est un moment déconcerté ; mais peu à peu il
retrouve sa présence d'esprit, et par la modestie et la mesure
de son langage il calme l'animosité du Souverain Pontife.
Prenant ensuite directement la défense du roi, il le fait avec
tant de force et d'habileté que le pape ne peut s'empê-

(1) Abbé DE PURE, *Vita em. card. Richelii*, p. 34 et suiv.

cher de lui faire ce jeu de mots : *Je vois bien qu'Armand est pour Henri le Grand, comme Henri est pour Armand.*

Dans une autre circonstance, Richelieu assistait au sermon d'un prédicateur de grand renom. Au sortir de la cérémonie, il va rendre visite à un cardinal, lui vante les mérites du sermon qu'il a entendu et le reproduit entièrement de mémoire. Le cardinal, émerveillé, en parle au Souverain Pontife, qui tout d'abord n'y prête pas grande attention. Mais peu de jours après, rencontrant l'évêque de Luçon, il se rappelle ce qu'on lui a dit de sa prodigieuse mémoire et il lui donne l'ordre de réciter le discours, pensant qu'il pourrait tout au plus en donner des extraits. Mais Richelieu, avec une souplesse d'esprit absolument admirable, se met aussitôt, sans hésiter, à réciter le sermon tout entier avec autant d'exactitude et de précision qu'aurait pu le faire l'orateur lui-même, ou quelqu'un qui l'aurait écrit. Le pape et tous ceux qui se trouvaient là applaudirent à ce tour de force. Paul V lui demanda ensuite de traiter lui-même, et à sa façon, le même sujet. Un jour suffit à Richelieu pour se préparer. Dès le lendemain, il prononçait son discours en présence du pape et de la cour Pontificale, et tous furent émerveillés de sa facilité, de son érudition et de l'élégance de sa parole. On regardait comme un miracle que tant de qualités fussent réunies chez un jeune homme de vingt-deux ans.

L'abbé de Pure cite enfin un trait de sa grandeur d'âme. L'évêque de Luçon avait rencontré à Rome un Français qui était de bonne famille et qui se disposait à entrer dans l'ordre de Malte. Ce Français était absolument sans ressources, car il avait tout perdu dans un naufrage. Richelieu est ému de compassion pour les infortunes de son compatriote. Il le reçoit chez lui et le comble de ses bontés. Le malheureux se confond en remerciements. Mais en apprenant que son bienfaiteur est un Richelieu, il demeure stupéfait. « Je ne vous cacherai pas la cause de mon étonnement, lui dit-il, je suis le fils d'un ennemi de votre famille. Je n'ai donc aucun droit à vos bienfaits ; je ne mérite que votre haine. » Et en disant ces mots, il veut se retirer. Mais Richelieu, touché de cet aveu, le retient, et lui jure, sur ses devoirs les plus sacrés d'évêque et de chrétien, qu'il ne tiendra aucun compte de ces haines de famille. Au contraire, il lui vient en aide de son crédit et de son argent et il ne le quitte qu'après l'avoir mis en mesure d'entrer dans l'ordre de Malte. Quand ce fait fut connu dans Rome, dit l'abbé de Pure, on loua beaucoup ce jeune évêque qui, avec des ressources si restreintes, savait faire de si belles œuvres de charité.

Mais il attira surtout l'attention du pape par la part qu'il prit aux délibérations de la congrégation *de Auxiliis*. Cette congrégation avait été instituée en 1597 pour mettre fin au conflit qui divisait depuis si longtemps les théologiens sur la question de la grâce. Les Molinistes soutenaient que la grâce n'est efficace que par la libre coopération de la volonté. Les Thomistes prétendaient au contraire que la grâce est efficace par elle-même, et des deux côtés on se livrait à d'interminables discussions qui échauffaient l'ardeur des combattants sans les éclairer sur le point en litige. On ne sait à quelle occasion Richelieu fut amené à prendre part à la lutte ; on ignore même dans quel sens il parla. On sait seulement que son intervention produisit un impression profonde (1). « Les Italiens, dit André du Chesne,

---

(1) M. AVENEL pense que Richelieu ne prit aucune part aux travaux de la congré-

« furent contraints de rompre le vœu qu'ils font presque
« tous de n'admirer que fort sobrement ce qui naît hors
« de leur pays (1). » Paul V lui-même, qui assistait aux
débats, fut gagné par l'élégance et la parfaite correction de
ce jeune évêque qui parlait le latin avec une étonnante
facilité et qui joignait aux grâces de la diction des connaissances théologiques bien supérieures à son âge. A la
fin de la séance, il lui fit ce gracieux compliment: « Æquum
est ut qui supra ætatem sapis, infra ætatem ordineris ; »
et en effet il lui accorda aussitôt la dispense d'âge pour être
ordonné.

Cette dispense, Richelieu la dut, non pas seulement
à ses propres mérites, mais encore à l'appui très efficace
du cardinal de Givry. Nous lisons en effet dans l'*Histoire
des Évêques de Metz*, à propos du cardinal de Givry
qui était titulaire de cet évêché : « Dans l'emploi de
cette charge, il eut le bonheur entre autres de proposer au
consistoire, à la recommandation du Roi, l'évêché de Luçon
en faveur du grand Cardinal de Richelieu et d'obtenir la
dispense de son âge sans difficulté, tant il était dès lors en
considération pour ses vertus et ses mérites incomparables.
J'ai appris ceci par la liste des bénéfices que notre cardinal
de Givry proposa au consistoire l'an 1606, où il y a : « *Die
decimâ septimâ septembris proposita fuit Ecclesia Lucionensis
pro D. Armando Joanne du Plessis de Richelieu* (2). »

gation *de Auxiliis*, et il s'appuie sur ce fait que le P. Servy, dans son *Abrégé
de l'hist. de la congrégation de Auxiliis* ne fait aucune mention du nom de
Richelieu. Il croit plutôt que le jeune évêque de Luçon exprima son opinion à ce
sujet dans un entretien particulier avec le pape, et que c'est ainsi qu'il trouva
l'occasion de montrer la solidité de ses études théologiques et la supériorité de son
esprit. (*Revue des quest. histor..* t. VI, p. 169.)

(1) ANDRÉ DU CHESNE, *Hist. généalogique de la maison du Plessis Richelieu*,
p. 74.

(2) Le R. P. MEURISSE, *Hist. des évêques de l'église de Metz.* Metz, 1633, in-4°,
p. 660.

La dispense fut donnée par Paul V, le 9 décembre de la même année, dans un bref très élogieux et très flatteur adressé à l'évêque de Luçon et dont le texte est reproduit dans l'*Histoire des évêques de Metz*. Le pape lui rappelait que le roi de France avait bien voulu le recommander à cause de ses mérites et de ses talents remarquables, mais que cependant il le plaçait à la tête de l'église de Luçon par un acte spontané de sa libéralité, *motu proprio et mera nostra liberalitate*, et non par déférence pour la recommandation du roi ou les instances de Richelieu, *non ad tuam vel alterius pro te nobis super hoc oblatæ petitionis instantiam*. Il espère que son épiscopat sera fructueux pour le peuple dont il va être le pasteur, bien qu'il n'ait encore que vingt-trois ans, *licet ipse, sicut accepimus, in vigesimo tertio ætatis anno tantum constitutus existas*. Ces paroles du bref pontifical semblent donner raison à Mourgues de Saint-Germain, quand il prétend que Richelieu aurait trompé le pape sur son âge véritable. En effet, en décembre 1606, il avait 21 ans et non pas 23. S'était-il vieilli de deux ans pour obtenir plus facilement la dispense qu'il sollicitait? Le fait ne serait pas impossible. En tous cas, il n'y a pas moyen d'expliquer autrement la contradiction qui existe entre le texte du bref et l'âge réel du jeune évêque.

Mais si Mourgues de Saint-Germain a raison sur ce point, le reste de son histoire est plus que suspect. Il raconte en effet que Richelieu, une fois en possession de sa dispense, serait allé se jeter aux pieds de Paul V et lui aurait avoué sa supercherie ; et que le pape, après lui avoir pardonné et l'avoir congédié, aurait dit ce mot qu'on a si souvent répété : « Ce jeune homme a beaucoup d'esprit ; il sera un jour un profond politique, car c'est déjà un grand fourbe (1). » Cette parole est trop jolie pour n'avoir pas été inventée après coup. Il ne faut pas oublier que c'est seulement en 1631 que l'abbé de Saint-Germain mit cette fable en circulation. Il était déjà brouillé avec le Cardinal, et son hostilité de pamphlétaire ôte tout crédit à son témoignage.

Richelieu fut sacré évêque par le cardinal de Givry, le 17 avril 1607. Il avait un peu moins de 22 ans (2). On n'a rien pu découvrir sur son ordination sacerdotale ; il est probable qu'elle eut lieu très peu de jours avant son sacre. Pour les fils de grandes familles, les interstices n'étaient presque jamais observés. Le père de Bérulle avait reçu, dans la même semaine, le sous-diaconat, le diaconat et la prêtrise. Le cardinal de Sourdis avait été également ordonné prêtre et sacré archevêque de Bordeaux dans l'espace de quelques jours. On s'explique donc sans peine que Richelieu, qui n'était que diacre à son arrivée à Rome, ait pu en partir quelques semaines après, revêtu du caractère épiscopal (3).

De retour à Paris (4), il songea au doctorat. Dès le

(1) Tallemant des Réaux. t. II, p. 2.

(2) On trouve à cette époque de nombreux exemples de nominations épiscopales contraires au droit canonique. La Valette, fils du duc d'Epernon, était archevêque de Toulouse à 21 ans, François de Sourdis, archevêque de Bordeaux à 22 ans, Gabriel de l'Aubespine, évêque d'Orléans à 21 ans.

(3) Plus tard, il sera plus exigeant sur les conditions requises par l'épiscopat. Il dit en effet dans son Testament politique : « Ceux qui recherchent les évêchés par ambition et par intérêt, pour faire leur fortune, sont d'ordinaire ceux qui s'attachent à faire leur cour, pour obtenir par importunité ce qu'ils ne peuvent espérer de leur mérite ; aussi ne doit-on pas les choisir, mais ceux qui sont appelés de Dieu à cet état, ce qui se connaît par leur manière de vie différente, ceux-ci s'exerçant aux fonctions ecclésiastiques qui se pratiquent dans les séminaires, et il serait fort utile que V. M. déclarât qu'elle ne choisira que ceux qui auront passé un temps considérable, après leurs études, à travailler aux dites fonctions dans les séminaires qui sont les lieux établis pour les apprendre ; n'étant pas raisonnable que le plus difficile et le plus important métier du monde s'entreprenne sans l'avoir appris, vu qu'il n'est pas permis d'exercer les moindres et les plus vils sans avoir fait plusieurs années d'apprentissage. » (*Testament polit.*, t. Iᵉʳ, p. 107).

(4) Richelieu revint à Paris avec la réputation d'un prélat instruit, régulier et

1er août (1607), il priait la Faculté de théologie de décider dans quelles conditions il subirait l'examen : « *Ut statuatis qua tandem ratione de actibus theologicis quos jamdiu meditor, me respondere oporteat, ut tum regiæ voluntati, tum meis votis satisfaciam* (1). » Il n'était pas sans habileté de sa part de dire qu'il se présentait pour obéir à un ordre du roi ; une recommandation de cette nature devait rendre la Faculté plus accommodante. Elle s'empressa en effet d'accueillir sa requête et lui permit de soutenir sa thèse sans président, la tête couverte et avec tous les insignes de l'épiscopat. Ces détails prouvent que Richelieu n'était pas considéré comme un candidat ordinaire et que son examen ne dut être qu'une séance d'apparat, préparée à l'avance pour mettre en relief sa personne et son talent. D'après la hiérarchie ecclésiastique, il était supérieur à ses juges, qui n'étaient que de

très attaché à la personne du roi dont il avait défendu les intérêts à Rome dans un entretien avec le Pape. Aussi Henri IV lui fit le meilleur accueil. Il l'appelait familièrement son évêque, et Villeroy déclarait publiquement qu'il n'avait jamais vu tant de modestie unie à tant de mérites, et il augurait pour le jeune évêque de Luçon le plus brillant avenir. (Abbé DE PURE, *Vita em. card. Richelii*, p. 37.)

« Henri IV l'appelait *son évêque*, reconnaissant bien qu'il était digne non seulement d'une mitre, mais encore d'une tiare. » (*Rec. de pièces relat. au card. de Richelieu.* Arsenal, 187, f° 33.)

L'auteur de la *Vie msc. du card. de Richelieu* dit que Henri IV présenta le jeune évêque à la reine, qui lui fit également bon accueil. (Arsenal, 186, f° 5.)

(1) Voici l'extrait des registres de la Faculté de Paris cité par l'abbé de Pure.

« Die 17 julii anno 1606, Dominus Joannes Armandus de Richelieu, Lucionensis episcopus designatus, instituit in facultate supplicationem pro primo cursu theologico, cum quo facultas dispensavit de tempore studii. Antequam publice responderet, Romam perrexit et bullas quas vocant obtinuit, quibus mediantibus, episcopus consecratus, secundam scripto habuit supplicationem primâ Augusti 1607, hâc formulâ conceptam :

« Dignissime Domine Decane, vosque S. S. M. M. N. N., supplico ut statuatis quâ tandem ratione de actibus theologicis, quos jamdiu meditor, me respondere oporteat, ut tum Regis voluntati, tam votis meis satisfaciam. Num vobis probetur ut de primo actu, more solito, uno dempto præside necne? De Sorbonicâ juxta consuetudinem, de tertio instar resumptæ? quidquid elegeritis, vestris stabo decretis. Vestri ordinis observantissimus Armandus Joan. Episcopus Lucionensis. »

Cui postulationi annuente facultate, respondit de primo actu theologico die 29 octob. 1607, operto capite, sine præside, in cathedra inferiore disputantibus primæ licentiæ baccalaureis per facultatem designatis, videlicet Hennequin Flavigny, etc. (DE PURE, *Vita em. card. Richelii*, p. 42.)

simples prêtres : il n'avait donc pas lieu de trembler pour le résultat de cette épreuve.

La soutenance solennelle eut lieu le 29 octobre suivant. C'était une série de propositions, que le candidat avait à défendre contre les attaques de deux bacheliers de première licence désignés par la Faculté. Il est probable que, suivant l'usage, tout se borna à une argumentation sur une question de théologie tirée au sort. S'il faut en croire l'abbé Joly et Amelot de la Houssaye, Richelieu aurait eu à développer ce texte du prophète Isaïe : « *Quis similis mihi?* Qui sera semblable à moi? » et naturellement plus tard, quand il fut ministre, on se prit à voir dans ces paroles le présage de ses grandeurs futures. Son argumentation fut très brillante. Il fit preuve d'une dialectique si serrée et déploya tant de solidité et d'éclat dans l'exposition, que les examinateurs lui donnèrent à l'unanimité le titre de docteur (1).

Philippe de Gamaches, qui faisait partie du jury, déclara « qu'il n'y avait jamais eu de soutenance pareille à celle de Richelieu, et qu'il eût appréhendé lui-même de discuter contre un si éloquent, si docte et si subtil théologien ». Un savant d'Allemagne, qui voyageait en France et qui se trouvait ce jour-là à la Sorbonne, fut tellement satisfait de cet examen qu'il consigna son admiration dans ses mémoires (2). Le cardinal de Retz lui-même disait, longtemps après, de

---

(1) Dans l'argumentation, le candidat était tenu de répondre à toutes les objections des professeurs. Il arrivait parfois que les esprits échauffés par l'ardeur de la lutte perdaient quelque peu de la gravité qui convient à une solennité de ce genre. A la thèse d'Armand de Bourbon, prince de Conti, le père Arnoux, jésuite, voulut se mêler à la discussion ; mais la faculté s'y opposa avec tant d'énergie que le pauvre père dut renoncer à la parole. La querelle fut un instant si vive qu'il perdit son bonnet : on le garda longtemps en Sorbonne comme un monument de sa témérité. (AUBERY, *Mém. pour l'hist. de Richelieu*, t. I.)

(2) L'auteur de la *Vie msc. du card. de Richelieu* dit à tort qu'il rentra en France sur la fin de l'an 1606. (Arsenal, 190 ter. f° 2.)

Richelieu : « Sa jeunesse jeta des étincelles de mérite. Il se
distingua en Sorbonne. On remarqua de fort bonne heure
qu'il avait de la force et de la vivacité dans l'esprit (1). »
Ce triomphe laissa de profonds souvenirs dans l'âme de
Richelieu. Tant qu'il vécut, il se plut à témoigner une
affection toute particulière aux docteurs de Sorbonne et
rechercha toujours leur conversation, leur amitié et leurs
conseils.

D'autres liens que le doctorat attachèrent Richelieu à la
Sorbonne. Dès le 31 octobre, deux jours après son examen, il
se fit recevoir *hospes* et *socius*. A ce double titre, il était
membre de la maison ou société de Sorbonne, fréquentait
librement la bibliothèque commune, et prenait sa part de
l'administration du collège.

Après avoir pris ses grades en Sorbonne, Richelieu demeura encore une année à Paris, avant de se rendre à Luçon.
Pour obéir aux règlements de la Faculté de théologie, il se
livra au ministère de la prédication et prêcha, en même temps
que le père Cotton, le carême de 1608, dans la chapelle du
Roi. Henri IV lui donnait les marques d'une particulière
bienveillance. Il aimait à l'appeler *son évêque*, montrant par
là qu'il avait contribué plus que tout autre à l'élever aux
honneurs de l'épiscopat. Il lui avait même fait entendre, à son
retour de Rome, qu'il demanderait quelque jour pour lui la
pourpre de cardinal, et, par ses paroles si gracieuses et si
pleines d'une affectueuse courtoisie, il flattait l'amour-propre
du jeune prélat et ouvrait de vastes horizons à son ambition
naissante.

____

(1) AUBERY, *Hist. du card. duc de Richelieu*, p. 7. Perrault, dans ses *Hommes
illustres*, ne juge pas moins favorablement les qualités intellectuelles de Richelieu :
« Il avait l'esprit vif, le jugement solide, les idées générales, un courage capable
de tout entreprendre, et à l'épreuve de toutes sortes de disgrâce. »

Cette année 1608 ne fut cependant pas sans épreuve pour Richelieu. Dès la fin du carême, il eut des accès de fièvre, et nous lisons dans sa correspondance qu'il eut à se faire remplacer par le père Cotton pour plusieurs discours qu'il avait encore à prononcer devant le Roi (1). Une maladie plus grave, dont il n'indique pas la nature, l'obligea ensuite à rester trois mois dans son lit, sans pouvoir s'occuper d'aucun travail (2). Dès qu'il fut guéri, il prit tout à coup la résolution de partir pour Luçon.

Richelieu, que le Roi comblait des attentions les plus délicates, aurait pu, comme tant d'autres évêques, rester à la Cour et y faire son chemin par l'intrigue. On sait en effet que le mal général de l'Église de France, à cette époque, c'était que presque personne ne résidait dans son bénéfice. Il fallait même quelquefois l'intervention de l'autorité civile pour contraindre certains évêques à faire la visite de leur diocèse et y distribuer le sacrement de confirmation. Pour ces prélats mondains, aucune disgrâce n'égalait celle d'être exilé dans leur ville épiscopale. Aussi s'est-on demandé, non sans curiosité, les motifs qui déterminèrent Richelieu à aller vivre au fond d'un pauvre diocèse, alors qu'il aurait pu demeurer à Paris, et y mener cette existence brillante, que comportaient son nom, son rang et sa jeunesse. On a voulu voir dans ce départ inattendu un raffinement d'ambition (3). On lui a prêté, sinon le mot, du moins les sentiments de César, aimant mieux être le premier dans une bourgade que le second à Rome. A vrai dire, Richelieu, à qui ses modestes revenus ne permettaient pas de faire grande

____

(1) Avenel, *Lettres de Richelieu,* t. VII, p. 3.
(2) Avenel, *Lettres,* t. I, p. 6.
(3) Mgr Perraud, *Le card. de Richelieu,* p. 19.

figure dans la capitale, estimait peut-être qu'il valait mieux pour lui aller remplir sa charge d'évêque à Luçon, où il recevrait les mêmes honneurs qu'un gouverneur de province, que de rester à Paris, confondu dans la foule des prélats de Cour.

Mais il avait sans aucun doute d'autres préoccupations d'un ordre plus élevé. Les souvenirs de son ordination et de son sacre étaient encore trop récents pour que les impressions en fussent déjà effacées. Devenu le premier pasteur d'un diocèse, il se croyait tenu én conscience de remplir tous les devoirs de sa charge et de travailler au salut des âmes qui lui avaient été confiées. De tels sentiments n'étonnent pas chez un jeune homme qui est resté jusqu'à vingt-deux ans à l'abri de la corruption du monde, qui a toujours vécu dans la solitude et le travail, et qui, avant d'accepter la haute mission dont il est revêtu, en a calculé toutes les obligations et toutes les responsabilités.

En supposant même que l'ambition n'ait pas été étrangère à cette détermination, et que, dans la pensée de Richelieu, l'évêché de Luçon n'ait été qu'un « *marchepied* pour s'élever davantage (1) », il n'en faut pas moins admirer la sagesse et l'esprit de décision dont il fit preuve dans cette circonstance. Ami de l'étude, il eut le bon sens de comprendre que les divertissements frivoles de Paris ne pouvaient lui convenir, et qu'il trouverait, au contraire, à Luçon le calme et le recueillement qui sont si favorables aux travaux de l'esprit. Toujours poursuivi du désir de marcher sur les traces du cardinal du Perron, il sentait qu'il ne pourrait réussir à se faire un nom dans la controverse qu'en se condamnant à

____

(1) Mgr Perraud, *Le card. de Richelieu*, p. 16.

vivre dans une retraite complète, où il serait tout entier à ses livres, à ses recherches, à ses méditations et à ses devoirs.

Enfin, il était encore très inexpérimenté, et il avait besoin de se former au maniement des hommes. Or, peut-être devinait-il que rien ne serait plus propre à lui donner de la maturité, que de remplir ses fonctions d'évêque. Un évêque, en effet, a des relations obligées avec toutes les classes de la société. Il est l'ami et le conseiller des riches, le soutien et le père des pauvres. Son action s'étend aux choses les plus diverses, aux études de son clergé, qu'il doit diriger, aux finances de son diocèse, qu'il doit gérer, aux administrations civile et militaire avec lesquelles il est en contact journalier et contre lesquelles il doit souvent défendre ses droits, sans soulever de conflits. L'épiscopat allait donc être pour Richelieu l'apprentissage du gouvernement; c'est dans l'exercice de cette charge qu'il allait acquérir la prudence, le tact, l'application aux affaires, la fermeté, l'esprit de dévouement, toutes les qualités en un mot qui conviennent à la fois à un bon évêque et à un homme d'État.

Richelieu, après avoir fait ses adieux aux amis qu'il laissait à Paris, se mit en route pour Luçon, dans les premiers jours de décembre 1608. Le voyage était long et particulièrement difficile à cause des rigueurs de la saison ; les routes étaient en mauvais état et peu sûres. Il ne pouvait songer à faire ce trajet à cheval ou en poste : c'eût été compromettre la solennité de son entrée dans sa ville épiscopale. Il fut donc réduit à emprunter un carrosse et quatre chevaux à M. de Moussy, ami de sa famille et cousin des Bouthillier. Les carrosses étaient encore une nouveauté : c'étaient des voitures monumentales où huit personnes pouvaient trouver place, mais non sans s'exposer à quelque désagrément; car il y avait des mantelets de cuir en guise de glaces et des stores d'étoffe que l'on bouclait pour se garantir du froid (1). Richelieu partit dans cet équipage et emmena avec lui, dans cette habitation roulante, les gens et les bagages nécessaires pour monter sa maison. Il s'arrêta très probablement au château de Richelieu, qui était sur son passage, pour voir sa mère et recevoir les dernières recommandations de celle qui jusque-là avait si bien veillé sur lui, et qui allait lui continuer sa sollicitude dans sa nouvelle charge. Il lui était difficile également de ne pas faire une seconde étape au prieuré de Coussaye. Ce prieuré lui avait été laissé par son père. Richelieu en fit son séjour de prédilection; c'est là qu'il prit l'habitude de venir tous les ans, pour se reposer de ses fatigues et se guérir des fièvres contractées dans les marais de Luçon.

Le 21 décembre, il arriva à Fontenay-le-Comte. Cette ville, l'une des plus importantes du bas Poitou, comptait six ou sept mille habitants, et était le siège d'un bailliage et d'une élection. Les échevins et les notables vinrent lui souhaiter la bienvenue. Richelieu répondit « qu'il était heureux d'avoir son évêché proche d'une ville qui était renommée pour avoir donné une infinité de beaux esprits à la France. Comme toutes les sciences se tiennent par la main, et que l'une ne peut subsister sans l'autre, il attache, dit-il le plus grand prix à leur amitié et compte sur leur assistance. « Si vous me jugez capable de vous servir, ajoute-t-il en terminant, je m'offre de bon cœur à vous, vous suppliant de croire qu'il n'y a personne au monde de qui vous

(1) D'AVENEL, *Richelieu et la monarchie absolue*, t. II, p. 19.

puissiez vous prévaloir à plus juste titre que de moi (1) ».

Le chapitre de Luçon avait envoyé des délégués qui étaient venus saluer l'évêque à Fontenay. Richelieu les accueille avec des paroles fort gracieuses mais où l'on pourrait relever une petite pointe d'ironie : « Messieurs, leur dit-il, je ne saurais vous faire connaître le contentement que je ressens de recevoir les témoignages de la bienveillance de votre compagnie; jusques ici je n'ai pu être si heureux que d'avoir tous les cœurs de ceux qui en sont. J'attribue ce malheur à mon absence et au peu de connaissance que vous avez pu prendre de la bonne volonté que je vous porte. Mais maintenant que je serai avec vous et que je pourrai vous faire paraître combien je vous honore, je me promets que vous me voudrez tous du bien (2). » C'était une allusion aux démêlés qui existaient depuis longtemps entre le chapitre et Mme de Richelieu, et en même temps un appel à la concorde et à l'oubli des griefs : sa propre présence était une garantie d'apaisement et de réconciliation.

Après ces deux harangues, l'évêque, escorté des chanoines, se dirigea vers Luçon où il arriva le jour même, fête de saint Thomas (3).

L'antique cérémonial ne lui fut pas complètement appliqué. Autrefois le seigneur de Saint-Gemmes, l'épée au côté, en pourpoint de soie et en chausses semelées, venait prendre les rênes du cheval du nouvel évêque, et le conduisait jusqu'à la porte de l'évêché. Mais les du Bouchet, seigneurs de Saint-Gemmes, s'étaient faits protestants; ils avaient même, pendant les guerres de religion, livré Poitiers aux héréti-

<hr>

(1) Avenel, *Lettres de Rich.*, t. I, p. 12. — (2) Id., p. 14.
(3) La distance de Fontenay à Luçon n'est que de 6 lieues.

ques et ruiné le prieuré de Saint-Cyr en Talmondais. On comprend donc que, devenus les ennemis de l'Église catholique, ils se soient dispensés de figurer à l'entrée de l'évêque de Luçon.

Richelieu fut reçu sur le seuil de la cathédrale par le chapitre, le clergé et le peuple de la ville ; suivant l'usage, le doyen lui offrit l'eau bénite et l'encens, et lui rappela, dans le compliment traditionnel, les liens qui allaient l'attacher à l'Église de Luçon. Richelieu répondit par une courte harangue où il révélait plus nettement encore ses dispositions conciliantes : « Messieurs, j'ai toujours infiniment estimé une loi que les anciens appelaient amnistie d'oubliance ; elle se pratiquait, à la fin des guerres civiles, pour convier les peuples qui avaient été animés les uns contre les autres à perdre la mémoire de tout ce qui s'était passé.

« Cette sainte loi doit être reçue parmi nous ; je vous exhorte, autant qu'il m'est possible, à l'embrasser. Pour moi, bien que je ne puisse ignorer qu'il y en a en cette compagnie qui m'ont été fort contraires, même depuis le temps qu'il a plu à Dieu de me rendre votre chef, je proteste que je n'en aurai aucun ressentiment. Cela vous doit convier à faire de même, si vous avez quelque différend entre vous, afin qu'avec le temps on puisse dire de vous ce que l'on disait, en l'Église naissante, de tous les chrétiens, *eorum cor unum et anima una* (1). »

Richelieu revêtit ensuite ses ornements pontificaux, alla à l'autel, puis au trône qui lui avait été préparé dans le chœur, et reçut les promesses d'obéissance de tous les prêtres présents à la cérémonie. Il prêta lui-même le serment suivant,

---

(1) AVENEL, *Lettres de Rich.*, t. 1, p. 14.

la main sur l'évangile : « Moi, Armand-Jean du Plessis de
Richelieu, évêque de l'Église cathédrale de Luçon, je
jure et promets fidélité à cette Église, mon épouse. Je promets en outre de ne révéler à personne les secrets du
chapitre, pas même à celui des chanoines dont il aurait
été question. Je défendrai de tout mon pouvoir les biens
et les libertés de mon diocèse, et si quelque droit ou pro-
priété a été aliéné je ne négligerai rien pour le recouvrer.
Que Dieu me vienne en aide, et ses saints évangiles.
Ainsi-soit-il (1). » Se tournant ensuite vers le peuple, il
lui adressa ce discours qui est si remarquable par les idées
de tolérance qu'il contient, et qui dut produire une impression d'étonnement sur ceux qui l'entendirent : « Messieurs, venant pour vivre avec vous et faire ma demeure
ordinaire en ce lieu, il n'y a rien qui me puisse être plus
agréable que de lire en vos visages et reconnaître par vos
paroles que vous en ressentez de la joie ; je vous remercie
du témoignage que vous me rendez de votre bonne volonté,
que je tâcherai de mériter par toutes sortes de bons offices, n'y ayant rien que j'aie en plus grande affection que de
vous pouvoir être utile à tous, en général et en particulier.

« Je sais qu'en cette compagnie il y en a qui sont désunis
d'avec nous quant à la croyance ; je souhaite en revanche
que nous soyons unis d'affection ; je ferai tout ce qui me
sera possible pour vous convier à avoir ce dessein, qui
leur sera utile aussi bien qu'à nous, et agréable au Roi à qui
nous devons tous complaire (2). »

Quand les cérémonies furent terminées, le nouvel évêque
dut éprouver un véritable serrement de cœur, en visitant sa

---

(1) Dom Fonteneau, *Papiers d'Aquitaine*, t. LXIV, p. 488.
(2) Avenel, *Lettres de Rich.*, t. I, p. 15,

ville épiscopale. Ce n'était guère qu'un village de deux ou trois mille habitants. Les luttes religieuses y avaient amoncelé les ruines. La cathédrale, édifice gothique du xive siècle, était dans un état de délabrement qui nécessitait les réparations les plus urgentes. Les voûtes étaient lézardées et menaçaient de s'effondrer sur les fidèles. Les autels avaient perdu leurs ornements : les tableaux, les tapisseries, les chandeliers d'argent, tout avait disparu. La sacristie ne contenait que les objets les plus indispensables au culte. A l'extérieur, la flèche avait été renversée et le portail presque entièrement détruit. Comme en beaucoup d'endroits, les sculptures avaient été brisées à coups de marteau par les protestants. L'église Saint-Philibert avait été ruinée de fond en comble et n'offrait plus qu'un vaste monceau de pierres. L'évêché, grande construction massive, avec tours et créneaux, était absolument inhabitable. A plusieurs reprises, il avait servi d'abri aux catholiques assiégés par les protestants, et les murs portaient encore des traces nombreuses des attaques qu'ils avaient soutenues. Les cours étaient envahies par les halliers ; les jardins et les dépendances avaient cessé d'être entretenus depuis plus de quarante ans. Richelieu dut donc se mettre à la recherche d'une autre habitation. Un gentilhomme du pays lui offrit une maison assez loin de la cathédrale, et c'est là qu'il logea en attendant que le palais épiscopal fût réparé.

Le peuple de Luçon était bon, simple, religieux et très dévoué à ses évêques. Mais les protestants, qui étaient nombreux, actifs et remuants, avaient dans la ville une très grande influence. Ils avaient profité de l'absence des évêques pour s'arroger les droits les plus exorbitants.

Richelieu allait remettre tout en ordre et réparer tous ces maux. Quelques années allaient lui suffire pour restaurer et décorer la cathédrale, rebâtir presque complètement le palais épiscopal, fonder un séminaire et plusieurs communautés religieuses, enfin évangéliser toutes ces pauvres populations, et faire du diocèse de Luçon l'un des mieux administrés de toute la France. Désormais, le chapitre avait un chef qui saurait imposer son autorité, les catholiques un protecteur dévoué, les protestants un adversaire loyal, tolérant mais sans faiblesse, les nobles un gentilhomme de leur rang, enfin le diocèse tout entier un pasteur qui allait s'occuper de tous ses besoins avec un zèle infatigable et le faire bénéficier de sa propre gloire et de son étonnante fortune.

Il ne serait peut-être pas sans intérêt de faire ici le portrait de ce jeune évêque, au moment où il commence si modestement une carrière qui devait être si brillante. Tout le monde a vu au Louvre le portrait du cardinal de Richelieu par Philippe de Champagne. C'est une œuvre très exacte où l'on retrouve le « fantôme à barbe grise, à l'œil gris terne, aux fines mains maigres, l'homme à la forte tête, mais sans entrailles » qui causait tant d'effroi à Michelet. Mais Richelieu, à l'âge de vingt-deux ans, avait plus de charmes et de séductions. Un bronze du Bernin et un tableau de Jode ont permis à l'historien de la duchesse d'Aiguillon d'esquisser avec un grand bonheur d'expression la physionomie si mobile et si intéressante de l'évêque de Luçon :

« A tous les dons de l'intelligence, Richelieu joignait alors beaucoup d'avantages physiques. Sans être élevée, sa taille était au-dessus de la moyenne, bien prise, et admirablement proportionnée. Souple et nerveux, il montait parfaitement à cheval et maniait les armes avec l'habileté d'un homme de guerre. Il avait dans son air quelque chose de cette raideur que donne l'habitude du commandement militaire, mais elle était adoucie par une exquise politesse.

« Son front était haut et largement découvert, avec des sourcils fins et bien dessinés. Il avait des yeux vifs et pénétrants quoique d'un gris un peu terne et souvent voilés par de longues paupières qui s'abaissaient comme si la lumière les eût fatiguées, ou qu'il eût mieux voulu concentrer l'effort de sa pensée. Le nez, légèrement busqué, était assez fort, mais bien fait, la bouche gracieuse et fine, avec des lèvres mobiles, ombragées d'une moustache très fournie et retroussée suivant la mode du temps. Sa figure, quoique allongée, était pleine et n'avait rien de cette maigreur maladive et de cette pâleur fiévreuse que les soucis de la politique devaient lui donner plus tard. Enfin une chevelure épaisse et soigneusement bouclée, qui relevait encore sa bonne mine, en faisait un beau cavalier en même temps qu'un prélat plein de noblesse et de distinction (1) ».

Voilà l'homme qui vient de monter sur le siège de Luçon et qui va donner à cet évêché les prémices de son activité et de son génie. Le théâtre dut lui sembler bien modeste et la tâche bien obscure; mais il avait foi en lui-même, et il pressentait que son séjour à Luçon ne serait qu'une étape très courte pour parvenir à des charges plus éclatantes.

(1) Bonneau Avenant. *Hist. de la Duchesse d'Aiguillon*, p. 47.

CHAPITRE III

ADMINISTRATION ÉPISCOPALE

Le diocèse de Luçon était l'un des plus petits et des plus pauvres de France. Il comprenait 428 cures, 13 abbayes, 48 prieurés, 357 chapelles, 7 chapitres, 10 maladreries (1): la population totale ne devait pas dépasser cent mille âmes. Au point de vue judiciaire, Luçon ressortissait au Parlement de Paris; dans l'ordre ecclésiastique, il dépendait de l'archevêché de Bordeaux. On ne sait pas ce que Richelieu éprouva en parcourant pour la première fois le diocèse qui lui était confié. On ne trouve dans sa correspondance aucune description du pays, aucune appréciation sur les mœurs et les usages des habitants. Il ne dit rien de ces paroisses rurales dans lesquelles il allait administrer le sacrement de

(1) D'autre part, dans un rapport sur l'état du Poitou présenté à Louis XIV par Colbert de Croissy, et publié par Charles Dugast Matifeux (Fontenay, 1865), nous lisons que l'évêché de Luçon comprenait 2 archidiaconés, 11 abbayes, 7 prieurés, 250 cures, 300 tant petits prieurés, chapelles, qu'aumôneries et autres petits bénéfices. Les divergences de chiffres sont assez sensibles; cependant elles s'expliquent par ce fait que beaucoup de bénéficiers étaient à la fois prieurs et curés. — Dans ce même rapport, on trouve encore les détails suivants sur le diocèse de Luçon :

« Il est bien certain qu'il n'a aucune ville dans son enceinte et que le plus considérable lieu qui en dépend est Luçon, qui est un fort gros bourg où l'évêque a sa maison épiscopale assez raisonnable, et est seigneur et baron de ce lieu et de quelques paroisses aux environs, sans compter ce qu'il aura du douzième des fruits des marais desséchés qui pourront valoir 6.000 livres de rente. » (*Rapport au Roi sur l'État du Poitou en 1663*, par Charles Colbert de Croissy, p. 86.)

Voir le Pouillé général de l'archevêché de Bordeaux. *Diocèse de Luçon*, p. 32.

confirmation. Le sentiment des beautés de la nature paraît lui avoir manqué comme à la plupart de ses contemporains. Cependant son diocèse n'était dépourvu ni de charme ni de pittoresque. Il aurait pu décrire à ses amis de Paris les collines du *Bocage*, couvertes de bois, de prairies et de vergers d'où la vue pouvait s'étendre depuis la flèche de Luçon jusqu'aux tours de la cathédrale de Nantes. La *plaine* était un pays triste, monotone, aride, brûlé par le soleil; mais comment supposer qu'il méconnut la physionomie si étrange et si curieuse du *marais*, qui, avec ses buttes de sable, ses canaux et ses digues, ses champs conquis sur la mer, et sa population de pêcheurs et de saulniers, rappelait les provinces maritimes des Pays-Bas? Malheureusement toutes ces eaux stagnantes dégageaient des miasmes fiévreux et rendaient le pays très insalubre (1). Cette contrée n'a été assainie que par les grands travaux de desséchement qui ont été exécutés dans notre siècle.

Le pays était fort pauvre, témoin cet extrait des mémoires d'un voyageur de l'époque. « Luçon ne devrait pas être mis au rang des villes, si on ne considérait la qualité qu'elle porte d'évêché. Elle est située dans le bas Poitou, sur un petit ruisseau, au milieu de grands marais qui s'étendent principalement du côté où nous arrivâmes, étant éloignée de la mer seulement de deux heures... Aux environs les chemins y sont entre deux fossés où souvent, si on ne prend garde à soi, on peut s'égarer par la quantité de chemins qui ne sont pas frayés, et qui se dispersent en plusieurs endroits de ces marais pour aller à des petites chaumières, qui sont la retraite de pauvres gens, qui ne vivent que d'un

---

(1) Les cas de maladie étaient si fréquents qu'en 1648 l'évêché de Maillezais, voisin de Luçon, dut être transféré à la Rochelle.

peu de blé qu'ils sèment sur la terre qu'ils ont tirée des canaux et des pâturages où ils nourrissent quelque peu de bétail; et n'y ayant point de bois pour se chauffer, ils usent des bousats de vaches séchés au soleil qui brûlent comme des tourbes. En un mot, je ne sais point de gens plus pauvres dans la France que dans les màrais du bas Poitou (1). »

L'évêque avait le titre de baron de Luçon, et, suivant le cérémonial des préséances, il passait immédiatement après le gouverneur du Poitou. Venait ensuite le chapitre qui comprenait sept grands dignitaires et trente chanoines prébendés (2). Le doyen était élu par le chapitre et confirmé par l'évêque, lequel avait la libre disposition des autres canonicats.

Il s'en fallait beaucoup que les évêques de cette époque eussent la même autorité et les mêmes droits que ceux d'aujourd'hui. Ainsi, pour la collation des bénéfices dans le diocèse de Luçon, la juridiction épiscopale était considérablement restreinte par les prérogatives de quelques abbés, et de plusieurs seigneurs laïques qui avaient le titre de patrons. Mais nous verrons que Richelieu eut l'habileté de ne pas se laisser enchaîner par ces privilèges qui étaient très anciens et qui ne pouvaient pas être abolis. Il professa le plus grand respect pour les droits acquis ; mais il s'arrangea de manière à les rendre aussi illusoires que possibles.

N'ayant pas encore vingt-cinq ans, il ne pouvait pas gérer lui-même les intérêts matériels de son bénéfice. Il

---

(1) Jouvin de Rochefort, cité par M. Hanotaux, *Revue des Deux-Mondes,* 1er août 1889.

(2) Au xviie siècle, le revenu était de 18.000 livres. Une autre source de revenu pour l'évêque de Luçon, c'était le droit de bréviaire et de cheval. A la mort d'un curé, tant régulier que séculier, le bréviaire et le cheval du défunt revenaient de droit à l'évêque, à moins que les héritiers ne payassent une indemnité de 10 livres 10 sols. (D. Fonteneau, t. LXIV, p. 821.)

dut laisser ce soin à un *vidame*, sorte d'intendant chargé, sous sa propre responsabilité, de pourvoir aux réparations et aux dépenses nécessaires, et de percevoir les revenus des biens de l'évêché. Néanmoins, le jeune évêque, frappé de tous les abus à réprimer, voulut favoriser de tout son pouvoir le travail de son vidame, en lui fournissant tous les papiers destinés à établir les droits de sa baronnie. Très peu de jours après son arrivée, il réclame à l'un de ses parents certains papiers concernant l'évêché de Luçon : « J'ai cru, lui dit-il, que vous n'auriez point désagréable la prière que je vous fais de me vouloir aider des papiers qui se trouvent parmi les vôtres, concernant mesdits droits ; c'est chose qui ne vous sert de rien et qui pourrait être utile à cette église, à laquelle étant appelé, je me sens obligé de rechercher ce qui est de la conservation des droits qui m'ont été donnés en dépôt (1). » Cette lettre est le premier indice du goût de Richelieu pour les archives. On y voit la preuve de son esprit d'ordre et de la résolution qu'il avait prise de faire valoir tous ses droits pourvu qu'ils fussent légitimes. Il est probable qu'il rentra en possession des pièces qu'il réclamait, et qu'elles constituèrent le premier fonds des archives de Luçon. Malheureusement, en 1622, quand Soubise, à la tête des protestants, fit le siège et le sac de la ville, tous ces papiers furent brûlés, perte à jamais regrettable, puisqu'ils nous permettraient aujourd'hui d'étudier, documents en mains, les actes de l'administration épiscopale de Richelieu.

L'un de ses premiers soucis fut de mettre fin au conflit avec le chapitre. Ce conflit durait depuis fort longtemps.

(1) **Avenel**, *Lettres de Rich.*, t. I, p. 17.

Après les guerres religieuses, tout était à refaire à Luçon :
il fallait reconstruire les voûtes de la cathédrale, décorer les
chapelles, et renouveler le matériel nécessaire au culte. Les
chanoines qui, en l'absence des évêques, avaient seuls sup-
porté les frais des réparations antérieures, voulaient que
Richelieu contribuât pour sa part aux nouveaux travaux
qu'on allait entreprendre. Il n'ignorait pas leurs dispositions ;
il y avait même fait allusion dans sa harangue d'arrivée.
Il savait aussi que les chanoines avaient recouru au Parlement pour contraindre sa mère à participer aux dépenses
de l'évêché dont elle touchait les revenus depuis vingt-cinq
ans.

Il résolut donc de régler à l'amiable ce différend qui
nuisait à la bonne entente et qui était si préjudiciable à
l'œuvre commune. Il commença par étudier l'affaire avec un
soin scrupuleux, et, après s'être convaincu que les réclamations du chapitre étaient bien fondées, il consentit à
une transaction. Par un contrat du 4 juin 1609, il s'engagea
à payer le tiers de la somme qui serait nécessaire, après que
tous les revenus de la fabrique auraient été consacrés aux réparations (1). Mais il eut bien soin de stipuler qu'il ne faisait

(1) Alphonse de Richelieu, au moment de prononcer ses vœux à la grande Chartreuse, légua son patrimoine à Armand pour qu'il fût employé à relever les églises
du diocèse de Luçon, détruites par les protestants. L'abbé de Pure affirme que non
seulement l'évêque respecta le vœu de son frère, mais qu'il dépensa lui-même une
partie de sa propre fortune dans ce même but de charité. (Abbé DE PURE, *Vita em.
card. Richelii*, p. 54.) — « Il fit bâtir diverses églises et en rétablit d'autres que
l'hérésie avait abattues. » *Rec. de pièces relat. à Richelieu.* Arsenal, 187, f° 33. —
« Il ne fut pas plutôt arrivé dans son diocèse qu'il y donna toute son application pour le purger des erreurs et des vices qui s'y étaient glissés depuis plus de
60 ans qu'aucun évêque n'y avait fait de résidence. Il en fit la visite entière, y
rétablit quelques églises qui avaient été détruites par les huguenots ; il en ramena
plusieurs par ses savantes prédications au giron de l'Église. Il était en ce temps-là
si peu ordinaire de voir un jeune évêque résider que cette sage conduite donna
une grande réputation à l'évêque de Luçon. » (*Vie msc. du card. de Rich.* Arsenal, 186,
f° 6.)

ces concessions que pour une fois, et dans le seul but de
« nourrir paix, union, concorde et amitié ». Il ajoutait que,
lorsque l'église 'aurait été remise en bon état, les chanoines
auraient à l'entretenir, sans que ni lui ni ses successeurs
eussent à y contribuer, sauf en cas de foudre et de guerre, où
la quote-part des dépenses serait la même que précédemment. Restait la question du canal de Luçon : la sentence
de 1536 fut remise en vigueur, et les travaux indispensables
se firent à frais communs (1).

« Ainsi se termina, dit M. de Beauregard, cette contes-
tation par une transaction où un prélat fort jeune encore, et
âgé seulement de vingt-quatre ans, fit la loi à son chapitre,
et donna des preuves de la supériorité de son esprit à tout ce
qui l'entourait. »

Les rapports d'un évêque avec son clergé constituent
assurément la partie la plus importante et la plus délicate de
son administration. Il lui faut une prudence consommée pour
maintenir intacte son autorité, tout en lui conservant un
caractère paternel, pour réformer les abus sans trop froisser
les personnes, pour récompenser le zèle et le talent sans
éveiller les jalousies. Richelieu sut être à la hautenr d'une
pareille tâche.

Le clergé du commencement du xviie siècle avait beaucoup
perdu de ses habitudes graves et modérées. Pendant les
guerres de Religion, « le moine quittait son cloître pour les
camps, l'évêque dressait des plans de campagne dans le
cabinet des princes, le prédicateur débitait dans la rue de
séditieuses harangues ; tous les esprits étaient troublés et
chacun était jeté hors de sa condition et de son rôle (2) ».

(1) Dom Fonteneau, *Papiers d'Aquitaine*, t. XIV, f° 163. — Bibl. nat., fonds
latin, n° 18389, f° 72.
(2) Jacquinet, *Les prédicateurs du XVIIe siècle avant Bossuet*, p. 103.

A Luçon, on se ressentait encore de ces temps malheureux.
Les chanoines, habitués à gouverner le diocèse en l'absence
des évêques, s'étaient arrogé des privilèges exagérés avec
lesquels il fallait compter (1). Comme en beaucoup d'autres
villes, ils avaient obtenu du Saint-Siège l'exemption de la
juridiction épiscopale et du droit de visite. Aussi, grâce à ces
faveurs, formaient-ils un corps très indocile, très jaloux de
ses droits, et toujours prêt à faire de l'opposition à l'évêque.

On a vu comment Richelieu réussit à les désarmer
et à leur faire signer une transaction équitable pour
les réparations de l'église. Ce jour-là, ils trouvèrent
leur maître, et dès lors ils ne songèrent plus à entraver son
administration. Du reste, Richelieu fit élire comme doyen
l'abbé de la Cochère, un ami d'enfance, qu'il avait amené de
Paris, et qui lui été profondément dévoué. La régularité
et la soumission régnèrent dès lors dans le chapitre, car, sauf
pour la fondation du séminaire, et encore n'étaient-ils pas
seuls en cause, on ne voit pas que les chanoines aient sus-
cité de difficultés à leur évêque.

Le reste du clergé n'avait pas moins souffert. Le recrute-
ment était difficile ; l'autorité dans les paroisses était dis-
putée entre les séculiers et les réguliers. Comme il n'y avait
pas encore de séminaire, l'instruction des prêtres était très
insuffisante (2). Dans un règlement de 1606, l'archevêque de

____

(1) L'archevêque de Bordeaux, François de Sourdis, éprouva plus d'une fois le mauvais vouloir de son chapitre. Les chanoines avaient fait construire un autel malgré
sa défense. Pour le faire démolir il dut recourir à l'autorité du Parlement. Battus
sur ce point, les terribles chanoines se dédommagèrent en refusant de recevoir le
cierge des mains de l'archevêque le jour de la Purification ; et lorsqu'il revint d'un
voyage d'Espagne, aucun ne se présenta à lui pour le complimenter et lui faire
honneur. (RAVENEZ, *Hist. du cardinal de Sourdis*, p. 49.)

(2) A cette époque il n'était pas difficile d'être ordonné prêtre. « Dès qu'un jeune
homme savait assez de latin pour expliquer un évangile et entendre le bréviaire, on le
jugeait capable d'être élevé au sacerdoce. On trouvait des prêtres qui baptisaient sans
faire aucune onction, bénissaient des mariages sans en avoir le pouvoir, ne savaient

Bordeaux s'exprimait ainsi : « Tous les curés seront obligés
de justifier avant l'obtention de leur titre qu'ils possèdent
la *Bible*, la *Vie des saints*, le *Guide des curés de Milhard*, le *Catéchisme du concile de Trente*, le *Concile provincial* et *les cas
réservés*. » On le voit, ce règlement n'exigeait des ecclésiastiques que les connaissances nécessaires pour administrer
les sacrements. Mais on peut croire que, distraits par les
préoccupations de la guerre civile, ils avaient renoncé aux
fortes études, et s'étaient laissé absorber par les soins matériels. En effet, outre l'ignorance, on pouvait encore leur
reprocher leur manque de régularité et de dignité. Plusieurs
remplissaient de véritables emplois de domestiques dans les
châteaux du voisinage ; d'autres couraient les foires et se
livraient au trafic.

Lorsque Richelieu eut sondé la profondeur du mal, il y
porta hardiment le fer qui devait le guérir. Le meilleur moyen
de remédier aux abus était de faire observer par tous les
prêtres les règlements disciplinaires du concile de Trente.
Or, comme dans l'une des dernières sessions de ce concile
il avait été statué que les évêques devaient tenir chaque
année une assemblée synodale, Richelieu donna le premier
l'exemple de l'obéissance, et convoqua un synode à Luçon.
Cette conduite était sage. En agissant seul et en vertu de
son pouvoir d'évêque, il avait à craindre qu'en raison de sa
jeunesse, son autorité ne fût contestée et ses ordres méconn-
nus. En convoquant les principaux membres de son clergé

même pas la formule de l'absolution, et se permettaient de transposer, de changer,
d'abréger à leur gré les paroles sacramentelles. On s'explique les évêques défen-
dant aux curés d'admettre aucun prêtre vagabond à la célébration. Dans bien des
paroisses, plus de sermons, plus de catéchismes ; le peuple, privé d'instruction,
ignore parfois jusqu'à l'existence de Dieu. A Paris même, M. Olier trouva dans le
quartier Saint-Sulpice un autel élevé à Belzébuth, des prêtres s'y livraient aux superstitions des sorciers. » (D'Avenel, *Rich. et la monarchie absolue*, t. III, p. 230 .)

à une assemblée synodale, il ne faisait pas que se conformer
à la volonté de l'Eglise : il rendait les vicaires généraux, les
archiprêtres et les doyens solidaires de l'exécution des statuts promulgués par le synode, et il leur imposait par ce
fait même l'obligation de veiller à ce qu'ils fussent mainte-
nus et respectés. Il ne fut pas permis aux membres convo-
qués de se soustraire à l'obligation de comparaître dans ce
synode. Les abbés d'Angles et de Talmond furent condamnés chacun à une amende de 120 livres pour n'y avoir pas
assisté et s'en être dispensés sans motif (1).

Le synode se réunit à Luçon le 18 mars 1609. L'année
suivante, il fut convoqué de nouveau, et l'on verra, par la
lettre de convocation que nous avons pu retrouver, avec
quelle gravité le jeune évêque rappelle à ses prêtres les
devoirs de leurs charges et les intérêts religieux et moraux
des âmes qui leur sont confiées. C'est assurément le témoignage le plus irrécusable et le plus décisif que l'on puisse
citer en faveur du zèle épiscopal de Richelieu.

« Armand-Jean du Plessis de Richelieu, par la miséricorde
de Dieu et la grâce du Saint-Siège apostolique, évêque de Luçon, à nos très chers et bien aimés confrères les abbés, doyens,
chanoines, curés et autres bénéficiers de notre diocèse.

« Reconnaissant combien l'usage des synodes a été prudem-
ment et saintement institué et pratiqué en l'Eglise, dès que
les persécutions eurent cessé et qu'il fut loisible aux chrétiens
de s'assembler pour aviser aux affaires appartenantes au bien

______

(1) « Je soussigné confesse avoir reçu de Pierre Petit et de La..... la somme de
six vingts livres en l'acquit de MM. les abbés d'Angles et de Talmond pour la composition faite avec eux des amendes auxquelles ils avaient été condamnés pour
n'avoir pas comparu à plusieurs synodes, selon qu'ils étaient tenus, de toutes
lesquelles amendes ils demeureront quittes pour le passé en vertu du présent
acquit. Fait au Plessis-Piquet, ce second jour du mois de mai 1609. » (*Archives
de la famille de Rich.*)

et avancement de la Religion chrétienne, maintenir tous les fidèles en l'unité de la foi, et repousser la corruption des mœurs qui ne se glisse que trop facilement parmi les hommes ; ce fut ce qui nous convia de tenir notre synode quelques mois après notre arrivée en ce lieu, pour le grand désir que nous avions de vous voir ¡tous ensemble, pour vous exhorter et conjurer, par ce qui est de plus saint et plus sacré au monde, de considérer quelle est la dignité et obligation de vos charges, afin de vous étudier et apporter toute la peine et diligence requise à vous en acquitter dignement, au bien et salut des âmes qui vous sont commises, et afin de réparer par votre soin et vigilance, et par l'exemple d'une bonne et sainte vie, les défauts et les désordres qui sont à notre très grand regret arrivés par le passé.

« Pour ces mêmes causes, nous serions très-aises de tenir de rechef notre dit synode, le treizième... selon qu'il avait accoutumé, mais nous avons trouvé bon d'achever auparavant les visites de notre diocèse que nous avons commencées dès l'année passée, afin qu'ayant acquis plus de connaissance de l'état où il est et des maux auxquels il faudra remédier, nous puissions plus utilement, à la tenue du premier synode, faire des statuts synodaux qui soient inviolablement observés à l'avancement de la gloire de Dieu, et au bien et profit spirituel de tous nos diocésains. Et en attendant que nous vous fassions savoir notre intention, laquelle, nous voulons que vous attendiez touchant le temps auquel nous désirons vous faire venir en assemblée en ce lieu, nous vous exhortons de tout notre pouvoir que vous ayez, comme bons et fidèles pasteurs, à veiller soigneusement sur vos troupeaux, pour lesquels Notre-Seigneur J.-C. a bien daigné répandre son précieux sang ; et que vous vous comportiez avec tant de

pureté, de modestie, de gravité et de douceur, non seulement
en l'administration des sacrements et célébration du très
auguste et très saint sacrifice de la messe, auquel vous
devez vaquer avec toute la crainte et le respect qui sont dus
à la divine Majesté, mais même en votre conversation ordinaire et en toutes vos actions, afin que Dieu soit loué et
glorifié, et que le prochain en reçoive du bon exemple et de
l'édification. Voulons et ordonnons que le présent mandement soit lu et publié au prône de toutes les églises et
affiché aux portes d'icelles.

« Fait à Luçon, ce 24 avril 1610. » (1)

Les ordonnances qui furent rendues dans ces différents
synodes et qui furent publiées plus tard par les soins du
vicaire général de Luçon, J. de Flavigny (2), sont de la main
même de Richelieu. A ce titre, elles méritent d'être brève-
ment analysées, d'autant plus qu'elles sont fort peu con-
nues.

L'évêque indique tout d'abord le but de ces ordonnances :
« Désirant de tout notre pouvoir régler et policer notre dit
diocèse au mieux que faire se peut pour la gloire de Dieu
et l'édification de tous, et obvier aux désordres qui s'y seraient ci-devant glissés quant à la discipline ecclésiastique,
avons fait statuer et publier les ordonnances qui s'en suivent,
lesquelles nous désirons être inviolablement gardées sous
les peines portées ci-après. »

Et il ordonne aux prêtres de son diocèse « de s'adonner
soigneusement à la piété et à la vertu, de fuir l'oisiveté, et

---

(1) Bibliothèque nationale, fonds français, n° 22884, f° 56.
(2) Elles parurent dans un petit livre intitulé : *Brève et facile instruction pour
les confesseurs*, par J.-H. Flavigny. Fontenay, 1613, in-12, 78 feuillets.

de s'étudier à acquérir la science requise en leur ordre ». Sous peine de dix livres d'amende, il leur interdit « de fréquenter les foires, de faire du commerce, de jouer aux cartes et autres jeux de hasard ». Il leur prescrit de porter la tonsure et d'user de vêtements convenables et décents. Il exige qu'ils observent un très grand respect dans l'administration des sacrements et en particulier qu'ils se conforment à toutes les cérémonies de la messe. Il veut aussi que les linges et ornements soient en bon état. Les bénéficiers qui ne sont pas encore prêtres devront se préparer au sacerdoce. Les sous-diacres, diacres et prêtres réciteront chaque jour le bréviaire. Au cas où le bréviaire du Poitou leur paraîtrait trop volumineux, ils se serviront de celui du concile, qui est plus portatif.

Sous peine de suspension *a divinis*, il est interdit aux prêtres de remplir des emplois bas et déshonorants, ou de comparaître devant des juges laïques. Les messes devront être célébrées dans la paroisse à des heures commodes pour le peuple. Les tavernes et cabarets devront être fermés pendant la durée des offices. Les fidèles sont exhortés à communier le premier dimanche de chaque mois, ou au moins aux quatre grandes fêtes de l'année. Les curés feront tous les dimanches une leçon de catéchisme et réciteront avec le peuple l'oraison dominicale, le symbole des apôtres et les dix commandements en langue vulgaire, afin que tous les fidèles puissent les apprendre et les retenir.

Les fiançailles se célébreront avant le coucher du soleil et aux portes des églises, afin d'éviter les abus ordinaires dans ces sortes de cérémonies. Les curés liront au prône trois dimanches différents les lettres royales qui attribuent aux évêques la connaissance des affaires de fabrique.

L'évêque donne ensuite la liste des fêtes chômées : elles sont au nombre de cinquante. Les murs d'enceinte des cimetières devront être tenus en bon état. Les bénéficiers feront tous leurs efforts pour recouvrer les domaines aliénés pendant les guerres de Religion : au besoin, ils pourront compter sur l'appui de leur évêque.

Comme les superstitions étaient très fréquentes dans les campagnes, « il condamne et excommunie tous ceux qui par des brevets, ceintures ou billets, par paroles ou par autres moyens superstitieux et damnables, font état de guérir les fièvres et autres maladies. »

Un jour par semaine, les prêtres se réuniront en conférence, dans les principales paroisses, pour s'instruire de ce qui concerne la célébration des sacrements. Ils devront même se tenir prêts à subir un examen par-devant leur évêque.

Il recommande aux fidèles qui savent lire de s'instruire de leur religion, par l'étude du catéchisme. Parmi les livres les plus utiles aux âmes, il indique la *Méthode de confession* et le *Guide des pécheurs* du Père de Grenade.

Les brevets et autres publications concernant les affaires séculières ne seront lus qu'à l'issue de la grand'messe, et à la porte de l'église. Enfin, pour graver dans l'esprit des fidèles les présentes ordonnances, Richelieu veut qu'on les leur relise une fois par mois à la place du prône.

Ces nombreuses prescriptions nous ont paru intéressantes à noter au point de vue historique, parce qu'elles révèlent l'état du clergé de Luçon sous l'épiscopat de Richelieu. On y voit les travers et les abus qu'il fallait abolir, tels que le jeu, les occupations viles et subalternes, les amusements et les courses dans les foires. On peut même reconnaître, dans ces articles si minutieux et si pratiques, la marque du caractère si ferme et si énergique de celui qui les a rédigés. Ces recommandations et ces défenses sont faites sur le ton d'un maître qui veut être obéi.

Richelieu n'avait en effet rien de débonnaire dans son administration, et l'on devine sans peine qu'il ne permit jamais à ses prêtres, même les plus recommandables et les plus haut placés, d'empiéter sur son autorité. Pendant son voyage à Paris (1610), l'un de ses vicaires généraux s'était brouillé avec son collègue et avait offert sa démission. La lettre mordante et railleuse qu'il reçut de son évêque dut être pour lui une semonce salutaire : elle est assurément l'une des plus curieuses qu'ait jamais écrites Richelieu.

« Monsieur, j'ai vu la lettre que vous m'écrivez touchant les différends qui sont entre le sieur de la Coussaye et vous. Je ne puis que je ne les blâme, désirant que ceux qui manient les affaires de ma charge vivent paisiblement les uns avec les autres... Vous êtes tous deux mes grands-vicaires, et comme tels, vous devez n'avoir d'autres desseins que de faire passer toute chose à mon contentement, ce qui se fera, pourvu que ce soit à la gloire de Dieu. Il semble par votre lettre que vous étiez en mauvaise humeur, lorsque vous avez pris la plume ; pour moi, j'aime tant mes amis, que je ne désire connaître que leurs bonnes humeurs, et il me semble qu'ils ne m'en devraient point faire paraître d'autres. Si une mouche vous a piqué, vous deviez la tuer, et non tâcher d'en faire sentir l'aiguillon à ceux qui se sont, par la grâce de Dieu, jusqu'ici garantis de piqûres. Je sais, Dieu merci, me gouverner, et sais davantage comme ceux qui sont sous moi se doivent gouverner... Je trouve bon que vous m'avertissiez des désordres qui sont dans mon diocèse ; mais il est besoin de le faire plus froidement, n'y ayant point de doute que la chaleur piquerait en ce temps-ci ceux qui ont le sang chaud comme moi, s'ils n'avaient quelque moyen de s'en garantir. Vous dites que vous renonceriez volontiers au titre que je vous ai donné ; je l'ai fait pour vous obliger, vous croyant capable de rendre service à l'Église. Si je me suis trompé en ce faisant, vous désobligeant au lieu de vous gratifier, j'en suis fâché ; mais je vous dirai qu'à toute faute il n'y a qu'amende : je ne force personne de recevoir du bien de moi. Vous prêchez aux autres le libéral arbitre ; il vous est libre de vous en servir... Je vous écris cette lettre non en l'humeur que vous étiez quand vous m'écrivîtes, mais je ne laisse pas de rendre mon style conforme au vôtre pour vous complaire. Au reste, je vous assure que l'affection que je vous ai toujours portée ne diminuera jamais, tandis que vous me témoignerez vouloir vivre avec moi selon que j'ai toujours espéré de vous. J'ai recherché les occasions de vous témoigner ma bonne volonté ; je crois que vous reconnaissez en avoir reçu des témoignages, lesquels je vous rendrais encore, si c'était à recommencer, ne regrettant pas d'avoir eu le moyen de faire paraître quel ami je suis en chose qui vous fût utile. Vous le devez croire, puisque je vous assure que je suis

> « Votre bien affectionné à vous servir,
>
> « ARMAND,
>
> « évêque de Luçon (1). »

_____

(1) AVENEL, t. I, p. 59.

Ce qui prouve le mieux le zèle avec lequel Richelieu s'occupa des intérêts de son diocèse, c'est assurément la fondation d'un séminaire. Il eut même le mérite de donner l'exemple à tous les autres évêques de France, car le séminaire de Luçon, créé en 1611, passe pour la plus ancienne des maisons de ce genre qui furent établies dans notre pays (1). Les guerres de religion avaient empêché d'obéir aux prescriptions si formelles du concile de Trente. Les temps étaient trop troublés pour pouvoir songer à ces fondations si utiles, mais qui demandent de la sécurité et d'importantes ressources. D'ailleurs, même en temps de paix, rien n'était compliqué et difficile comme l'érection d'une communauté religieuse. Il fallait des lettres patentes du Roi, un arrêt du Parlement, l'enregistrement, la permission des syndics pour construire, et vingt autres formalités capables de décourager le zèle le plus ardent et la volonté la plus énergique.

Mais Richelieu, avec la vivacité de sa jeunesse, n'était pas homme à reculer devant les obstacles. Il commença par s'entendre avec ceux de ses prêtres dont le concours pouvait lui être le plus utile. Avant d'entreprendre une œuvre d'une importance si capitale, il était sage de sa part de s'entourer de conseils, et de s'assurer des collaborateurs. Quand il eut compris que les vœux du clergé étaient favorables à son dessein, il demanda aux syndics du diocèse la permission de bâtir un séminaire. Cette autorisation lui fut donnée le 21 avril 1612 (2). Mais comme l'œuvre ne pouvait durer que si

(1) Le cardinal Charles de Lorraine, arch. de Reims, qui avait joué un rôle si actif au concile de Trente et qui avait fait décréter par l'Assemblée l'établissement des séminaires, fonda, à son retour à Reims, le premier séminaire dont la France ait été dotée, 1567. Mais il tomba en ruine pendant les guerres de religion. (CAULY, *Hist. du collège des Bons-Enfants*, p. 254.)

(2) Sur la fondation du séminaire de Luçon, voir le *Mémoire* contenu dans la collect. D. FONTENEAU, Bib. nat., fonds lat., n° 18389, p. 77 et suiv.

elle était appuyée sur des ressources considérables et permanentes, les syndics autorisèrent en même temps l'évêque
à imposer une somme de trois mille livres sur les bénéfices
de plus de 800 livres de revenus, les cures étant exceptées.
Enfin, le 27 août 1611, il obtint des lettres patentes du Roi (1)
qui homologuèrent toutes ces dispositions ; et dès lors
l'existence du séminaire paraissait assurée. Quelques jours
après, il écrivait au président Le Coigneux, qui s'était activement employé dans cette négociation, une lettre où perce
sa satisfaction de voir réussir cette affaire : « Je ne saurais
vous dire combien je me ressens votre obligé, avouant avec
vérité que je n'ai jamais reçu plus de contentement d'aucune chose que de l'arrêt que j'ai eu par votre moyen (2). »

Le 12 mars 1612, il acheta de ses propres deniers une
maison située près de l'église, et y installa les premiers
élèves et leurs régents. Conformément aux lettres du Roi,
il s'était réservé l'organisation et la direction de la maison.
Le chanoine Froissard, docteur en théologie et curé de
Luçon, fut nommé supérieur. D'autres prêtres, également
pris dans le clergé du diocèse, enseignèrent la théologie
dogmatique et morale, le droit canon et l'histoire sainte ;
pour lui, il s'était chargé d'expliquer les cas de conscience.

L'affaire cependant ne marcha pas aussi bien que l'ardent
évêque l'avait espéré. Quand il s'agit de répartir la taxe de

---

(1) Signalons en passant les idées de tolérance contenues dans ces lettres patentes : « et d'autant qu'il n'y a pas de séminaire dans votre diocèse, que nous sommes
certainement avertis que plusieurs habitants d'iceluy, par défaut de bonnes instructions, se sont éloignés de la religion catholique, apostolique et romaine, et
que nous, désirant de les réduire et *remettre au giron d'icelle, par bonnes et
saintes instructions et toutes autres voies douces et gracieuses*, de notre propre
mouvement, vous mandons que vous ayez à rassembler les personnes ecclésiastiques
de votre diocèse ». (FONTENEAU, *Papiers d'Aquitaine*, t. XIV, p. 189, Bib. nat.,
fonds lat., n° 18389, f° 80.)

(1) AVENEL, *Lettres de Rich.*, t. I, p. 70.

trois mille livres, on se heurta à toutes sortes de difficultés.
Les possesseurs de gros bénéfices se plaignirent d'être seuls
imposés et firent une très vive opposition. Il fallut donc de
nouvelles lettres du Roi (2 août 1613), qui firent peser la
taxe sur tous les biens ecclésiastiques quels qu'ils fussent,
sauf les cures.

Les débuts du séminaire de Luçon furent remplis
d'épreuves. La maison achetée par Richelieu n'était
que provisoire : elle devait être occupée par les maîtres et les élèves en attendant qu'on eût terminé un établissement plus vaste et mieux aménagé. Ce travail d'installation touchait à son terme, lorsque le chanoine Froissard
résigna ses fonctions de supérieur. L'évêque, comprenant
qu'une congrégation religieuse pouvait seule offrir les ga-
ranties de stabilité et les traditions qui sont nécessaires pour
le succès d'une telle œuvre, confia aux oratoriens la direction de son séminaire (1616) (1).

La congrégation de l'Oratoire n'existait encore que depuis
cinq ans. Elle avait été fondée par le père de Bérulle, le
15 novembre 1611. Il n'avait alors que 36 ans ; mais il
était déjà célèbre par ses prédications, ses travaux de controverse, et surtout par le rôle éclatant qu'il avait joué à la
conférence de Fontainebleau, où il avait été le *second* du
cardinal du Perron.

Les Oratoriens avaient pour but de se consacrer à l'éducation du clergé. Ils n'avaient ni engagement, ni vœux, ni
clôture, ni règles monastiques. La science ecclésiastique
et la piété étaient leurs seuls moyens d'action ; ils s'appli-
quaient à remplir, avec toute la perfection possible, les

(1) D. Fontaneau, *Papiers d'Aquitaine*, t. XIV, f° 201, Bibl. nationale, fonds latin,
n° 13389, f° 85.

devoirs de la vie sacerdotale. Saint François de Sales disait que « c'était la plus française des congrégations », et ajoutait « qu'il n'y avait rien de plus saint et de plus utile à l'Église ». On connaît également le magnifique éloge que Bossuet a fait plus tard de l'Oratoire, dans son oraison funèbre du père Bourgoing : « L'amour immense du père de Bérulle pour l'Église lui inspira le dessein de former une compagnie à laquelle il n'a voulu donner d'autre esprit que l'esprit même de l'Église, ni d'autre règle que ses canons, ni d'autres supérieurs que ses évêques, ni d'autre bien que la charité, ni d'autres vœux solennels que ceux du baptême et du sacerdoce. Là, une certaine liberté fait un certain engagement. On obéit sans dépendre, on gouverne sans commander ; toute l'autorité est dans la douceur, et le respect s'entretient sans le secours de la crainte. La charité qui bannit la crainte opère un si grand miracle, et sans autre joug qu'elle-même, elle sait, non seulement captiver, mais encore anéantir la volonté propre. »

Les rapports de Richelieu avec le père de Bérulle dataient de 1611. « Le père de Bérulle, dit-il, dans ses mémoires (1), n'eut pas plutôt institué son ordre des pères de l'Oratoire que l'évêque de Luçon, qui lors arrivait nouvellement en son évêché, apprenant que cet institut avait pour fin le secours des évêques en l'instruction des pauvres âmes, qu'ils faisaient état d'aller catéchiser dans les paroisses champêtres, prit connaissance dudit sieur de Bérulle, et se résolut d'établir sa compagnie en sondit évêché, où ils eurent la seconde maison qu'ils possédèrent en ce royaume. »

D'autre part, comme dans une lettre de juin 1612, adres-

______
(1) *Mémoires*, t. V, p. 61, **année 1629.**

sée à M. de Béthune (1), il parle « de Messieurs de l'Oratoire qui sont établis à Luçon, et qui se doivent employer à l'instruction des curés », il faut conclure du rapprochement de ces deux textes, que les Oratoriens avaient été d'abord appelés dans le diocèse à titre de missionnaires. Richelieu, apprenant le bien qu'ils avaient opéré dans les campagnes, se décida plus tard à leur donner une marque de confiance encore plus grande, et il les chargea de diriger son séminaire et de former des pasteurs zélés, pieux et éclairés.

Le père Ingold (2) a publié récemment la traduction du contrat qui fut passé à cette occasion entre Richelieu et le père de Bérulle. Les pères de l'Oratoire devaient avoir comme revenu, outre les trois mille livres produites par la taxe des bénéfices, le canonicat et la prébende préceptorale de la cathédrale et la cure de Saint-Philibert. En échange, ils s'engageaient à nourrir et à habiller « dix ou plusieurs enfants ou jeunes gens, nés dans ledit diocèse de Luçon, voués et destinés au saint état du sacerdoce, et choisis pour cela par les mêmes pères ». Ils étaient tenus encore de mettre à la disposition de l'évêque deux ecclésiastiques pour caté-chiser le peuple et l'instruire dans les voies du salut (3). Enfin, le chanoine Froissard devait recevoir, comme indemnité, une rente viagère de 300 livres tournois.

Ce contrat porte la date du 14 décembre 1616. Il ne faut pas oublier qu'à cette époque Richelieu était aumônier de la Reine et à la veille d'entrer au conseil du Roi en qualité

---

(1) Avenel, *Lettres de Richelieu*, t. I, p. 84.
(2) Père Ingold, *Arch. de l'évéché de Luçon*, p. 77.
(3) Dans ses ordonnances synodales publiées par Jacques de Flavigny, son grand-vicaire, Richelieu avait recommandé aux curés de demander conseil, dans leurs difficultés touchant le dogme ou la morale, aux prédicateurs qui leur étaient envoyés pour l'Avent et le Carême.

de secrétaire d'État. On peut donc supposer que s'il avait
le désir sincère de former dans son diocèse un clergé régulier et édifiant, il n'était pas fâché non plus de manifester
hautement son estime pour une congrégation dont la Reine
mère, à qui il devait toute sa fortune, se déclarait si ouvertement la protectrice.

Les Oratoriens s'établirent donc au séminaire de Luçon
au début de l'année 1617, et tinrent pour leur propre compte
les engagements qui avaient été stipulés par le contrat. Mais
le 17 novembre 1620, quand l'évêque, dans le but d'assurer
la fondation, voulut faire enregistrer par le Parlement de
Paris les dernières lettres royales du 2 août 1613, le chapitre
fit opposition, prétextant que la taxe était une vexation et
une charge extraordinaire au diocèse, que les secondes
lettres patentes étaient moins favorables aux bénéficiers, et
qu'ils auraient dû être consultés pour le règlement d'une
affaire de cette importance.

Ce conflit paralysa tout. En l'absence de l'évêque qui
résidait habituellement à la cour et qui ne faisait plus
aucune apparition dans son diocèse, les chanoines et les
possesseurs de bénéfices se sentirent plus de hardiesse pour
refuser de payer la taxe convenue. De leur côté, les Oratoriens, ne recevant plus les subsides promis, diminuèrent le
nombre des professeurs du séminaire. Sur les instances de
Richelieu qui savait que sa maison périclitait, le père de
Bérulle vint à Luçon. Il désigna un supérieur et un prédicateur comme l'évêque le lui avait demandé ; mais il ne réussit
pas à vaincre la résistance des chanoines. Les Oratoriens se
retirèrent donc peu à peu. En 1625, il ne restait plus qu'un
seul religieux, le père Le Gentilhomme, qui, en retour de sa
prébende préceptorale, apprenait à lire et à écrire à quel-

ques petits enfants et les instruisait des vérités de la foi.

En résumé, comme le dit le père Ingold, le séminaire oratorien de Luçon cessa d'exister quand Richelieu abandonna son diocèse. S'il avait continué à y résider, il est probable qu'avec sa fermeté et son énergie ordinaires, il aurait brisé l'opposition du chapitre, et aurait assuré l'existence et la prospérité de cet établissement. Mais déjà il avait fait sa première entrée au ministère. Les intrigues de la cour, les soucis de la politique et les intérêts de son ambition lui faisaient oublier une œuvre qui, au début, lui avait été si à cœur et pour laquelle il avait déployé tant de zèle et d'activité (1).

Il obtint plus de succès dans l'érection de deux couvents de capucins à Luçon et aux Sables-d'Olonne. Ces religieux jouissaient à cette époque d'une très grande popularité comme prédicateurs et comme frères hospitaliers. Ils avaient été ouvertement protégés par Henri III et Henri IV. Moins suspects que les Jésuites et profitant de l'expulsion momentanée de leurs rivaux, ils avaient acquis de grands biens et une influence prépondérante. Les aumônes affluaient dans leur magnifique couvent de la rue Saint-Honoré. Les princes et les seigneurs de la cour leur étaient favorables et recherchaient leur direction et leurs conseils.

Cette prospérité était d'ailleurs pleinement justifiée.

(1) Le trait suivant, emprunté à Batterel (p. 151), prouve que Richelieu se préoccupa constamment de l'éducation et de l'instruction du clergé : « Le cardinal de Richelieu, réfléchissant en ses derniers jours à l'utilité extrême des séminaires, par rapport au but qu'il se proposait de renouveler le clergé de France, s'avisa, quoique un peu tard, de mettre entre les mains du père Bourgoing la somme de 3.000 écus pour aider à faire l'ouverture de ces exercices ecclésiastiques dans celles de nos maisons où cet établissement paraîtrait mieux convenir, se proposant et bien résolu d'assurer ensuite le fonds, pour le perpétuer, selon qu'il en verrait les progrès... Mais la mort du Cardinal, au mois de décembre de la même année, sans avoir eu le temps d'assigner les fonds projetés, fit avorter presque tous les nouveaux desseins. » (Père INGOLD, *Archives de l'évêché de Luçon*, p. 86.)

Quelques années auparavant, quand la peste avait éclaté dans Bordeaux, ils s'étaient admirablement conduits. L'hôpital des pestiférés ne suffisant plus à tous les besoins, la municipalité avait fait convertir en hospice une maison particulière située près de l'église Saint-Remy, et c'est là qu'on portait les malades abandonnés. Tous les capucins de la ville voulurent s'y enfermer; il fallut recourir à la voie du sort. Ceux qu'il désigna moururent; d'autres vinrent les remplacer et, tant que dura l'épidémie, ce poste périlleux ne fut jamais déserté (1).

Ce dévouement héroïque avait fait grand bruit dans tout le midi de la France. Aussi Richelieu, dès son arrivée à Luçon, songea-t-il à attirer les capucins dans son diocèse. Il appréciait leur concours à un double point de vue. Il les jugeait d'excellents missionnaires pour évangéliser les populations des campagnes; et de plus il avait le dessein de fonder à Luçon un hospice où ils soigneraient les nombreuses victimes que faisaient les émanations pestilentielles des marais voisins.

Il eut la joie de voir se réaliser ces projets charitables qui témoignent si hautement de sa sollicitude pastorale. A peine un mois après son installation (février 1609), il fit des ouvertures au Père commissaire des capucins de Fontenay et lui demanda d'envoyer quelques-uns de ses religieux à Luçon. Cette proposition ayant été bien accueillie, l'évêque s'empressa de lui exprimer ses remercîments et sa satisfaction.

« Mon père, j'ai reçu une extrême joie d'apprendre

____

(1) Ravenez, *Hist. du card. de Sourdis*, p. 91. — A Saint-Maixent, leur charité avait fait de semblables merveilles. Beaucoup de huguenots, abandonnés de leurs ministres, s'étaient convertis en recevant les soins de ces religieux. (Maurice de Toulon, *Le capucin charitable*, p. 397.)

qu'approuvant le dessein pour lequel je vous ai écrit, vous veuillez prendre la peine de venir ici planter la croix ce carême. Je ne vous dis point combien en ce faisant vous participerez au mérite du fruit qui proviendra de cet établissement... Je vous conjure seulement d'avoir agréable de faire faire ici une oraison de quarante heures, estimant qu'elle échauffera à la piété et à la dévotion les âmes qui seraient refroidies et leur donnera de la ferveur en ce qui regarde la maison de Dieu et son saint service. Je désirerais grandement que ce fût après Pâques, tant pour être proche du bon jour où la dévotion est encore vive, que parce aussi que je fais état de faire les premiers jours en suivant la visite par mon diocèse (1). »

C'était en effet l'usage des capucins de planter une croix sur l'emplacement du couvent qu'ils se proposaient de fonder. Cette cérémonie se fit à Luçon avec une solennité inaccoutumée, dont le souvenir a été consigné dans le Bullaire de l'ordre (2). Les fidèles des paroisses des environs accoururent en foule et prirent part aux prières des quarante heures et aux processions prescrites. La croix, portée par les religieux dans chacune de ces processions, fut ensuite érigée en présence de l'évêque et de son clergé. Cette prise de possession une fois accomplie, Richelieu ne ménagea ni ses démarches, ni ses sollicitations, ni même ses sacrifices d'argent, pour hâter la construction du couvent et de l'hospice dont il voulait doter sa ville épiscopale.

Le conseiller d'Etat, Claude de Vic, se chargea d'obtenir de la Reine les lettres patentes qui devaient assurer cette fondation. Le 26 mars 1613, il écrivait à l'évêque de Luçon :

(1) AVENEL, *Lettres de Richelieu*, t. I⁺, p. 22.
(2) *Bullarium capucinorum*, t. V, p. 102.

« Monsieur, je ne saurais assez louer à mon gré l'affection et le soin que vous témoignez tous les jours à l'accroissement de la religion catholique apostolique et romaine en votre diocèse, puisque outre ce qui tourne à l'honneur de Dieu en cela, le service du Roi et de son autorité en reçoivent accroissement avec fermeté.

« Monsieur votre beau-frère m'a rendu votre lettre du 6 de ce mois, et avons communiqué ensemble sur le sujet d'icelle, auquel je servirai avec le même désir que vous le proposez. Mais il faut prendre l'heure à propos, non seulement pour en parler à la Reine (dont je me fusse acquitté dès hier), mais il y faut disposer auparavant Messieurs les principaux ministres desquels elle prend l'avis en ces choses... Nous aviserons au surplus avec M. de Beaumarchais qui a de grands moyens aux Sables-d'Olonne. Car je commence à me défier que nous puissions être gratifiés de la Reine à cause des grandes dépenses qu'elle est contrainte de supporter afin de conserver la paix et la tranquillité publique (1). »

Un mois plus tard, 21 avril 1613, Claude de Vic rendait compte à Richelieu de ses pourparlers avec les ministres. « Monsieur, avant que proposer à la Reine votre saint désir pour l'établissement des bons pères capucins aux Sables-d'Olonne, j'en voulus conférer avec les trois principaux seigneurs ou ministres, desquels elle prend l'avis en toutes affaires d'importance, lesquels louèrent comme ils devaient votre intention, et ce d'autant plus que je leur représentai la qualité de votre diocèse, l'état auquel vous l'avez trouvé, et combien, grâce à Dieu, il s'est amélioré par votre travail, industrie et résidence ; mais ils m'ont fait voir l'instance

____

(1) *Archives des Affaires étrangères.* **France, t. 769, f° 4.**

qu'on leur fait de tant d'endroits pour semblables établissements dont les autres religieux mendiants font plainte, qu'ils ont été occasionnés de conseiller à Sa Majesté de surseoir pour quelque temps encore toutes ces concessions. Ce qui me fait croire qu'ils étaient avertis de l'instance que je leur voulais faire, est que l'un d'entre eux me dit qu'il y avait des cordeliers auxdits Sables qui mouraient presque de faim. Je répondis que si cela était, ils en étaient la principale cause, ne vivant comme ils devaient, et que cela était donc le sujet pour lequel les habitants dudit lieu en désiraient de mieux réglés, et vous, Monsieur, le jugiez nécessaire (1). »

Malgré tous ces retards, l'évêque de Luçon finit par obtenir gain de cause. Secondé par le P. Joseph, avec qui il était en rapports d'amitié depuis 1611, et qui était provincial des capucins pour la province de Touraine, il réussit à se faire donner les lettres patentes du Roi, et put ériger les deux couvents. D'après le Bullaire de l'ordre, celui des Sables-d'Olonne fut inauguré en 1616, et celui de Luçon en 1619.

Les capucins furent pour Richelieu des collaborateurs pleins de zèle. Leurs prédications simples, familières, souvent triviales, mais toujours apostoliques, firent le plus grand bien dans toutes les paroisses du diocèse. Elles furent particulièrement utiles aux protestants. « L'année passée, au mois d'octobre, dit le *Mercure français* (2), les pères capucins de la mission du Poitou, par leurs prédications, convertirent la plus grande partie des religionnaires de l'île de Maillezais, et plusieurs de ceux de Fontenay, Pouzauges et la Châtei-

(1) *Archives de la famille de Richelieu*, t. 1er.
(2) Année 1622, t. VIII, p. 491.

gneraie; ils furent à Mouchamps et à Verderenne, sur les terres de Mme la duchesse douairière de Rohan, où la messe n'avait été dite il y avait soixante ans. Le grand-vicaire de Luçon ayant réconcilié l'église de Mouchamps et chanté en icelle la première messe, les pères capucins firent sous les halles dudit Mouchamps plusieurs prédications, où tous les gentilshommes des environs, de l'une et l'autre religion, et une grande multitude de peuple se trouvèrent. »

Richelieu employait le zèle des capucins à donner des missions dans la plupart des paroisses de son diocèse (1); mais il ne se croyait pas pour cela dispensé de les évangéliser lui-même dans ses tournées pastorales. Il était arrivé à Luçon précédé d'une grande réputation d'orateur : il tenait à la justifier. A l'exemple de saint François de Sales, de Camus et des plus saints évêques de son temps, il aimait à prêcher dans toutes les paroisses qu'il visitait et où il administrait le sacrement de confirmation (2). Il ne nous reste malheureusement aucune trace de ces prédications. Elles devaient être sans doute de forme moins soignée et moins brillante que les sermons qu'il avait prononcés à la cour ; mais nous sommes convaincu que les négligences et les faiblesses de style, inhérentes à l'improvisation, devaient être largement compensées par la chaleur et le souffle apostolique qui l'animaient dans ses courses évangéliques.

(1) Les capucins avaient pour principal adversaire Pierre de la Vallade, ministre de Fontenay. Les huguenots de cette ville l'avaient demandé pour ministre en 1603, bien qu'il fût encore jeune. Le premier défi lui fut adressé par Ange de Raconis, capucin. La relation de cette dispute a été publiée sous le nom de *Pourparler amiable* (Fontenay, 1609). — Pierre de la Vallade fit une réponse au catéchisme du cardinal de Sourdis, et une apologie de l'épitre des ministres de Charenton contre le livre de Richelieu, évêque de Luçon. (La Rochelle, 1619.)

(2) « Neque concionari præcipuâ in urbe... satis habebat... ut eruditos pastores repellere..., ita ignaros informare... etiam miseros per rura rusticos spiritualibus simul et temporalibus muniri satagebat. » (Abbé DE PURE, *Vita em. card. Richelii*, p. 52.)

Il nous manque un autre document qui jetterait la plus vive lumière sur l'épiscopat de Richelieu, c'est la collection des procès-verbaux de ses visites pastorales. Les évêques, à partir du xvi° siècle, avaient l'habitude, après avoir visité une paroisse, de faire dresser un procès-verbal détaillé et complet des intérêts religieux et même matériels de cette paroisse. On y notait le nombre des communiants et des confirmants, celui des hérétiques, le chiffre des revenus attachés au bénéfice, etc... A la suite de cette sorte de bilan figuraient les ordonnances rendues par l'évêque pour supprimer tel désordre, remédier à tel abus, organiser telle œuvre, en un mot, pour assurer les fruits que prêtres et fidèles devaient retirer de sa visite. On comprend combien ces procès-verbaux seraient décisifs pour notre sujet : on y retrouverait les maximes de Richelieu dans le maniement des affaires et des hommes ; on y surprendrait ses procédés d'administration. On verrait le futur homme d'État aux prises avec les difficultés de sa charge et usant de toutes les ressources de son esprit et de toute la vigueur de sa volonté pour faire respecter les lois de l'Église, pour sauvegarder les intérêts les plus divers, pour imposer sa propre autorité, trancher tous les différends et surtout ramener son clergé et ses ouailles aux habitudes régulières et chrétiennes que trente années de luttes civiles leur avaient fait perdre.

Mais à défaut de ce document, nous avons du moins une lettre de Richelieu annonçant sa visite pastorale : on y verra combien il était préoccupé d'améliorer la situation de son diocèse.

« Armand-Jean du Plessis, par la permission divine évêque et baron de Luçon, à nos chers et bien-aimés diocésains, salut et bénédiction. Depuis qu'il a plu à Dieu nous appeler au régime des âmes en ce diocèse, nous avons estimé qu'une des premières et principales choses qu'il nous convenait faire, était de reconnaître et voir à l'œil les misères et les désolations que le malheur des guerres passées, les hérésies et l'absence des prélats y ont causées, afin qu'ayant appris par nous-même les désordres qui y ont pris pied, nous ayons plus de moyen d'apporter les remèdes nécessaires pour tâcher de rétablir l'intégrité des mœurs, suivant l'ancienne discipline de l'Église, parmi notre clergé, et remettre la vraie piété et dévotion, crainte, amour de Dieu dans le cœur du peuple qui nous est commis. Ce fut ce qui nous convia l'an passé, quelques mois après notre arrivée en ce lieu, de commencer les visites de cestuy notre diocèse ; lesquelles désirant continuer, suivant l'exemple des saints et bienheureux apôtres, et au désir des sacrés conciles de l'Église, qui enseignent étroitement aux évêques de s'acquitter de ce devoir, comme de l'un des plus importants de leur charge, nous avons jugé que pour rendre notre travail plus utile et de plus grand fruit au salut et édification des âmes, il était expédient de vous exhorter, comme de fait nous vous exhortons, comme nos chères et bien-aimées ouailles, de vous préparer par prières ardentes que vous ferez à Dieu, et œuvres charitables envers le prochain, pour attirer sur nous ses divines grâces, qui seules peuvent rendre nos visites utiles et profitables au bien de vos consciences. Et d'autant que nous avons été dûment informés qu'il y en a quelques-uns sur qui la tentation de l'esprit malin a eu tant de pouvoir que de les retenir de déclarer à leurs confesseurs les péchés qu'ils ont commis il y a plusieurs années, nous les avons bien voulu avertir, par le grand et ardent désir que nous avons du salut de leurs âmes, qu'ils s'obligent par ce moyen à la damnation éternelle, à laquelle le péché les tire indubitablement après soi. C'est pourquoi nous avertissons et exhortons charitablement, non seulement eux, mais tout le reste de nos diocésains, de se disposer pour recevoir de l'instruction et de la consolation des confesseurs que nous avons exprès choisis comme personnes pieuses et capables pour les remettre au vrai chemin de salut, gagner le ciel s'ils veulent suivre leurs conseils charitables et salutaires ; et aussi pour recevoir de notre main le sacrement de confirmation, lequel ayant été institué par Notre-Seigneur Jésus-Christ et continuellement pratiqué dans l'Église catholique depuis le siècle des apôtres jusqu'au nôtre, nul ne peut négliger sans offense. Et afin que vous sachiez mieux le temps auquel vous devez vous préparer à ce que nous désirons de vous pour votre bien, nous vous avertissons que nous voulons et ordonnons que le présent mandement soit lu et publié au prône de toute les églises paroissiales et copie affichée aux portes d'icelles. »

« Donné à Luçon le jour d'avril mil six cent dix. » (1)

D'ailleurs rien ne prouve mieux le zèle et la conscience qu'apporta Richelieu dans l'accomplissement de ses devoirs que la manière dont il nommait aux bénéfices. C'était assurément la plus lourde et en même temps la plus délicate de ses responsabilités. On sait en effet qu'au xvii⁰ siècle l'évêque ne disposait pas seul des bénéfices de son diocèse. Le Pape, le Roi, le chapitre partageaient avec lui ce privilège. Il existait même beaucoup de laïques, particulièrement des

(1) Bibliothèque nationale, fonds français, n° 22884, f° 55.

seigneurs, qui, en vertu de services rendus autrefois par leurs ancêtres, jouissaient du droit de présentation. Ce droit, légitime à l'origine, ou tout au moins très justifiable, donnait lieu trop souvent aux plus graves abus. Les seigneurs trafiquaient ouvertement des charges et des revenus ecclésiastiques. Peu leur importait que le sujet qu'ils présentaient fût capable ou indigne; l'essentiel pour eux était de toucher la somme promise ou, dans certains cas, d'avoir dans la main un homme dévoué à leurs intérêts, parfaitement docile et incapable de s'opposer à leurs caprices. Quand le seigneur ou le patron appartenait à la grande noblesse, on devine l'embarras de l'évêque : il avait à choisir entre sa conscience et l'inimitié d'un grand, et tous les évêques d'alors n'avaient pas le courage apostolique de dire : *non possumus.*

Richelieu, sans se brouiller avec personne, sut très habilement concilier les intérêts religieux de son diocèse avec les ménagements qu'il devait aux grandes familles qui avaient le droit de présentation. Ainsi, il écrivait à Mᵐᵉ de Sainte-Croix, à propos d'une nomination à un bénéfice pour lequel cette dame avait le droit de proposer un candidat : « Madame, un nommé André s'étant présenté, je prends la plume pour vous avertir de son incapacité, et vous supplier, sachant le respect que je vous dois, d'avoir pour agréable qu'en faisant ma charge, je le refuse pour conduire un troupeau si cher à Jésus-Christ, comme est celui des âmes qu'il a rachetées par son sang. S'il vous plaisait révoquer la présentation dudit André, et trouver bon que cette cure fût mise au concours comme sont celles qui sont purement en ma collation, vous feriez une action digne de vous et rendriez un service signalé à celui que vous servez si religieusement, attendu qu'outre le bien que vous procureriez par ce moyen à ceux de cette paroisse dont vous êtes présentatrice, mon diocèse en recevrait un bien général, ne faisant point de doute que ceux qui ont des présentations comme vous ne suivent votre exemple (1). » D'ailleurs il charge cette dame de prévenir son protégé « qu'il sera reçu au concours s'il estime sa capacité être assez grande pour disputer par mérite ce bénéfice ».

Dans une autre circonstance, pour la cure du Jard, cette même dame de Sainte-Croix avait envoyé la feuille de présentation en blanc pour laisser plus de liberté à l'évêque ; mais en même temps elle lui avait fait exprimer le désir de voir accorder ce bénéfice à un de ses chapelains. Richelieu lui répondit : « N'ayant d'autre intention que de conférer ce bénéfice à quelqu'un qui en serait capable, si celui que vous avez la volonté d'en pourvoir vient ici, ne doutant point de sa capacité si vous en faites choix, je serai très aise de l'en pourvoir sur votre présentation, désirant, non seulement en cette occasion, mais en toute autre, faire paraître l'estime que je fais de votre vertu (2). »

Grâce à ce mélange de compliment, de fine ironie et de fermeté, Richelieu sut éviter tous les conflits et put ne faire que des nominations conformes à sa conscience. Plus tard, sans doute, il se relâchera de ce beau zèle et usera des bénéfices ecclésiastiques comme des charges administratives, les distribuant à ses créatures et à ses amis sans se rendre compte de leurs vertus et de leurs mérites ; mais la justice nous oblige à reconnaître que tant qu'il fut évêque de Luçon,

(1) Avenel, *Lettres de Richelieu*, t. 1er, p. 29.
(2) *Idem...*, t. 1er, p. 30.

il n'eut d'autre souci que le bien des âmes dont il était le pasteur. Les huit années de résidence à peu près continue qu'il fit dans son diocèse lui donnent le droit d'être rangé parmi les prélats les plus actifs, les plus zélés et les plus réguliers de cette époque.

CHAPITRE IV

RICHELIEU ET LES PROTESTANTS

Sommaire.—Richelieu défenseur de la liberté religieuse. — Ses déclarations à eet égard. — Il règle à l'amiable les conflits avec les protestants de Luçon. — Son jugement sur l'assemblée de Saumur et l'affaire de Saint-Jean-d'Angély. — Ses prédications et ses livres pour convertir les protestants.

On n'aurait qu'une idée très insuffisante de l'administration épiscopale de Richelieu, si l'on ne connaissait pas ses rapports avec les protestants. Nous l'avons dit, les reformés étaient très nombreux et très influents dans le diocèse (1). Obligé de vivre avec eux, le jeune évêque eut l'habileté de résister à tous leurs empiétements sans mettre les torts de son côté. Il fit tout ce que lui suggéraient sa piété et son zèle pour les ramener au catholicisme ; mais il ne les traita jamais en ennemis. Il se comporta même à leur égard avec une mansuétude et un désir manifeste de conciliation qui font le plus grand honneur à sa largeur de vues et à sa sagacité politique.

Certes, il peut paraître difficile et même téméraire de faire du vainqueur de la Rochelle le champion de la liberté de conscience. On se figure volontiers que Richelieu devait à ses fonctions d'évêque et à son titre de cardinal de combattre toute religion opposée au catholicisme, et en particulier la religion protestante ; aussi est-on disposé à croire qu'il poursuivit avec un acharnement également implacable

---

(1) Sous Louis XIV ils avaient 20 temples dans le diocèse. Dugast-Matifeux, *Etat du Poitou*, p. 88.

les dissidents religieux et les rebelles politiques. Je n'ai pas
à défendre sa politique de ministre, bien que sur ce point
il ait été plus fidèle que sur tout autre aux convictions de
sa jeunesse. Mais puisque l'évêque de Luçon est ici seul en
cause, je puis dire, après un examen attentif de ses déclarations et de sa conduite, que Richelieu fut supérieur à tous
les hommes de son temps pour ses idées de tolérance religieuse, et qu'il respecta la liberté du culte chez les réformés
de son diocèse, comme il devait le faire plus tard à l'égard
de tous les protestants de France.

Quand il s'agit d'une doctrine religieuse ou politique, on
ne juge bien de son originalité qu'en la replaçant dans le
milieu où elle s'est produite, et en la comparant avec les
opinions des contemporains. Or, comment, au début du
XVII⁰ siècle, comprenait-on la tolérance religieuse ? « Le
droit commun dans le monde entier, dit M. d'Avenel,
c'était l'intolérance. Tout autour de nous, dans les États
les plus civilisés, la foi du plus grand nombre proscri-
vait impitoyablement les opinions dissidentes. Les catholiques demeuraient à Genève par *souffrance*, mais n'a-
vaient pas le droit de s'y marier. L'exercice de la religion
romaine était défendu dans toute l'étendue de la Hollande.
En Allemagne, depuis la paix d'Augsbourg, tout membre
séculier de l'Empire pouvait déclarer unique, sur son
territoire, la religion qu'il professait et interdire l'exercice
du culte de la communion rivale. Il n'y manquait pas ;
les seigneurs catholiques de Bohême contraignaient leurs
vassaux à aller à la messe, et, s'il faut en croire Schiller,
des chiens dressés à cet usage les y faisaient aller de
force. Ajoutons que les Luthériens, là où ils étaient les
maîtres, opprimaient, non seulement les catholiques,

mais aussi les Calvinistes. Deux fois en soixante ans, le Palatinat fut contraint d'embrasser les doctrines de Luther, et deux fois de les abandonner pour celles de Calvin..... L'Angleterre était plus dure encore que la Moscovie ou la Turquie. La loi prescrivait le bannissement, et, en cas de récidive, la condamnation à mort de tous les prêtres officiant dans le royaume; un lourd ·tribut était imposé aux *papistes* comme à des esclaves (1). » Par toute l'Europe, on pratiquait dans toute sa rigueur le célèbre axiome, si contraire à l'idée de tolérance : *Cujus regio, ejus religio.*

La liberté de conscience fit sa première apparition dans l'Édit de Nantes, et encore n'y figurait-elle que d'une manière restreinte et incomplète. On promettait bien aux protestants de ne pas les inquiéter pour leur religion ; on leur accordait même l'admissibilité aux emplois civils et militaires. Mais le libre exercice de leur culte n'était autorisé que dans les lieux où il existait au mois d'août 1597, et dans deux localités par bailliage ou sénéchaussée. En revanche, les places de sûreté qui leur étaient abandonnées n'avaient rien à voir avec la liberté de conscience ; c'était au contraire une concession exagérée et très imprudente, qui, dans la pensée de Henri IV, ne devait être que provisoire. L'Édit de Nantes, pris dans son ensemble, était donc une œuvre d'union et de paix inspirée par les circonstances; mais les considérants de cet édit ne consacraient ni ne proclamaient le principe de la liberté. Du reste, il suffit de se rappeler l'opposition du Parlement pour se convaincre que les esprits n'étaient pas encore mûrs pour cette idée.

Pourtant, à la mort de Henri IV, quand le gouvernement

____

(1) D'AVENEL, *Richelieu et la monarchie absolue*, t. III, p. 383.

de la régente confirma l'Édit de Nantes, on fit un pas dans cette voie, et le principe de tolérance fut formulé avec plus de netteté. « L'expérience ayant appris à nos prédécesseurs rois que la fureur et la violence des armes n'avaient pas seulement été inutiles pour faire retourner à l'Église leurs sujets qui s'en étaient séparés, mais plutôt dommageables, ils eurent recours, par un conseil plus heureux, à la douceur, en leur accordant l'exercice de la religion prétendue réformée, à l'imitation desquels le défunt Roi, notre père, avait fait l'Édit de Nantes, pour réconcilier tous ses sujets ensemble, ce qui avait duré depuis sans interruption. Et encore, bien que cet édit soit perpétuel et irrévocable, et par ce moyen n'ait pas besoin d'être confirmé, néanmoins, afin que nosdits sujets soient assurés de notre bienveillance, nous avons voulu vous faire connaître davantage notre intention et volonté de garder inviolablement ledit édit pour le bien et repos de tous nos sujets. »

Ce texte, qui était un désaveu formel des mesures violentes, prouve que l'on avait enfin compris la nécessité, et même les avantages de la tolérance. Ce n'était pas encore la liberté de conscience telle que nous l'entendons de nos jours; mais il faut dire que les intéressés eux-mêmes ne la demandaient pas. Il leur suffisait de n'être pas inquiétés et de pouvoir pratiquer leur culte comme bon leur semblait.

Richelieu est le premier qui se soit nettement prononcé pour la tolérance religieuse. Ses déclarations sur cette grave question sont aussi nombreuses que décisives.

Il est curieux tout d'abord de connaître son jugement sur la Saint-Barthélemy. Parlant de la reine Marguerite de Navarre, qui mourut en 1615, il dit dans ses Mémoires : « Ses noces, qui semblaient apporter une réjouissance pu-

blique et être la cause de la réunion des deux partis qui
divisaient le royaume, furent au contraire l'occasion d'un
deuil général et du renouvellement d'une guerre plus cruelle
que celle qui avait été auparavant ; la fête en fut la Saint-
Barthélemy, les cris et les gémissements de laquelle re-
tentirent par toute l'Europe ; le vin du festin, le sang des
massacres ; la viande, les corps meurtris des innocents pêle-
mêle avec les coupables ; toute cette solennité n'ayant été
chômée avec joie que par la seule maison de Guise, qui y
immola pour victime à sa vengeance et à sa gloire, sous
couleur de piété, ceux dont ils ne pouvaient espérer avoir
raison par la force des armes (1). »

Le développement est un peu déclamatoire, mais très
caractéristique ; on y voit que Richelieu blâmait la Saint-
Barthélemy comme un crime, et qu'il en rejetait l'odieux
sur l'ambition des princes Lorrains.

Dans une autre partie de ses Mémoires, il raconte, avec
une émotion profonde, les scènes de barbarie qui se pro-
duisirent, lorsque les Maures vinrent chercher un asile en
France (1609), et il ne craint pas d'appeler leur expulsion
d'Espagne « le plus barbare conseil dont l'histoire de tous
les siècles fasse mention (2) ».

Dans son admirable instruction à Schomberg, qu'il rédigea en 1616, dès son arrivée au pouvoir, et où l'on retrouve la confidence des idées politiques qu'il avait mûries
pendant son épiscopat, il fait cette distinction capitale qu'il
a maintenue toute sa vie : « Autres sont les intérêts d'État
qui lient les princes, et autres les intérêts du salut de nos
âmes, qui nous obligent pour nous-même à vivre et à mou-

---

(1) Richelieu, *Mémoires*, t. Ier, p. 248.
(2) Id., *Mémoires*, t. VII, p. 34.

rir en l'Église en laquelle nous sommes nés, ne nous astreignant au respect d'autrui qu'à les y désirer et non pas à les y amener par la force et les contraindre (1). »

Et, à propos des protestants français qui à cette époque se soulevaient contre le Roi, il ajoute : « Il n'est pas question de religion, mais de rébellion ; le Roi veut traiter tous ses sujets, de quelque religion que ce soit, également , mais il veut aussi, comme la raison le requiert, que les uns et les autres se tiennent en leur devoir. » C'est en vertu de ce principe qu'il s'attaqua plus tard aux protestants révoltés, qui formaient un État dans l'État. Il leur enleva la Rochelle et leurs places de sûreté ; il supprima leurs assemblées générales, qui les rendaient dangereux pour l'autorité royale ; mais il leur accorda sans hésiter la liberté de conscience et la liberté du culte, et mérita d'être appelé, par certains catholiques intransigeants, *le Pape des Huguenots*.

En prenant possession de son siège, l'évêque de Luçon était donc animé des plus pacifiques intentions à l'égard des protestants. Dans sa harangue d'arrivée, il avait dit au peuple : « Je sais qu'en cette compagnie, il y en a qui sont désunis d'avec nous quant à la croyance ; je souhaite en revanche que nous soyons tous unis d'affection. Je ferai tout ce qui me sera possible pour vous convier à avoir ce dessein, qui leur sera utile aussi bien qu'à nous, et agréable au Roi à qui nous devons tous complaire (2). »

Malgré ces paroles conciliantes, il s'éleva plusieurs démêlés entre l'évêque et les protestants de Luçon. Ceux-ci voulaient bâtir leur temple à une distance de la cathédrale que l'évêque jugeait trop rapprochée. Les travaux étaient

____

(1) Avenel, *Lettres de Richelieu*, t. Iᵉʳ, p. 225.
(2) Id., *Lettres de Rich.*, t. 1ᵉʳ, p. 15.

déjà commencés quand Richelieu arriva. Pour prévenir toute collision avec les catholiques, et l'on sait qu'à cette époque des querelles, souvent sanglantes, éclataient sous le moindre prétexte, il les engagea à construire ailleurs leur temple, et leur offrit un terrain et une indemnité de 700 livres. Mais le consistoire de Luçon ne voulut pas y consentir. L'affaire fut portée devant Sully, et chacune des deux parties agit de son côté pour obtenir du ministre une décision favorable. Le consistoire écrivit aux délégués des églises réformées à Paris, MM. de Villarnoul et Mirande, pour leur confier la défense de ses intérêts. Au ton de cette lettre, signée Bonnaud, pasteur de l'Église de Luçon, on devine que l'animosité était assez vive entre l'évêque et les protestants. Ils se plaignent d'être inquiétés pour leur prêche. C'est à tort, disent-ils, que l'évêque prétend qu'on ne l'a pas salué quand il passait en procession devant leur porte. De plus, il a privé un bon vieillard de l'office de sergent de sa terre de Luçon pour aucune raison, sinon qu'il est de religion réformée. Enfin, il a rebaptisé plusieurs personnes qui l'avaient déjà été en l'église protestante. Et le pasteur ajoute « qu'ils sont résolus de tenir raide si l'on continue à les incommoder (1) ». Nous ignorons quel accueil Sully fit à ces différents griefs. Il est probable qu'il engagea les plaignants à montrer une humeur moins chagrine et à accepter les propositions de l'évêque ; car, après avoir pris les 700 livres qu'il leur offrait, ils se résignèrent à établir leur prêche dans un autre endroit où ils ne pourraient ni troubler, ni provoquer les catholiques (2).

---

(1) La Fontenelle de Vaudoré, *Hist. du monastère et des évêques de Luçon,* t. 1ᵉʳ, p. 367.

(2) Lièvre, *Hist. du Protestantisme dans le Poitou,* t. Iᵉʳ, p. 273.

Il s'en fallait beaucoup que toutes les réclamations des protestants fussent fondées : dans la plupart des cas, ils donnaient les premiers à Richelieu des sujets de mécontentement. Ils avaient conservé, des guerres religieuses, une ardeur belliqueuse, un esprit d'opposition et même de provocation que dix années de tranquillité n'avaient pu calmer. Un mémoire, rédigé, vers la fin de 1608, par un agent secret de la cour, renferme les plus curieux détails sur l'état des protestants dans le Poitou. « Toutes les villes dudit pays, fors Poitiers et Parthenay, sont entre les mains de ceux de la religion prétendue réformée, en qualité de villes de sûreté, encore que dans icelles les catholiques soient en plus grand nombre. Ils ont néanmoins beaucoup de peine à s'y conserver en la liberté et l'exercice de leur religion, et reçoivent tous les jours quelques outrages des huguenots, les gouverneurs desdites villes ayant peine à parer aux violences des ministres et du consistoire. De trois évêchés qu'il y a audit pays, celui de Maillezais est tenu par ceux de la religion, et l'église leur sert de fort.

« Trois des principales abbayes sont possédées par M. de Sully..... Les cures sont possédées par gentilshommes et autres, tant catholiques que huguenots, et y a tels, comme M. de Biron et le sieur de la Forge-Nocey, qui en tiennent une douzaine qu'ils font desservir tellement quellement par vicaires qui leur sont domestiques, et qui leur servent jusqu'aux plus basses fonctions.

« Les seigneurs de la religion prétendue réformée contraignent leurs sujets d'aller au prêche, la plupart à coups de bâton, et les plus modérés empêchent qu'ils n'aient ni office en leur seigneurie, ni leurs fermes, ni celles des habitants de ville qui possèdent quelque chose sous eux. Aussitôt qu'un de ladite religion est accusé de quelque crime, le corps d'icelle intervient au procès, comme étant ladite accusation faite en haine de la religion de laquelle l'accusé fait profession (1). »

On comprend que, pour combattre de tels abus et résister à de pareils empiétements, l'évêque de Luçon ait dû souvent user d'énergie et de sévérité. La courtoisie des procédés ne suffisant plus, il fallut recourir à l'autorité du Roi. Ainsi, on lit dans la Fontenelle de Vaudoré que l'évêque et le clergé de Luçon adressèrent au Roi une série d'articles énumérant toutes les dégradations commises par les huguenots dans les églises et les édifices religieux, en demandant que leurs biens fussent confisqués pour relever toutes ces ruines. C'était, en effet, le seul moyen de diminuer le nombre des actes de représailles et de violences. Des revendications de ce genre n'auraient pas été comprises longtemps après la guerre ; mais elles s'expliquent en un moment où les auteurs de ces dégâts étaient encore vivants et cherchaient les occasions d'en commettre d'autres.

Les protestants prétendaient aussi se soustraire à certaines taxes, telles que le droit de boisselage, qui constituaient en partie la dotation des curés du diocèse. Richelieu n'était pas homme à négliger les intérêts de son clergé. Il fit appel au Roi, et Henri IV, par un édit du 18 avril 1609, contraignit les réformés à payer les mêmes dîmes que les catholiques (2).

Néanmoins, tous ces démêlés lui étaient fort pénibles. Il

---

(1) Lièvre, *Hist. du Protestantisme dans le Poitou.*
(2) La Fontenelle de Vaudoré. *Hist. du monastère et des évêques de Luçon.*
t. Ier, p. 367.

avait espéré qu'à force de bienveillance de sa part et de concessions mutuelles, l'entente serait parfaite, et il lui répugnait d'avoir à lutter contre une portion de ses diocésains. On trouve la preuve manifeste de sa tristesse dans une lettre qu'il écrivait en 1609 à un seigneur protestant. « Je vous tiens si plein d'honneur et d'équité que je m'assure que vous n'approuverez pas le peu de courtoisie dont on a usé à mon endroit, qui me suis proposé, en faisant ce qui est de ma charge, de vivre paisiblement avec Messieurs de votre religion comme si nous n'avions qu'une même créance, faisant état d'honorer et de servir plus particulièrement ceux en qui je reconnais plus de mérite et qui me font l'honneur de me vouloir du bien (1). »

Rien ne montre mieux combien les passions religieuses étaient encore vives, après dix années de paix officielle, que le fait suivant qui se passa à Boufféré, et dont le récit authentique se trouve dans les *Papiers d'Aquitaine*. Mathieu Bureau, seigneur de la Buffetière, gentilhomme protestant, était mort le 23 mai 1613. Le clergé de la paroisse de Boufféré avait été averti que les réformés du pays avaient le dessein d'inhumer ce seigneur dans l'église. Dans cetteprévision, les portes furent fermées avec soin. Mais, le 25, une foule considérable de protestants, accompagnant la dépouille mortelle de leur coreligionnaire, se présentèrent aux portes de l'église. Les trouvant fermées, ils les enfoncèrent à coups de hache et enterrèrent le seigneur de la Buffetière sous une dalle. C'est en vain que le clergé et les catholiques voulurent s'opposer à cette violation. Les huguenots ne se retirèrent qu'après avoir terminé la cérémonie et après avoir sonné les cloches. Richelieu ne pouvait pas tolérer un pa-

(1) Avenel, *Lettres de Richelieu*, t. 1er, p. 52.

reil abus ; il se plaignit, et, à sa requête, le procureur du Roi commença une information (1).

Ce fait n'était malheureusement pas nouveau ; de pareilles scènes de scandale avaient déjà dû se produire dans d'autres localités, car, le 26 novembre 1611, Richelieu écrivait à Méry de Vic, alors délégué en Poitou : « On m'a donné avis que Sa Majesté vous avait député en ce pays pour mettre ordre aux différends qui sont entre ceux de la religion prétendue réformée et nous ; je vous supplie me tant obliger de me mander si cela est, afin qu'en ce cas nous nous pourvoyions vers vous, Monsieur, pour faire qu'à l'avenir nos églises ne soient plus violées par l'enterrement de ceux qui n'ont point de droits et que nous puissions faire notre service en plusieurs cures dont on retient, non seulement la jouissance, mais l'usage des églises, ce qui nous est de telle conséquence que, s'il vous plaît y mettre ordre, outre le signalé service que vous rendrez à Dieu, nous vous en aurons une obligation indicible (2). »

Les protestants, en effet, ne se faisaient aucun scrupule de violer l'Édit de Nantes. Au lieu de se contenter des avantages obtenus de Henri IV, c'est-à-dire la liberté de conscience, la liberté du culte dans un assez grand nombre de villes, 150 places de sûreté, l'admissibilité à tous les emplois, des chambres mi-partie protestantes et des délégués à la cour, ils cherchaient à augmenter le nombre de leurs privilèges. Ainsi, à l'assemblée de Sainte-Foy, ils avaient demandé le rétablissement des conseils provinciaux qui avaient été supprimés par l'Édit de Nantes. Ils récla-

---

(1) D. Fonteneau. *Papiers d'Aquitaine*, t. XIV. p. 193. Bibl. Nat., fonds lat. 19389, f° 82. — Par un édit du 8 nov. 1656, le roi ordonne l'exhumation d'un gentilhomme protestant qui avait été enterré dans l'Église de Saint-Denis-la-Chevasse. (*Pap. d'Aquit.*, t. XIV, f° 815.— (2) Avenel. *Lettres de Rich.* t. 1er, p. 72.

maient aussi chaque année le droit de tenir des assemblées générales, au risque d'introduire le régime représentatif dans une partie de la France et de le refuser à l'autre. Enfin, ils prétendaient exclure de leurs réunions un commissaire royal : c'était méconnaître absolument l'autorité du roi ; mais cette préoccupation ne les embarrassait guère, puisque, sans la défense formelle de Henri IV, ils se seraient donné comme protecteur général de leur religion le duc de Bouillon et peut-être même un étranger (1).

L'assemblée de Saumur est surtout restée fameuse par les empiétements des protestants sur le pouvoir royal. « La situation des protestants, dit M. le duc d'Aumale, justifiait les privilèges destinés à compenser ce qu'il y avait de précaire dans leur existence comme société religieuse ; mais beaucoup de catholiques, privés d'organes pour exprimer leurs doléances, ressentaient comme une sorte d'offense le droit supérieur concédé aux Français de l'autre communion, et la tendance chaque jour plus marquée des réformés à devenir un État dans l'État alarmait les esprits éclairés ; aussi les réunions préparatoires à l'assemblée de Saumur causèrent-elles dans tout le royaume une certaine effervescence (2). »

Il n'entre pas dans notre sujet de raconter en détail les actes de cette assemblée. Nous voulons seulement indiquer les impressions qu'éprouva Richelieu en assistant de si près à toutes ces intrigues, à ces délibérations séditieuses qu'il devait suivre avec l'attention d'un futur homme d'État.

L'assemblée se réunit le 14 mai 1611. Dès le début, il se manifesta de profondes divisions (3). A l'exception de Duplessis-Mornay, qui demandait le maintien des édits et leur

(1) ANQUEZ, *Hist. des Assemblées politiques*, p. 226.
(2) DUC D'AUMALE, *Hist. des Princes de Condé*, t. III, p. 15.
(3) ANQUEZ, *Hist. des Assemblées polit.*, p. 229.

exécution, tous les chefs agissaient et intriguaient dans des vues particulières. Le duc de Bouillon voulait perdre Sully qu'il considérait comme l'auteur de sa disgrâce. Sully, dont le désintéressement et la hauteur de caractère n'étaient pas en rapport avec les services qu'il avait rendus, se proposait de faire imposer à la cour, par les provinces, son rétablissement dans ses charges, comme une condition de paix. Lesdiguières cherchait, en ménageant tout le monde, à se faire considérer comme l'arbitre des querelles entre huguenots. Enfin, Rohan et Soubise suivaient le parti de Sully, en attendant qu'ils fussent assez forts eux-mêmes pour en former un.

Duplessis-Mornay fut élu président à une grande majorité. « On lui donna pour adjoint, dit Richelieu, le ministre Chamier et pour scribe Desbordes-Mercier, deux des plus séditieux qui fussent en France, comme ils témoignèrent pendant tout le cours de l'assemblée, où celui-là ne fit que prêcher feu et sang et celui-ci porter les esprits autant qu'il lui fut possible à des résolutions extrêmes (1). »

La régente avait envoyé à Saumur deux commissaires, Boissise et Bullion. Ils ne réussirent pas à faire entendre raison. Ils demandèrent aux protestants de nommer les six députés chargés de défendre le parti à la cour et ensuite de se séparer. Mais l'assemblée se déclara en permanence et désigna cinq de ses membres pour porter à la Reine leurs cahiers de doléances. La Reine répondit qu'on ferait droit à leurs plaintes quand ils auraient nommé leurs députés et qu'ils se seraient dissous. Une seconde députation fut envoyée, mais sans plus de succès. Du reste, comme le remarque Richelieu, les cahiers étaient rédigés de telle sorte

(1) RICHELIEU, *Mémoires*, t. XXI *bis*., p. 105.

que. quand le conseil même eût été huguenot, il n'eût su leur donner contentement (1).

Ces pourparlers, où le prestige de l'autorité royale ne pouvait qu'être compromis, durèrent quatre mois. A la fin, le gouvernement, lassé de toutes ces réclamations, exigea la nomination immédiate des députés. L'ordre était catégorique : il fallut obéir, mais on le fit de fort mauvaise grâce. Avant de se séparer, les membres de l'assemblée, à l'instigation du duc de Rohan, rédigèrent un règlement qui réorganisait les anciens conseils provinciaux supprimés par l'Édit de Nantes, et établissait entre l'assemblée provinciale et l'assemblée générale un degré intermédiaire appelé cercle, à l'imitation des cercles de l'Empire. « Dangereuse voie ! dit M. Henri Martin. Ce n'était pas aux réformés à donner l'exemple d'enfreindre l'Édit de Nantes (2). »

L'assemblée de Saumur n'eut pas d'autre résultat que d'aigrir davantage les esprits. « Les députés, dit Richelieu, se séparèrent avec un tel mal de cœur qu'ils résolurent ensemble que chaque député de ceux qui étaient à leur dévotion s'en irait en sa province et y ferait trouver mauvais, autant qu'il lui serait possible, le procédé du parti contraire et celui de la cour, afin qu'on renouât une assemblée ou qu'on cherchât, par le moyen des cercles qu'ils avaient introduits, quelque nouveau moyen pour troubler le repos de l'Etat et tâcher de pêcher en eau trouble (3). »

Il blâme particulièrement la conduite du ministre Chamier, qui avait osé dire au chancelier que si on n'accordait pas aux huguenots la permission qu'ils demandaient, ils sauraient bien la prendre. « Le chancelier, dit Richelieu,

<hr>

(1) Richelieu, *Mémoires*, t. XXI *bis*, p. 105.
(2) Henri Martin, *Hist. de France*, t. XI, p. 30.
(3) Richelieu, *Mémoires*, t. XXI *bis*, p. 107.

eut la bassesse de ne pas punir l'insolence de ce mauvais
Français. Il fallait arrêter et prendre la personne de cet in-
solent. L'on eût pu ensuite l'élargir pour témoigner la bonté
du Roi, après avoir fait paraître sa puissance et son autorité (1). » Le sévère et impitoyable ministre de Louis XIII
est déjà tout entier dans ces paroles. Pour lui, la justice a
des nécessités qui priment tout. A la place du chancelier,
il n'aurait pas souffert que les audaces du pasteur Chamier
restassent impunies.

On le voit, il n'était pas sans profit pour son éducation
politique de se trouver ainsi en plein pays protestant. La
question religieuse se présentait à lui sous une forme pratique, et rien n'était capable d'augmenter son expérience et
de lui inspirer de sages maximes de gouvernement, comme
le contact journalier des réformés et le spectacle de leurs
menées, de leurs prétentions et de leurs révoltes.

La rébellion du duc de Rohan dans Saint-Jean-d'Angély
fournit, peu de temps après, à l'ambitieux évêque l'occasion
de montrer son zèle pour la religion et pour l'État. Ce seigneur, que son rôle à l'assemblée de Saumur avait rendu
fort suspect, aurait voulu être seul maître à Saint-Jean-
d'Angély, dont il était le gouverneur. Mais la Reine avait
mis dans la place un lieutenant, M. de Brassac, qui lui était
très dévoué. Les deux adversaires restèrent en présence
pendant huit mois, l'un cherchant à se débarrasser du lieutenant royal, l'autre faisant bonne garde et déjouant toutes
les intrigues du gouverneur. Sur ces entrefaites, tous les
deux furent mandés à la cour. Ils s'y rendirent ensemble.
Mais, quelques jours après, le duc de Rohan publie partout
que son frère, le duc de Soubise, est gravement malade, et

(1) RICHELIEU, *Mémoires*, t. XXI *bis*, p. 107.

il demande à la Reine la permission d'aller le voir. Il feint
de partir pour la Bretagne, puis il arrive à l'improviste à
Saint-Jean-d'Angély et s'empare de la place. On comprend
le mécontentement de la Reine en apprenant ce coup de
main. Elle usa immédiatement de représailles : elle fit jeter
à la Bastille les deux secrétaires du duc révolté et retenir à
Paris sa mère, sa femme et ses sœurs. Elle déclara même
qu'elle irait, à la tête d'une armée, en Poitou pour reprendre
Saint-Jean-d'Angély. Mais la réflexion lui suggéra des mesures moins extrêmes. Elle crut qu'il serait plus sage d'envoyer trois commissaires auprès du duc pour essayer de le
ramener au devoir par la persuasion. Ces trois commissaires
étaient MM. de Thémines, de Vic et de Saint-Germain-le-
Seau. Ils obtinrent la soumission du duc de Rohan. Mais
il se fit accorder en échange : 1° la suppression officielle des
mots *prétendue réformée*, les trouvant injurieux pour la religion protestante ; 2° la tolérance des conseils provinciaux.
On le voit, c'était un grave échec pour l'amour-propre et
pour l'autorité de Marie de Médicis.

Richelieu suivit cette affaire avec une attention toute particulière. Il était sur les lieux ; il pouvait donc juger de l'état
des esprits en connaissance de cause. D'autre part, la
Reine l'avait chargé de l'avertir de ce qui se passerait dans
le Poitou, et l'on devine que cette première marque de
confiance, qui lui faisait entrevoir la possibilité de jouer un
rôle dans les affaires publiques, ne pouvait qu'exciter son
zèle et sa vigilance.

A la fin de mars 1612, il écrivait à Phélypeaux de Pontchartrain (1) que les protestants du Poitou n'étaient pas

---

(1) Paul Phelypeaux, seigneur de Pontchartrain, était exclusivement chargé des
affaires des réformés. Il prit une part considérable aux conférences de Loudun.

disposés à seconder les tentatives belliqueuses du duc de
Rohan, « et ce d'autant qu'ils voient clairement que c'est
cracher contre le ciel que de vouloir heurter l'autorité du
Roi et de la Reine ; ils protestent de ne se départir jamais
de l'obéissance qui leur est due et, blâmant M. de Rohan...,
ils admirent le courage de la Reine et la résolution qu'elle
a prise de s'acheminer avec une armée, s'il en est besoin,
après le retour de M. de Thémines (1). »

L'évêque raconte ensuite une entrevue qu'il a eue récemment avec Duplessis-Mornay. Celui-ci, qui a conservé
« grand crédit et autorité parmi les huguenots », désapprouve
également l'entreprise du duc de Rohan ; il lui a même ex-
pédié un courrier pour le conjurer de donner satisfaction à
la Reine. — Richelieu en aurait long à dire sur cet entretien
où Duplessis-Mornay s'est montré plus ouvert et plus ex-
pansif qu'à l'ordinaire ; mais, en vrai diplomate qui tient à
faire apprécier ses confidences, il se réserve de les continuer
de vive voix lorsqu'il aura l'honneur de voir son correspon-
dant, à moins que la Reine ne lui demande de plus amples
renseignements. Ce qui domine en effet, dans cette lettre,
c'est le désir manifeste d'attirer l'attention de la Reine sur
sa personne. On sent qu'il en a calculé tous les termes pour
mettre en lumière son dévouement, sa perspicacité et les
services qu'il pourrait rendre, si l'on se décidait à faire appel
à son concours.

Dans son discours aux États généraux de 1614, Richelieu
trouva l'occasion de dire nettement sa pensée sur la conduite
à tenir envers les protestants. Il fit, comme toujours, la distinction entre les protestants rebelles et les protestants tranquilles. Il demanda les répressions les plus sévères contre

(1) AVENEL, *Lettres de Richelieu*, t. 1er, p. 82.

ceux qui profanaient les églises catholiques par la sépulture de l'un des leurs. « Quant aux autres, dit-il au Roi, qui, aveuglés par l'erreur, vivent paisiblement sous votre autorité, nous ne pensons à eux que pour désirer leur conversion et l'avancer par nos exemples, nos instructions et nos prières, qui sont les seules armes avec lesquelles nous les voulons combattre. »

Et en effet, sa conscience d'évêque exigeait quelque chose de plus que cette largeur d'idées et cette tolérance à la fois politique et chrétienne que l'on retrouve à toutes les époques chez les esprits d'élite : il se sentait obligé par ses fonctions de travailler au salut des protestants.

Dans ce but, nous l'avons dit, il appela dans son diocèse les oratoriens et les capucins et les chargea de donner des missions dans toutes les paroisses. Nous l'avons vu, les travaux apostoliques de ces saints religieux eurent les résultats les plus consolants. Beaucoup de réformés se convertirent et l'hérésie perdit chaque jour du terrain dans le diocèse de Luçon.

Richelieu apporta son concours personnel dans cette œuvre d'évangélisation. Quand il fut renversé du pouvoir avec Concini, il écrivit contre les protestants un ouvrage de polémique religieuse, qui eut le plus grand retentissement.

Nous trouverons plus loin l'occasion de parler en détail de ce livre dans lequel l'évêque de Luçon réfutait la lettre adressée au Roi par les ministres de Charenton, et d'en indiquer la valeur théologique et littéraire. Nous voulons seulement signaler ici, comme un témoignage indéniable de son esprit de tolérance, les graves et solennelles paroles qu'il fait entendre au Roi dans son épître dédicatoire :

« J'userai, dit-il, de la plus grande modération qu'il me

sera possible, désirant qu'ainsi que notre créance et celle de ceux avec qui je traite sont contraires, notre procédé le soit aussi ; et, au lieu de l'aigreur avec laquelle ils nous imposent plusieurs calomnies, leur dire leurs vérités avec tant de douceur, que s'ils se dépouillent de leurs passions, ils auront sujets d'en être contents...

« Nous les aimons, Sire, avec tant de charité qu'au lieu de leur désirer du mal, nous supplions très humblement V. M. de leur faire du bien, travaillant de tout son pouvoir à déraciner l'erreur qui a pris pied en leurs âmes, et à procurer leur conversion.

« Et afin qu'ils ne pensent pas que, sous prétexte de leur bien, ce soit leur mal que je recherche, et que, parlant de leur conversion, je veuille inciter V. M. à les y porter par force, je lui dirai que les voies les plus douces sont celles que j'estime les plus convenables pour retirer les âmes de l'erreur : l'expérience nous faisant connaître que souvent aux maladies les remèdes violents ne servent qu'à les aigrir davantage (1). »

On s'est donc étrangement trompé quand on a reproché à Richelieu d'avoir rempli ce livre de duretés à l'adresse des protestants. Il suffit de lire cette page éloquente, que nous venons de citer, pour se rendre compte de ses sentiments de charité et de son extrême modération à leur égard. Sans doute, il combat leur doctrine avec l'ardeur et la vivacité d'expression d'un jeune homme qui a la conviction de défendre la vérité ; mais, en attaquant l'hérésie, il garde les plus grands ménagements pour les hérétiques. Sa discussion est parfois véhémente, mais elle n'est

(1) RICHELIEU, *Les principaux points de la foi catholique* défendus contre l'écrit adressé au Roi par les quatre ministres de Charenton. Paris, 1618.

jamais agressive pour les personnes. Il respecte le caractère et le talent de ses adversaires, et Bossuet n'a point parlé de Mélanchthon avec plus d'estime et d'esprit de justice, que n'en a montré Richelieu pour le pasteur Chamier (1), qui était à cette époque le plus batailleur de tous les huguenots.

Richelieu condamnait la violence de quelque côté qu'il la rencontrât; il estimait que les croyances religieuses doivent être à l'abri de toute contrainte, et que la conscience est un asile où nulle puissance politique n'a le droit de pénétrer. Il voulait la liberté pour tous; et cette déclaration de principe une fois faite, il pouvait se retourner vers les protestants et leur demander comment ils entendaient la liberté de conscience, et surtout comment ils la pratiquaient à l'égard des catholiques : « Je vous demande en votre conscience si tous les Princes qui professent votre créance nous traitent ainsi en leurs États... Je ne vous demande pas si les nôtres reçoivent des bienfaits, s'ils sont élevés aux charges, c'est trop : je me réduis à demander si on leur donne la liberté de professer notre religion, non ouvertement, mais en cachette, avec sûreté de leur vie ? Après avoir bien pensé à la question que je vous fais, vous ne me pouvez répondre autre chose, sinon que s'ils reçoivent quelque grâce en tels états, c'est celle du martyre que nous estimons le plus. Aussi, vos auteurs enseignent-ils qu'il faut bannir et punir les hérétiques et que la liberté de conscience est diabolique ; ce qui fait que vous l'interdisez partout où vous êtes les maîtres (2). »

(1) « Quant au sieur Chamier, il mérite certes d'être estimé comme un des plus gentils esprits de ceux qui sont imbus de ces nouvelles erreurs; et si, outre sa créance, l'on peut reprendre quelque chose en lui, il me semble que ce doit être un zèle trop ardent et que d'autres appelleraient peut être indiscret. Je ne le dis pas pour l'offenser, car la volonté de Leurs Majestés étant que nous vivions tous en bonne intelligence, j'en serais très marri. Je voudrais plutôt le servir, mais non pas aux dépens de ma conscience et de la vérité. »

(2) *Les principaux points de la foi catholique*, **p. 24.**

On le reconnaîtra, l'état de l'Europe donnait une force irrésistible à cet argument. La France, au début du xvii° siècle, était en effet à la tête des nations civilisées pour la pratique de la liberté religieuse. C'était Henri IV qui l'avait fait entrer dans cette voie ; mais Richelieu contribua plus que personne à l'y maintenir. Sans doute, sa foi lui faisait un devoir de souhaiter que tous les Français fussent enfants de l'Église catholique ; mais puisque ce rêve était irréalisable et qu'il fallait tenir compte des faits et admettre l'existence d'une communion dissidente, avec son bon sens pratique il n'hésitait pas à proclamer que le régime de la liberté est celui qui convient le mieux aux États où les croyances sont divisées.

Il ne se contentait pas, nous venons de le voir, de formuler ce principe : il y conforma tous ses actes. Tant qu'il fut évêque de Luçon, il fit les avances les plus aimables et les plus conciliantes aux protestants de son diocèse, tout en travaillant avec un zèle admirable à les éclairer et à les ramener au catholicisme (1). Lorsque cela fut nécessaire, il repousa leurs prétentions et résista à leurs empiétements ; mais il ne porta jamais atteinte à leur liberté.

Quand, plus tard, devenu ministre, il faisait une si rude guerre aux huguenots et qu'il les affamait dans la Rochelle, il restait encore fidèle à ses idées de tolérance. Il poursuivait non pas des hérétiques, mais des révoltés ; et il était impitoyable dans la répression parce qu'il s'agissait de sauvegarder deux choses qui étaient sacrées à ses yeux : l'autorité du Roi et l'unité de la France.

(1) On sait par la correspondance de Richelieu que, pendant son ministère, il fit des libéralités dans toutes les provinces du Royaume pour l'avancement de la religion et pour la conversion des hérétiques... Pendant le siège de la Rochelle, il travailla à l'instruction du duc de la Trémouille qu'il ramena à l'Église après trois jours de discussion, « parce que, dit son historien Aubery, il savait prendre les cœurs aussi bien que les villes. » — *Encyclopédie des sciences religieuses.* Paris, 1882, t. XI, p. 234.

CHAPITRE V

VIE INTIME DE RICHELIEU A LUÇON

Sommaire. — Ses efforts pour sortir de la pauvreté. — Richelieu homme de cœur ; il aime à rendre service. — Ses rapports avec sa famille. — Richelieu directeur des âmes ; sa piété et ses superstitions.

Il ne nous suffit pas de savoir que Richelieu a déployé une activité surprenante dans l'administration de son diocèse ; il ne nous suffit pas non plus de le voir témoigner aux réformés des égards courtois et des sentiments de bienveillance. Notre curiosité réclame quelque chose de plus que le récit de sa vie officielle et publique. Nous voudrions pénétrer dans sa vie intime, étudier ses pensées secrètes, ses goûts, ses occupations, ses désirs ambitieux, et reconstituer pour ainsi dire le détail de cette existence obscure mais féconde, qu'il mena pendant huit ans au fond de son évêché, et durant laquelle il trempa son caractère, se forma à l'art si difficile de gouverner les hommes et mûrit les grands desseins qu'il devait réaliser dans la suite.

Pour esquisser cette vie intime et faire cette étude psychologique, qui pourrait jeter un jour si nouveau sur la vie publique de Richelieu, nous n'avons guère qu'une source d'informations, sa correspondance. Il faut dire du reste que c'est la meilleure. Les grands hommes ne se connaissent bien que par leurs lettres ; c'est là qu'ils se livrent tels qu'ils sont, sans masque et sans artifice. Grâce à ce qu'ils ont écrit sous le feu de l'action, nous surprenons leurs passions, leurs projets, les mobiles cachés qui les ont fait agir ; leur âme se dévoile à nu, et ainsi, avec ces mille confidences que nous recevons d'eux-mêmes sur chaque chose, nous arrivons à nous former une idée très exacte et très complète de leur physionomie.

En éditant la correspondance du cardinal de Richelieu, M. Avenel avait prévu les révélations qui s'en dégageraient pour l'intelligence de la vie et du caractère du grand Ministre. « Nous nous trompons, ou l'on trouvera, dans tous ces détails et dans une foule d'autres particularités éparses dans cette collection, la matière d'une étude curieuse et assez nouvelle du caractère de Richelieu (1). » En effet, toutes ces lettres que nous verrons passer sous nos yeux, ces billets donnant des ordres ou demandant des services, ces offres d'amitié ou ces expressions de reconnaissance, ces conseils de direction pour la conscience ou ces instructions minu-tieuses destinées à un diplomate, toutes ces pages où l'on ne trouve aucun apprêt et où l'on sent un accent irrésistible de sincérité, nous donnent une connaissance plus profonde et plus vraie de l'homme ; elles nous le présentent sous des aspects qui étonnent parfois, mais qui ne sont pas sans charme ; et peut-être quelques nuances nouvelles, des traits de physionomie encore inaperçus ajouteront à la ressem-blance de cette étrange figure qui désespère toujours les historiens par sa mobilité et son impénétrable profondeur.

Ce qui frappe tout d'abord dans la correspondance de Richelieu, ce sont ses efforts pour sortir de la pauvreté. Les 18.000 livres que lui rapportait son évêché (2) étaient un revenu bien modeste pour un cadet de grande famille, qui était sans patrimoine, qui avait des goûts fastueux, et qui,

(1) AVENEL, *Introduct.*, p. 100.
(2) Pouillé général de l'archevêché de Bordeaux. Paris, 1648, *Diocèse de Luçon*, p. 1.

avant de pouvoir les satisfaire, était obligé de pourvoir
aux dépenses plus urgentes que nécessitait la restauration
de la cathédrale et du palais épiscopal. D'autre part, son
train de maison, son personnel, ses aumômes et ses
voyages absorbaient une portion considérable de ses ressources. Il devait donc accomplir de véritables prodiges
d'économie pour pouvoir faire face à toutes les charges qui
pesaient sur lui. Mais il est manifeste que sa pauvreté lui
était pénible. « Nous sommes tous gueux dans ce pays,
disait-il, et moi tout le premier, ce dont je suis bien fâché ;
mais il y faut apporter remède si on peut (1). » Pendant
plusieurs années, et même jusqu'à la mort de son frère,
ce sera en effet sa préoccupation constante ; il travaillera
sans relâche à accroître ses ressources, non pas par cupi-
dité, mais pour faire honneur à son rang d'évêque et à la
noblesse de sa maison (2).

Il avait pris pour confidente de ses embarras une certaine Mme de Bourges, qui habitait Paris et qui était pour
lui une amie sûre et dévouée. Le jeune évêque s'adressait à
elle comme à une mère, et les lettres qu'il lui écrivit forment certainement la partie la plus curieuse et la plus pi-
quante de toute sa correspondance.

(1) Avenel, *Lettres de Richelieu*, t. I, p. 28.
(2) Il se souvenait sans doute de ses propres débuts lorsque, dans son Testament politique, il écrivait cette page si curieuse : « Il arrive souvent qu'un
évêque riche en toutes les qualités que lui donnent les canons, et que
la piété des gens de bien lui peut désirer, mais pauvre par sa naissance,
demeure des deux ou trois ans dans l'impuissance de faire sa charge, tant
par le payement des bulles auquel les concordats l'ont obligé, qui emporte souvent
une année entière de son revenu, qu'à cause que ce nouveau droit lui en soustrait
une autre. De sorte que si l'on joint à ces deux dépenses celle qu'il faut qu'il fasse
pour acheter des ornements dont il a besoin, et se meubler selon sa dignité, il se
trouvera souvent que trois ans se passent avant qu'il puisse rien tirer pour sa
nourriture, ce qui fait que beaucoup ne vont pas à leur évêché, s'excusant sur la
nécessité ; ou quittent le ménage (résidence) qu'ils sont contraints d'y faire, et se
privent de la réputation qu'ils doivent avoir pour paître leur troupeau, aussi bien par
l'exemple de plusieurs actions de charité, que par leurs paroles. » *Test,* t. 1er, p. 138.

Cette dame voulait bien s'occuper des affaires de Richelieu et lui acheter tout ce qui lui était nécessaire pour meubler le pauvre évêché de Luçon. Il lui avait tout d'abord demandé des chapes et des dalmatiques pour célébrer la fête de Pâques, et Mme de Bourges lui en avait envoyé de fort belles, à la grande joie de l'évêque et du chapitre. « Je vous ai, lui disait-il en la remerciant, un million d'obligations, non pas pour cela seulement, comme vous pouvez penser, mais pour tant de bons offices que ce papier ne peut en porter le nombre (1) » ; ce qui fait croire que les relations étaient déjà anciennes et que depuis longtemps elle avait l'habitude de veiller à ses intérêts.

« Je suis maintenant en ma baronnie, ajoute-t-il, aimé, ce me veut-on faire croire, de tout le monde, mais je ne puis que vous en dire encore, car tous les commencements sont beaux comme vous savez. Je ne manquerai pas d'occupation ici, je vous assure. Je suis extrêmement mal logé, car je n'ai aucun lieu où je puisse faire du feu à cause de la fumée ; vous jugez bien que je n'ai pas besoin de grand hiver, mais il n'y a remède que la patience. Je vous puis assurer que j'ai le plus vilain évêché de France, le plus crotté et le plus désagréable ; mais je vous laisse à penser quel est l'évêque. Il n'y a ici aucun lieu pour se promener, ni jardin, ni allée, ni quoi que ce soit, de façon que j'ai ma maison pour prison (2). »

Toute prison qu'elle était, il fallait cependant l'aménager d'une manière décente, et ce n'était pas chose facile. Le

(1) AVENEL, *Lettres de Richelieu*, t. Ier, p. 23.
(2) Ce qui prouve que l'évêque n'exagérait pas les incommodités de son séjour à Luçon, c'est ce proverbe en vers macaroniques, qui était fort usité à cette époque :
    Beati qui habitant urbes,
    Exceptis *Luçon*, Séez et Maillezais.
           (DUGAST-MATIFEUX, *État du Poitou*, p. 85)

dernier évêque qui avait résidé avait laissé un certain nombre d'objets, ornements et meubles, que le défaut d'entretien avait beaucoup détériorés. Richelieu tire parti de tout. Il fait réparer ce qui en avait besoin, remplace ce qui avait disparu, fait des échanges de tapisserie et troque les vieux meubles que lui a laissés une de ses tantes, Mme de Marconnay, contre d'autres qui lui sont plus utiles. Mme de Bourges lui est d'un grand secours pour toutes ces opérations : « Vous voyez, lui dit-il, comme je vous écris de mon ménage qui n'est pas encore bien garni, mais le temps fera tout. »

Il lui annonce en même temps qu'il a pris pour maître d'hôtel un gentilhomme nommé de La Brosse, qui le sert extrêmement bien. « Sans lui, j'étais mal ; mais je n'ai que le soin de voir mes comptes, car quelque compagnie qui vienne me voir, il sait fort bien ce qu'il faut faire. » Ce maître d'hôtel fait merveille ; tout le monde est surpris de ses talents ; aussi veut-on faire croire à son maître « qu'il est un grand Monsieur dans le pays (1) ».

Mais un bon maître d'hôtel ne suffit pas ; il faut encore avoir de la vaisselle d'argent. Aussi, Richelieu s'informe-t-il de « ce que coûteront deux douzaines de plats d'argent de belle grandeur comme on les fait ». Il serait ravi que Mme de Bourges pût lui en procurer au prix de trois cents écus. Il ajouterait à la rigueur cent autres écus « pour n'avoir pas quelque chose de chétif. Je suis gueux, comme vous le savez, de façon que je ne puis faire fort l'opulent ; mais toutefois, lorsque j'aurai plats d'argent, ma noblesse

---

(1) Dans un état des gages des domestiques de Richelieu, en 1626, il n'est plus question de La Brosse : il était sans doute mort peu de temps après l'arrivée du Cardinal au ministère.

sera fort relevée (1)». Et il compte que Mme de Bourges
voudra bien achever de le mettre en ménage, puisqu'elle a
commencé. D'ailleurs il ne sera pas ingrat; il tâchera de
trouver un mari pour la fille de son obligeante commission-
naire. Mais ce n'est pas chose commode; les bons partis
sont rares dans le bas Poitou. « Je songe, sur ma foi, tous
les jours à marier Madeleine; mais il ne se trouve ni gentilhomme ni autres qui aient de l'argent ni du drap. » Tout le
monde est gueux dans le pays, même l'évêque.

L'anneé suivante (1610), Richelieu pense à faire le voyage
de Paris, et à ce sujet encore il demande les conseils et les
bons offices de Mme de Bourges. « Pour un logis, lui écrit-il,
je ne sais que faire, n'ayant point de meubles à Paris, et les
logis étant si chers; si j'en trouve un à bon compte, je le
prendrai toutefois, l'incommodité des chambres garnies
étant grande, aussi que tous les ans j'espère faire un tour à
Paris dorénavant, et que, cela étant, il faudra que je fasse
mes provisions en temps et lieu. Mandez-moi votre avis, car
il faut que j'avoue que je m'en trouve bien (2). »

En attendant il demande ce que vaut le vin à Paris; s'il
en envoyait de Luçon, il reviendrait à 17 écus la pipe; mais
il ne s'approvisionnera de la sorte qu'au cas où il y aurait
profit. Du reste, ce qui le préoccupe le plus pour le moment,
c'est le logement et la grande quantité de meubles qu'il lui
faudra pour s'y installer. « D'autre côté, tenant de votre humeur, c'est-à-dire étant un peu *glorieux*, je voudrais bien,
étant plus à mon aise, paraître davantage, ce que je ferais
plus commodément, ayant un logis à moi. C'est grande pitié

---

(1) Avenel, *Lettres de Richelieu*, t. Ier, p. 26.
(2) Id., *ibid.*, p. 55.

que de pauvre noblesse, mais il n'y a remède contre fortune bon cœur (1). »

Il est à croire que cette dame lui conseilla de prendre un pied-à-terre, car dans une lettre du mois de mai 1615 il lui envoie « un mémoire des réparations qui sont plus nécessaires d'être faites dans ma maison de Paris ». C'était en effet ce qui convenait le mieux à sa dignité d'évêque, et d'ailleurs, les dépenses de l'installation une fois faites, il lui était plus facile de venir, comme il en avait l'intention, passer quelques mois à Paris, pour s'y faire connaître de la cour et des grands et servir les intérêts de son ambition. Il acheta un petit hôtel rue des *Mauvaises paroles* et y resta jusqu'en 1624.

L'évêque de Luçon garda toujours à Mme de Bourges une profonde reconnaissance pour tous les bons offices qu'elle lui avait témoignés. Ayant appris en 1612 qu'elle avait des difficultés d'argent, il lui écrivit aussitôt pour lui offrir ses services. « J'espère que vous serez bientôt hors de l'ennui dont on trouble votre repos. Je voudrais avoir moyen de contribuer quelque chose pour vous en tirer, je m'y emploierais très volontiers. Et bien que ma bourse ne soit pas garnie comme il faut, si est-ce que la vous offrant avec ce peu que je puis, je vous prierai de disposer de tout ce qui est mien (2). »

Ce qui ressort le plus clairement de cette correspondance d'un caractère si intime, c'est l'esprit d'ordre de Richelieu. Il apportait dans la gestion de ses affaires la même exactitude rigoureuse avec laquelle il veillait aux intérêts de son diocèse. Personne mieux que lui n'a su concilier le gouvernement des grandes choses et le soin minutieux

(1) AVENEL, *Lettres de Richelieu*, t. 1er, p. 56.
(2) ID., *ibid.*, p. 89.

des petites. On le voit, il examine tout, il demande le prix de tout, il ne néglige aucune précaution pour faire un petit gain ou pour n'être pas trompé sur les achats que d'autres font pour lui. Il devait garder ces habitudes de contrôle dans sa carrière politique. Toute sa vie il donna cette attention assidue à ses affaires et travailla à l'accroissement de sa fortune avec cette persistante et active surveillance dont nous venons de constater les effets pendant son épiscopat.

Les préoccupations d'ordre matériel n'empêchaient pas l'évêque de Luçon d'être aussi un homme de cœur. D'ordinaire les historiens représentent le Ministre de Louis XIII comme un homme impassible, à qui les sentiments délicats, les épanchements intimes et les nobles émotions auraient été inconnus. Que l'homme d'État, dont la vie était sans cesse menacée par des intrigues et des complots, ait contracté, dans cette nécessité de se défendre, une certaine dureté et même une attitude terrible et impitoyable pour ses adversaires, nul ne saurait le contester. Cependant, chez lui, le cœur n'était pas aussi complètement absent que le prétend Michelet. Dans sa correspondance privée, et surtout dans ses lettres de jeunesse, on constate une réelle ouverture de cœur. On y découvre une bonté franche et facile, un désir sincère de rendre service, un besoin d'amitié qui contraste singulièrement avec les mesures implacables qu'il prendra plus tard. L'expérience des hommes et des choses, le maniement des affaires et l'exercice du pouvoir développeront à un degré incroyable ses facultés intellectuelles, mais ce sera au détriment du cœur, et de ces qualités de bonté, de bienveillance et d'affabilité qui, à l'époque de sa jeunesse, donnaient un charme si particulier à sa physionomie.

Dès son arrivée à Luçon, il cherche à se créer des relations de bon voisinage avec les gentilshommes du pays. « Monsieur, écrivait-il à quelque abbé commendataire, dont le nom ne nous est pas parvenu, étant arrivé en mon évêché, je n'ai pas voulu laisser passer plus de temps sans mettre la main à la plume pour vous témoigner le contentement que je reçois de me voir si proche de vous ; je me réjouis extrêmement d'un si heureux voisinage et voudrais avoir autant de moyen de l'entretenir par la conversation, que je rechercherai les occasions de me rendre digne de la vôtre. En attendant que j'aie l'honneur de vous voir pour vous confirmer de bouche ce que je ne vous puis dire par écrit, je vous supplierai me faire la faveur de croire qu'il n'y a rien au monde que je souhaite avec plus de passion que de vous pouvoir faire paraître par quelque agréable service l'affection qui me lie à une si sainte société (1). »

Ce sentiment de bienveillance et ces offres d'amitié sont très fréquents dans la correspondance de Richelieu. « Monsieur, écrivait-il à un autre gentilhomme, je chéris tant vos bonnes grâces que je ne saurais laisser passer plus de temps sans vous faire de nouvelles offres de mon affection à votre service, et crois que si je suivais mes souhaits et mes désirs, vous seriez tous les jours importuné de mes lettres ; mais je sais que mes discours vous sont aussi importuns comme ma personne vous est inutile et fâcheuse ; néanmoins, j'oserai bien vous assurer qu'en quelque façon que je puisse être, je ne manquerai jamais à vous honorer et estimer, vous reconnaissant si obligeant que je croirais commettre un crime de lèse-majesté si je manquais à vous rendre ces devoirs. Je souhaiterais avec

______

(1) AVENEL, *Lettres de Richelieu*, t. Ier, p. 16.

passion que ce fût plutôt par les effets que par les paroles ; vous croiriez que vous n'avez personne au monde qui vous soit plus fidèle et plus affectionné que moi (1). »

Tant qu'il resta dans son diocèse, Richelieu se montra ainsi doux, prévenant et liant. Il prodiguait à tous de bonnes paroles et multipliait les chaudes protestations d'amitié et de reconnaissance. Cette politesse, peut-être un peu trop obséquieuse, n'était pas chez lui de pure forme : comme il l'assure dans presque toutes ses lettres, il aimait à joindre « les effets aux paroles », et ne manquait jamais de rendre les services qui lui étaient demandés. Était-ce besoin d'agir et de brasser des affaires, ou bien un mouvement spontané du cœur ? Il était et se montrait fort serviable. Sa volumineuse correspondance est toute remplie de lettres de recommandations ou de sollicitations, et, au ton dont il parle des intérêts qui lui ont été confiés, on sent qu'il y attache du prix et qu'il ne négligera rien pour assurer le succès de ses démarches. Aussi, personne n'était plus actif à solliciter, ni plus ingénieux à obtenir. Pour une même affaire, il écrivait aux rapporteurs, aux juges et aux amis des juges. Il avait pour maxime « qu'un bon importun ne se tient pas pour éconduit du premier ou du second coup ». Avait-il besoin de l'appui d'un grand, une lettre ne lui suffisait pas ; il s'adressait également à la femme de ce seigneur, à ses enfants, et même à leur gouvernante, s'il lui supposait quelque influence ; il voulait que toute la famille fût mise dans ses intérêts et parlât pour lui.

Il faut reconnaître, d'ailleurs, qu'il usait de son crédit, uniquement pour être utile à ses diocésains et à ses amis, et qu'il n'y apportait aucune ostentation. Au lieu d'affecter

____

(1) AVENEL, *Lettres de Richelieu*, t. 1er, p. 53.

ce ton protecteur qui blesse souvent le protégé et glace la reconnaissance, il savait s'effacer et parlait de son concours avec une simplicité pleine de bon goût. Quand une affaire avait réussi, il en annonçait le résultat avec une visible satisfaction ; mais il se gardait bien de s'en attribuer le mérite. Cette discrétion a son prix chez un homme qui comprit de bonne heure sa supériorité et qui, plus tard, devait mettre si peu de réserve dans l'exercice du souverain pouvoir.

Les contradictions entre l'évêque et le ministre ne sont pas rares chez Richelieu. L'une des plus curieuses à signaler, c'est assurément de voir le jeune prélat s'émouvoir de la lourdeur des impôts et demander la diminution des tailles pour ce peuple qu'il comparait plus tard « à des mulets qui étant accoutumés à la charge se gâtent par un long repos plus que par le travail ». Il disait aussi : « Tous les politiques sont d'accord que, si les peuples étaient trop à leur aise, il serait impossible de les contenir dans les règles du devoir (1). »

Dès son arrivée à Luçon, il fut frappé de la misère de son diocèse, l'un des plus pauvres de France, et ne se donna ni trève ni repos, qu'il n'eût obtenu pour ses diocésains des obligations fiscales moins rigoureuses.

Comme dans tous les pays d'élections (2), les populations du bas Poitou étaient à la merci des traitants ou partisans, qui les rançonnaient sans pitié. Il n'y avait pour elles aucun recours possible : ces riches banquiers, qui affermaient les

(1) RICHELIEU, *Testam., polit.*, t. I, p. 225.

(2) On sait qu'au point de vue administratif, l'ancienne France était divisée en pays d'*Etats* et pays d'*Elections*. Les premiers établissaient eux-mêmes l'assiette des impôts et en réglaient la perception ; tandis que dans les pays d'élections, comme était le Poitou, les revenus publics étaient répartis par des officiers royaux et perçus par les commissaires des partisans qui les avaient affermés.

taxes à leurs risques et périls, n'étaient pas hommes à se
laisser toucher par les plaintes et par les larmes. Leur
unique souci était de recouvrer l'argent qu'ils avaient avancé
à l'État, et de tirer en outre des provinces tout ce qu'elles
pouvaient donner. La force armée étant à leur disposition,
ils en usaient parfois avec une incroyable rigueur.

C'est pourtant à de tels hommes que s'adressa Richelieu,
et le langage ferme et digne qu'il leur fit entendre finit par
leur arracher plus d'une concession (1). La lettre qu'il leur
écrivit à ce sujet mérite d'être citée. « Monsieur, étant arrivé en ce lieu, et ayant reconnu la misère du bourg, la pauvreté des habitants, et l'excessive taxe des tailles, laquelle
ils ont payée jusqu'ici, j'ai cru vous devoir faire la présente,
pour vous prier tous en général et chacun de vous en particulier, comme je le fais avec beaucoup d'affection, de vouloir
modérer la charge, laquelle ils ont été contraints de porter
à leur grande incommodité... Je me persuade que vous ne
trouverez point ma requête incivile, principalement si vous
considérez que votre ville, en comparaison de laquelle ce
malheureux bourg n'est rien, paie beaucoup moins qu'il ne
fait. » Après cet exposé de la situation, il ne craint pas
d'en venir aux menaces de procès. « Je désire obtenir de
vous volontairement le soulagement que je sais que les
voies de la justice ne me peuvent dénier ; je n'estime pas
que vous veuillez me donner sujet d'en venir à cette extré-

(1) « Tributa et vectigalia egregiâ ac paternâ pastoris curâ minuta ut supra spem,
ita et contra morem. » Abbé de Pure, *Vita em. card. Richelii*, p. 47.
Le même auteur ajoute qu'à cause des services de tout genre qu'il leur avait
rendus, Richelieu était très aimé de ses diocésains : « Namque sic gregis sui sibi
devinxerat animos et corda, ut cuncta ad libitum gereret... Cuncta denique ad
arbitrium episcopi et pastoris agebantur, vagà passim famâ accessisse præsulem
vere patrem qui, temporalibus spiritualia injungens, vitam simul et cœlum
curaret. » *Op. cit.*, p. 49.

mité, qui me fait vous prier derechef de vouloir décharger ceux pour qui je vous écris, d'une partie du faix qui les accable (1). » Sainte-Beuve nous semble beaucoup trop exigeant quand il se plaint qu'on ne sente pas assez dans cette lettre les entrailles d'un pasteur (2). Sans doute, Richelieu aurait pu formuler sa demande sous une forme plus émue. Mais je doute que l'éloquence eût été à sa place dans une lettre d'affaires ; en tout cas, il est probable qu'elle eût été parfaitement inutile au succès de la démarche.

Cette lettre, et une autre à peu près semblable adressée aux fermiers de l'impôt, ne lui suffisent pas. A l'exemple du cardinal du Perron, qui avait sollicité pour le diocèse d'Évreux, il s'adressa à Sully, contrôleur général des finances, et chargea son frère de lui présenter sa requête. On remarquera les formules de respect qui remplissent cette lettre ; elles trahissent chez le jeune évêque une très haute estime pour ceux que le Roi honore de sa confiance et pour les fonctions qu'ils remplissent. « Monsieur, bien que je sache que la faveur de ceux qui portent le faix des plus grandes charges d'un royaume se doit plutôt mériter par très humbles services, que mendier par supplications, la connaissance toutefois que j'ai du contentement que vous prenez à vous employer pour le public me met la plume en main pour vous supplier très humblement, Monsieur, de vouloir témoigner votre bonne volonté à tout ce pauvre bourg, en une affaire que mon frère vous représentera particulièrement si vous l'avez agréable (3). »

---

(1) Sainte-Beuve, *Causeries du Lundi*, t. VII, art. Richelieu.
(2) Avenel, *Lettres de Rich.*, t. Ier, p. 18. Ces lettres étaient adressées à Hilaire Cailler, procureur du Roi en l'élection de Fontenay. Collection Robuchon. *Paysages et monuments du Poitou*. Notice sur Luçon par le P. Ingold.
(3) Avenel. *Lettres de Rich.*, t. Ier, p. 20.

Il est à croire que le surintendant des finances n'attacha
point à cette lettre l'importance qu'elle méritait. Peut-être
ne soupçonna-t-il pas la valeur de celui qui l'avait écrite.
Trompé sans doute par les compliments et les flatteries un
peu vulgaires qu'elle contenait, il ne sut pas discerner le zèle
épiscopal ni les qualités de Richelieu. Deux ans plus tard,
celui-ci sollicitait encore auprès des traitants ; mais il garda
certainement le souvenir du mauvais accueil que Sully avait
fait à sa requête, et il ne serait pas téméraire de penser que
cet échec contribua plus tard pour beaucoup à la froideur
de leurs rapports.

Si Richelieu témoignait à ses voisins tant d'amitié et d'o-
bligeance, s'il s'employait avec tant de zèle et d'empressement pour diminuer les charges de ses diocésains, on ne
sera pas surpris qu'il ait été bon parent et qu'il ait eu pour
tous les membres de sa famille une sincère affection et un
absolu dévouement.

Sur ce point encore, on s'est mépris, et l'on n'a pas craint
de reprocher à l'évêque de Luçon une profonde indifférence
à l'endroit de sa mère, de ses frères et de ses sœurs (1).
Nous espérons faire bonne justice de ce reproche, qui du
reste n'a d'autre fondement que l'absence de lettres de
famille dans la correspondance de Richelieu, publiée par
M. Avenel.

Nous reconnaissons, en effet, que cette correspondance
ne contient qu'une seule lettre de Richelieu à sa sœur,
Mme du Pont-Courlay, et qu'on y chercherait vainement
d'autres lettres adressées soit à sa mère, soit à quelque
autre membre de sa famille. Mais cette lacune ne donne

---

(1) MARTINEAU, *Le card. de Richelieu*, p. 158.

pas le droit de conclure que l'évêque, absorbé par les soucis de sa charge ou de son ambition, soit resté étranger aux sentiments nobles et délicats, aux échanges pleins d'intimité et de tendresse que font naître d'ordinaire les liens du sang. L'absence de lettres de famille ne prouve rien, sinon que ces papiers d'un caractère privé ont été conservés avec un soin moins jaloux que les lettres d'affaires et les instructions diplomatiques. Et, d'ailleurs, lors même que Richelieu — ce qui est peu probable — n'aurait entretenu avec les siens que de très rares correspondances, il ne faudrait pas encore imputer ce fait à l'insensibilité de son cœur. Il lui était facile, en effet, sans recourir à l'intermédiaire de la poste, d'entretenir des rapports fréquents avec sa mère et plusieurs autres de ses parents. On s'envoyait très souvent des porteurs ou des messagers qui étaient chargés de commissions verbales, et transmettaient les nouvelles avec plus de détails qu'on n'aurait pu le faire par lettres. Enfin, la distance était assez rapprochée entre Luçon et Richelieu et, par conséquent, l'évêque pouvait sans trop de difficultés rendre de fréquentes visites à sa mère. La terre de la Meilleraye qu'habitait son oncle, et le prieuré de Coussay, qui était sa résidence de prédilection, formaient deux étapes où il pouvait se reposer des fatigues de la route. On comprend donc que les occasions de voir sa famille étant plus nombreuses, celles de lui écrire aient été moins fréquentes.

Cependant, il n'est pas impossible de déterminer avec une certaine précision les rapports affectueux qu'entretenait Richelieu avec les siens. A défaut des lettres qu'il a écrites, nous avons une partie de celles qu'il a reçues, et l'on verra combien ces pages, dont plusieurs paraissent ici pour la première fois, font honneur à la noblesse de ses sentiments et à la délicatesse de son cœur.

Sa mère vivait au château de Richelieu. Elle avait mené à bien l'éducation de ses enfants ; elle les avait tous établis et avait reconstitué peu à peu la fortune très compromise que lui avait laissée son mari. Malheureusement, les dépenses folles de son fils Henri détruisirent l'effet de sa laborieuse et patiente économie. Les tracas et la gêne recommencèrent pour elle, et les choses en vinrent même à ce point que l'évêque de Luçon se vit obligé de lui offrir un asile, ou tout au moins une pension. Dans cette circonstance, on ne sait ce qu'il faut le plus admirer ou la générosité du fils, ou les scrupules de la mère. Les deux lettres suivantes, extraites des archives de la famille de Richelieu, feront comprendre tout ce qu'il y avait de désintéressement et de piété filiale dans l'âme du jeune évêque.

« Mon fils, je ne puis assez vous remercier du soin que vous avez de moi, ni vous dire le déplaisir que j'ai de demeurer au monde pour y donner tant de charge et de peine à ceux que j'y ai mis. Je vous dis franchement que j'en suis au désespoir, et vous dirai néanmoins, puisque vous avez agréable de me retirer chez vous, que c'est bien toujours ma résolution et que je le désire fort, jugeant bien que vous faites cela de bon cœur. L'on avait advisé que si, demeurant ici, vous eussiez voulu me donner deux mille livres par an, vous n'eussiez pas été chargé de moi. Je vous prie ici librement et de cœur d'adviser lequel vous serait à moins d'incommodité, car je vous dis que la chose que je désire le plus est de vous soulager tous autant qu'il me sera possible. Je supplie Dieu qu'il vous donne sa grâce et qu'il me prenne bientôt en la sienne, et vous encore une fois de ne vous incommoder et travailler point trop pour moi qui vous souhaite tout le bonheur que vous pouvez désirer. » S. P. S. (1).

L'évêque comprit sans doute que sa mère ne pouvait pas, à son âge, s'exposer aux ennuis et aux inconvénients d'un déplacement et d'une nouvelle installation qui bouleverserait toutes ses habitudes. Aussi préféra-t-il lui assurer une pension qui lui permettrait de rester au château de Richelieu. C'était, en effet, le parti le plus sage et le plus honorable pour sa mère. Elle lui exprima sa reconnaissance dans des termes qui, après plus de deux siècles, n'ont rien perdu de leur émotion. « Mon fils, la façon dont vous m'obligez m'oblige doublement, et je vous puis jurer avec vérité que le ressentiment que j'en ai est tel que je ne saurais le vous dire, non plus que les troubles et les irrésolutions où je suis. Cette inquiétude-là me tue, et vois bien que je n'aurai jamais joie que lorsque, vous sachant tous heureux, je serai en paradis. Je supplie Dieu que ce bien m'arrive bientôt et qu'il vous donne ici et au ciel la récompense de la bonne volonté que vous me témoignez. Je vous écris cette lettre sans savoir encore ce que je dois dire et ce que je dois faire ; mais néanmoins je vois que tout s'oppose à ma retraite, de sorte que je crois qu'il faudra que j'accepte la dernière offre que vous me faites en demeurant ici, et cela avec le déplaisir que j'ai de vous causer une telle incommodité. Je vous dis encore une fois que cette peine-là m'en fait plus souffrir que vous ne le supposez, et supplie Dieu qu'il vous donne sa sainte bénédiction, et vous de m'aimer toujours (2). »

(1) *Archives de la famille de Richelieu.*
(2) *Archives de la famille de Richelieu.*

La seconde révolte du prince de Condé et des autres seigneurs ses partisans causa les plus vives alarmes à la marquise de Richelieu. Elle fut obligée de loger des troupes et les excès qu'elles commirent la remplirent d'inquiétude. « Ma fille, écrivait-elle à la femme de son fils Henri, je vous faisais réponse, mais ma lettre demeura au croc, nos messagers ne marchant plus à cause de ces fâcheuses troupes qui nous ont très maltraités en trois de nos paroisses. Il y a 40 ans que je suis en cette maison où j'ai vu passer toutes les armées, mais je n'ai jamais ouï parler de telles gens ni de telles ruines qu'ils font. A la vérité, j'ai trouvé cela fort rude, car ils n'en avaient jamais logé en ce qui m'appartenait. Encore quand ils n'eussent fait que vivre honnêtement, l'on ne s'en fût presque pas plaint; mais ils rançonnent chacun son hôte et veulent prendre femmes par force..... Je crois bien que la plupart de cette armée-là pensent qu'il est un Dieu comme font les diables. J'espère en sa bonté qu'il ne tardera guère à les punir, car il est juste (1). »

En attendant ce châtiment céleste, Armand multiplia les démarches pour épargner à sa mère le renouvellement de pareilles scènes. Il s'adressa au duc de Nevers et au duc de Bouillon, leur demandant de ne pas imposer de troupes au château de Richelieu (2); il écrivit même au prince de Condé dans ce sens : « Monseigneur, la confiance que j'ai eue que personnes qui n'ont point de bras en guerre, mais bien une langue et un cœur pour demander la paix à Dieu, ne recevraient aucun mal de vos armes, m'a porté à conseiller à ma mère de ne point quitter sa maison, et m'a retenu en la mienne, et, qui plus est, me met la plume en

---

(1) *Archives de la famille de Richelieu.*
(2) Avenel, *Lettres de Rich.*, t. Ier, p. 168.

main pour vous supplier, Monseigneur, de daigner faire voir qu'en cette occasion je ne me suis point trompé en mon jugement, et que vous savez au fort de la guerre empêcher que les vôtres ne troublent la paix de ceux qui, n'ayant que des prières pour armes, n'ont que des armes de paix, desquelles je me servirai sans cesse, en mon particulier, envers Dieu pour lui demander repos pour la France (1). »

Au printemps de la même année (1616), l'évêque de Luçon fit à la marquise de Richelieu une visite qui devait être la dernière. Il était déjà secrétaire de la Reine-mère et conseiller du Roi ; les honneurs et les charges qui lui étaient accordés faisaient pressentir sa prochaine arrivée au ministère. Malade et miné par la fièvre depuis plusieurs mois, il résolut d'aller se rétablir auprès de sa mère, et se fit porter en litière au château de Richelieu. A son arrivée dans la cour du château, il trouva sa mère tenant par la main les deux enfants de Françoise de Richelieu qui venait de mourir. L'évêque, ému de ce spectacle, embrassa sa mère et les enfants, les bénit et jura de prendre soin de leur éducation. On sait comment il tint parole.

Son frère Henri et son beau-frère, M. du Pont-Courlay, ne tardèrent pas à venir. Pendant quelques jours la famille fut au complet. La mère était heureuse et fière de ces réunions qui se renouvelaient chaque année et qui lui causaient toujours une si profonde joie. Mais bientôt l'évêque de Luçon, rétabli par le séjour de la campagne, fut rappelé à Paris par les exigences de la politique. Ses adieux à sa mère furent plus pénibles que de coutume ; il pressentait peut-être qu'ils étaient définitifs. La marquise de Richelieu

____

(1) Avenel, _Lettres de Rich._

mourut en effet peu de mois après (14 nov. 1616), et son fils Armand n'eut pas la consolation de venir lui rendre les derniers devoirs. Mais cette mort lui apporta une profonde tristesse , et jusque dans la plus haute fortune il resta fidèle à la mémoire de celle qui l'avait élevé et si tendrement aimé.

Il portait à ses frères et à ses sœurs un amour qui n'était pas moins ardent. Il était le conseiller et souvent le protecteur des uns et des autres : de bonne heure il fut considéré par eux comme le chef de la famille, bien qu'il fût le plus jeune des fils, et jamais il ne chercha à se soustraire aux obligations et aux sacrifices de toutes sortes que cette charge lui imposait.

Son frère aîné, Henri, était la vivante image de son père le Grand Prévôt. Il avait eu de grands succès à la cour de Henri IV (1). Sous Louis XIII, il fit partie de ce groupe des *dix-sept* seigneurs qui se signalaient par leurs dépenses et par le luxe de leurs habits et de leur train de vie. Il eut bien vite dévoré sa fortune en folies ruineuses. Les emprunts qu'il contracta achevèrent de compromettre sa situation et son patrimoine. Un riche mariage le remit à flot, mais ce ne fut pas pour longtemps. Sa femme, Marguerite Guyot des Charmeaux, lui apporta, avec une grosse dot, un goût très vif pour les fêtes et les plaisirs (2). Le jeune marquis reprit ses anciennes habitudes et en peu de temps ses

---

(1) Le marquis Henri de Richelieu reçut de Henri IV une pension de 1200 écus. Il était si bien en crédit auprès du Roi qu'il inspirait presque de l'ombrage à Sully. Marie de Médicis le traita avec la même faveur. Il figurait parmi ces quelques seigneurs privilégiés qui chaque soir restaient auprès de la Régente après que la cour s'était retirée. (FONTENAY-MAREUIL, *Mémoires*, année 1610, p. 72 et 111.) Voir aussi TALLEMANT DES RÉAUX, t, 11, p. 1.

(2) « On dit que sa femme, comme un tailleur lui demandait de quelle façon il lui ferait une robe : « Faites-la, dit-elle, comme pour la femme d'un des dix-sept seigneurs. » TALLEMANT, *Historiette de Richelieu*, t. II, p. 2.

ressources furent de nouveau épuisées. L'évêque de Luçon déplorait un genre d'existence qui contrastait si singulièrement avec ses goûts d'ordre et d'économie, mais ses conseils n'étaient pas toujours écoutés. Un moment, la désunion se mit dans la famille. Mme de Richelieu résista aux réclamations de son fils aîné et montra la résolution où elle était de défendre les intérêts de ses autres enfants contre ses sollicitations et même contre ses menaces de procès. L'évêque s'interposa, et grâce à ses bons offices la paix et la concorde furent rétablies.

Alphonse le chartreux (1) lui donna moins d'inquiétudes. L'évêque de Luçon lui conserva toujours un très grand attachement. A sa demande, il usa de son crédit en faveur de l'ordre des Chartreux qui se trouvait engagé dans un procès considérable, et le fit réussir par l'intervention de M. d'Alincourt, son protecteur. Nous avons trouvé aux archives des Affaires Étrangères une lettre inédite d'Alphonse qui nous fait saisir les sentiments de cordialité dont les deux frères étaient animés l'un pour l'autre.

Après avoir dit à l'évêque combien il était désolé de le savoir malade et incapable de faire le voyage de la Grande Chartreuse, Alphonse ajoute : « Un de mes amis m'a fait voir la harangue que vous avez faite à la clôture des États. Je loue Notre Seigneur qu'elle vous ait réussi à votre contentement, ayant été assuré qu'elle avait été fort agréée d'un chacun. Je m'imaginais que vous me feriez cette faveur que

______

(1) Alphonse de Richelieu fit profession à la Grande Chartreuse en 1606, et y vécut plus de vingt ans sans manifester le désir de rentrer dans le monde. Il résida successivement dans la Chartreuse du Liget, près de Tours, à la Grande Chartreuse, et, en 1618, il fut nommé prieur de la Chartreuse voisine d'Avignon. Plus tard, quand il quitta le cloître pour devenir archevêque d'Aix, il ne fit que céder à la volonté impérieuse de son frère. Par goût, il serait resté dans l'humilité et l'obscurité de la vie religieuse. — (MICHEL DE PURE, *Vita Alphonsi Ludovici Plessæi Richelii...* Parisiis, 1653, in-12.)

de m'en donner une. Je vous demande cette grâce et celle de la continuation de votre amitié (1). »

C'est à tort qu'on a représenté Alphonse de Richelieu comme un caractère triste et morose. Le cloître ne l'empêchait pas de rendre de loin en loin des visites à sa famille et même d'être très recherché pour son esprit dans les salons des châteaux de Touraine. Une lettre qu'il écrivit à sa belle-sœur, la marquise de Richelieu, nous a étonné par son tour vif et enjoué, où l'on pourrait même relever une petite pointe de galanterie (2). En 1618, il devint supérieur de la Chartreuse d'Avignon, et put ainsi adoucir pour son frère les amertumes de l'exil. Celui-ci se souvint de ses bons offices, et quelques années plus tard il le fit sortir de son monastère et le plaça sur le siège archiépiscopal d'Aix.

Richelieu se montra particulièrement dévoué pour ses sœurs. Il aimait tendrement Françoise, l'aînée, mariée à M. du Pont-Courlay. Elle était timide, mais pleine de sens et d'un naturel très grave et très sérieux. Quand elle mourut, en 1616, l'évêque de Luçon adopta ses deux enfants ; l'aînée devint la célèbre duchesse d'Aiguillon ; le second, François de Vignerod, fut élevé plus tard, grâce à son oncle, au grade de général des galères du Roi.

Sa seconde sœur, Nicole, eut une part peut-être plus grande encore dans ses faveurs. C'est lui qui la maria en 1617 avec le marquis de Brézé. Ce mariage déjà très brillant fut encore rehaussé par les dons que fit Marie de Médicis aux jeunes époux, en considération de l'évêque de Luçon ; malheureusement Nicole avait un esprit fantasque ; ses facultés perdirent peu à peu leur équilibre et elle mou-

(1) *Archives des Affaires Étrangères*. France, t. 770, f⁰ 41.
(2) *Archives de la famille de Richelieu.*

rut à Saumur, le **30** août **1635**, folle et enfermée (1).

Voilà comment Richelieu remplit ses devoirs à l'égard des membres de sa famille. On voit qu'il les fit bénéficier tous de la brillante situation de fortune que son génie lui avait acquise, ses procédés généreux sont la preuve la plus irrécusable de l'attachement et de l'affection qu'il leur portait.

Nous avons dit que Richelieu avait pris au sérieux tous les devoirs que comportait sa charge épiscopale. Il ne sera donc pas sans intérêt d'étudier comment il s'est acquitté du devoir épiscopal par excellence, le ministère des âmes.

A toutes les époques il s'est trouvé des natures d'élite, tendres, généreuses qui ont tendu à la perfection. Mais le besoin de s'abandonner à Dieu et de se sacrifier pour lui se manifeste surtout après les crises politiques et sociales. C'est ainsi qu'après les guerres de religion, on vit une foule d'hommes fatigués et épuisés par les ardeurs de la lutte s'adresser aux prêtres et leur demander de leur servir de guides dans la voie de la sainteté et de la vertu. Mais les vrais directeurs étaient rares au lendemain de la Ligue. Les prêtres qui avaient manié le mousquet et avaient porté, dans les chaires de Paris, les plus violentes attaques contre Henri III ou contre son successeur, étaient peu familiers avec la langue mystique. Habitués à vivre dans les rues et sur les places publiques, ils devaient difficilement se plier à ce recueillement constant, à cette vigilance, à cette attention à sa propre conscience, enfin à ces conseils toujours calmes et mesurés que demande la direction des âmes.

---

(1) Elle laissait un fils qui devint amiral et qui fut tué à bord de son vaisseau, par un coup de canon, en 1646. Il donnait les plus brillantes espérances. — Voir TALLEMANT DES RÉAUX, *Historiette de Richelieu*, t. II.

François de Sales et le P. de Bérulle étaient les deux directeurs les plus renommés de l'époque. Richelieu, qui cherchait toutes les occasions de se former et d'acquérir du
crédit, s'essaya à ce rôle. Mais pour y réussir, il lui manquait, outre l'expérience des âmes, cette délicatesse et cette
cordialité de parole qui s'appelle l'onction. Aussi, dans les
conseils qu'il donne aux personnes qui ont recours à ses
lumières, c'est toujours l'esprit qui parle. Les considérations qu'il développe sont fortes et lumineuses ; mais on
n'y rencontre jamais une parole qui émeuve et qui aille droit
à l'âme.

A cet égard, rien n'indique mieux sa méthode que la
lettre suivante qu'il écrivit à une dame, et qui est un véritable traité de spiritualité. « Madame, je vois par la
lettre que vous m'avez écrite que vous êtes recherchée de
deux esprits contraires dont l'un vous représente la croix et
l'autre la douceur ; l'un vous appelle au ciel, l'autre vous
attire à la terre ; en cette recherche vous ne pouvez faire
élection de l'un qu'en abandonnant l'autre. »

Pour l'aider dans son choix, l'évêque lui montre les grandeurs de Dieu dans un langage qui ne manque pas d'élévation : « Consultez la foi, lui dit-il, et elle vous dira que Dieu
est un bien si grand qu'il mérite bien d'être cherché avec
attente, peine et travail ; que devant que le posséder un
jour au repos éternel, sans divertissement et sans peine, il
est bien tolérable souffrir ici-bas quelque traverse en cette
attente ; que ce même Dieu est la source et origine de tous
les biens que vous trouverez ès choses du monde et qui
vous contentent si fort que vous avez peine de vous en séparer ; que ce qu'il a daigné communiquer à ses créatures
ne manque point en lui ; que ce qu'il départ à icelles

est en lui réuni, et ce qui est en elles de peu de durée
est en lui éternel..... L'esprit acquiesce à ces vérités, le
sens y contredit ; mais autorisez l'esprit par dessus les sens
et Dieu par dessus l'esprit..... Souvenez-vous qu'il est toujours en vous de vaincre si vous voulez. L'issue de ces
combats dépend entièrement de vos volontés. Ne mécon-
naissez pas la force de cette liberté que Dieu vous a donnée;
usez de cette prérogative à sa gloire et à votre salut. La
tempête cessera, le calme arrivera, et dès lors vous serez
très contente d'avoir été fidèle à celui qui vous y a tant
obligée (1). »

Cette personne se plaignait d'éprouver des maux de tête
en méditant. Richelieu lui conseille de se servir du livre de
M. de Beaulieu, pour s'éviter la peine de chercher les idées
sur lesquelles elle veut méditer. A son avis la méditation
comprend deux choses : les pensées et les affections. Les
pensées doivent être simples et sans recherche ; les affec·
tions au contraire doivent être vives, fortes et jaillir du
cœur.

Il convient de faire la méditation le matin et l'examen de
conscience le soir. Pour ce second exercice, il faut s'appliquer à considérer la justice de Dieu et sa bonté. La pensée
de la justice de Dieu nous aidera à corriger nos actions dé-
pravées. Il sera de même impossible de songer à sa bonté,
sans provoquer dans notre âme le désir de tendre à la perfection.

Toutes ces considérations sont assurément fort justes,
et surtout d'un caractère très pratique. Mais, ainsi que nous
le disions, l'onction y fait trop défaut. On n'y sent pas assez
l'accent d'un pasteur, d'un apôtre qui aime les âmes, et qui

_____

(1) AVENEL, *Lettres de Rich.*, t. Iᵉʳ, p. 38.

sait combien elles ont besoin d'être doucement encouragées pour s'affranchir de toutes leurs misères et marcher dans la voie de la perfection.

Richelieu n'est pas plus heureux dans le rôle de consolateur. Depuis un demi-siècle, l'étude de l'antiquité avait mis fort à la mode les lettres de consolation. Elles étaient devenues pour ainsi dire un genre de littérature à part, dans lequel aucun des beaux esprits de cette époque n'a manqué de s'essayer.

Saint François de Sales, du Perron, le P. de Bérulle, et d'autres moins illustres, ont sacrifié à ce goût et ont écrit des lettres philosophiques, destinées à consoler quelque infortune. L'évêque de Luçon suivit leur exemple, et sa correspondance comprend un certain nombre de lettres, dont quelques-unes sont assez longues, qu'il adressa à des familles en deuil. Mais il ne faut y chercher ni cette émotion profonde, ni ces cris du cœur qui jaillissent d'une âme compatissante. Pour panser des douleurs, il n'a que des considérations abstraites, métaphysiques, qui rappellent un peu la *consolatio ad Marciam* de Sénèque.

Ainsi il écrit à un fils qui a perdu son père : « Si les âmes fortes trouvent ordinairement en elles-mêmes le remède de leurs afflictions, que les plus faibles ne peuvent recevoir que par l'adoucissement que le temps leur apprête, ou par le secours d'une consolation empruntée, je ne doute point que votre constance n'arrête le cours de vos larmes ; mais d'autant que la grâce ne détruit pas tout à fait la nature, je sais bien que vous ne sauriez perdre, sans ressentir mille pointes d'une douleur extrême, celui que vous aimiez si chèrement... Toutefois, s'il vous plaît, après avoir essuyé vos yeux, de les jeter sur la nécessité de mourir qui nous est à tous imposée dès notre naissance, de considérer que tout est périssable, que le monde même (ce bel ouvrage de Dieu) sera réduit à néant, et enfin que la mort nous ravit chaque jour le temps que nous avons vécu, vous cesserez de regretter monsieur votre père, et ce d'autant plus que sa fin très chrétienne, conforme à sa vie, nous est une créance infaillible de sa félicité... (1). »

La mort de sa nièce, fille de Mme du Pont-Courlay, ne lui inspire que des considérations du même genre, qui semblent empruntées aussi bien à la philosophie stoïcienne qu'à l'Évangile. « Si je ne savais, écrit-il à sa sœur, que la consolation qui remet devant les yeux le sujet de l'affliction est mauvaise, je ne me lasserais point de vous entretrenir sur ce sujet et vous témoigner la part que je prends à votre mal ; mais sachant que le divertissement est le vrai remède des douleurs, je change de discours pour vous convier, mon frère et vous, à ne penser plus à cet accident qui vous est arrivé, si ce n'est pour vous réjouir du bonheur de cette petite âme que vous regrettez, et non vous affliger de ce que Dieu vous en a privés pour la posséder en son paradis (2). »

Il écrivait à un père dont le fils était malade : « Qui ferait état de passer cette vie sans traverse se mécompterait bien fort ; quelque prudence que l'homme puisse avoir, il doit se souvenir qu'on se trompe souvent aux choses mêmes auxquelles il semble qu'on est le mieux pourvu ; c'est pourquoi il faut s'armer de constance aux accidents qui arrivent tous les jours (3). » On croirait presque lire une traduction de Sénèque.

Ce n'est pourtant pas que la piété lui fît défaut. Sans doute

<hr>

(1) AVENEL, *Lettres de Rich.*, t. Ier, p. 44.
(2) AVENEL, *Lettres de Rich.*, t. Ier, p. 47.
(3) AVENEL, *Lettres de Rich.*, t. Ier, p. 34.

il n'avait pas les élans mystiques de saint François de Sales ;
mais tant qu'il fut évêque de Luçon, il fut un modèle de régularité et d'application aux choses de Dieu. Nous avons vu
avec quel soin scrupuleux il s'acquittait de tous les devoirs
de sa charge. Il aimait à entretenir des relations pieuses
avec les religieux et les religieuses de son diocèse, et il ne
manquait pas, dans toutes ses lettres, de se recommander à
leurs prières. Enfin il contribua de tout son pouvoir à la
réforme de plusieurs monastères, particulièrement de l'abbaye de Fontevrault ; et s'il fut choisi par Antoinette d'Orléans
pour être le confident de ses projets et le collaborateur de
ses bonnes œuvres, c'est que cette princesse le tenait pour
un prélat régulier, pieux et soucieux du salut des âmes.

Il était très dévot à Notre-Dame des Ardilliers. C'était un
sanctuaire célèbre de Saumur. Le culte de la Ste-Vierge y
datait du xv° siècle ; il y avait une fontaine miraculeuse.
Richelieu y venait souvent en pèlerinage. Plus tard il y con-
duisit le Roi et les deux Reines. C'est dans ce sanctuaire,
dont une chapelle avait été construite aux frais du cardinal,
que Louis XIII vint remercier la Ste-Vierge après la prise
de la Rochelle.

Cependant, malgré l'élévation de son génie, Richelieu
n'était pas exempt de quelque penchant aux superstitions
vulgaires. Les pressentiments, les pronostics et les présages
l'occupent. Il ne laisse pas de prêter quelque attention à
l'accomplissement de certaines prédictions, au sens de certains songes ; il ne s'étonne pas de la foi dans l'influence des
planètes, des jours heureux ou malheureux, et même il ad-
mettrait, s'il faut en croire divers passages de ses écrits,
la puissance de la magie et l'effet des sortilèges (1). Ainsi,

(1) AVENEL, *Lettres de Richelieu*, Introduction, p. 98. Marie de Médicis

dans ses *Mémoires*, il raconte gravement qu'un partisan enrichi, nommé Moysset, proposa au duc de Bellegarde de mettre à sa disposition des gens qui, à l'aide d'un miroir enchanté, lui feraient voir jusqu'où allait la faveur du maréchal d'Ancre et de la maréchale auprès de Marie de Médicis et lui procureraient le moyen d'avoir une part toute semblable dans la bienveillance de la Reine.

A propos de la mort de Henri IV, il expose longuement, et avec les détails les plus minutieux, les prodiges les plus étranges qui accompagnèrent ou suivirent cette catastrophe. Il est visible que ces faits merveilleux, dont il ne donne que de vagues explications, l'ont fortement ébranlé.

Mais il était surtout superstitieux quand il s'agissait de sa santé. Elle fut compromise de bonne heure ; ses historiens font remonter l'origine et la cause de ses premières douleurs au travail intense auquel il se livra pendant ses études théologiques. La fièvre le minait presque constamment ; dans ses *Mémoires* et dans sa correspondance il se plaint sans cesse de maux de tête qui l'accablent, lui enlèvent tout repos et lui interdisent toute application (1). Il confesse qu'il a la plus mauvaise tête du monde et « plusieurs le croiront aisément, ajoute-t-il en plaisantant, mais peut-être en un autre

n'était pas moins superstitieuse. « Elle réglait toutes les affaires de l'Etat par les prédictions des astrologues, et les avis des plus sages politiques ne l'emportaient pas sur les observations de Fabroni, qui dressait des figures de l'état du ciel sur toutes les choses de quelque importance qui regardaient cette princesse. Il est certain que, par hazard ou autrement, il réussit en diverses prédictions telles que la maladie du Roi ; en sorte que la Reine déférait à ces prédictions autant qu'elle aurait pu faire à de véritables oracles. » BENOIT, *Hist. de l'Edit de Nantes*, t. II, p. 33. Les observations de Fabroni se faisaient sur la colonne que Catherine de Médicis avait fait construire et qui se voit encore près de la Halle aux blés, à Paris.

(1) Il fut malade à Paris en 1608. En 1611, la fièvre le retint plusieurs mois dans son prieuré des Roches, près de Fontevrault. En 1612, nouvelles souffrances et douleurs de tête insupportables. En somme, la maladie fut la grande épreuve de toute sa vie. Sa santé ne fut jamais complètement rétablie.

sens que celui auquel je l'entends (1). » Parfois ses migraines
sont tellement violentes, « qu'il n'ose pas prendre la hardiesse d'écrire à la Reine, ayant l'esprit si mal fait. » Or,
pour obtenir un peu de soulagement, il employait souvent
d'autres remèdes que ceux que lui prescrivait son médecin
Citoys (2). Les drogues les plus équivoques ne le trouvaient
jamais incrédule. Il portait, dans ses jours de crise, un sa-
chet, venu de Perse, dans lequel était contenue une poudre
d'ossements humains. Le général des Chartreux lui ayant
envoyé en 1612 un crucifix et un bézoard (3), il s'empresse
de le remercier. « Je vous rends mille grâces de la croix que
vous m'avez envoyée ; je la conserverai chèrement, et m'en
servirai pour me mettre devant les yeux celui qu'elle a porté.
Je vous remercie aussi de votre bon bézoard qui m'est venu
fort à propos pour m'aider à me tirer d'une assez fâcheuse
maladie. Vous avez voulu marier les remèdes spirituels et
corporels, afin de procurer la santé de mon âme et tâcher de
rendre à mon corps celle dont il y a plus d'un an qu'il est
destitué. Je désire de bon cœur que vos remèdes produisent
leur effet en moi. Et, en cette considération, je mendie vos
prières, estimant qu'elles auront tant de force sur celui qui
la donne à tous les médicaments du monde, qu'il permettra
que son bois et vos prières me rendent tel que je dois et
souhaite être (4). »

(1) AVENEL, *Lettres de Rich.* t. I", p. 80.
(2) Ce médecin était de Poitiers et ami de la famille de Richelieu. Il soigna
l'évêque de Luçon à partir de 1609; plus tard, il l'attacha si complètement à son
service qu'il finit par devenir son secrétaire intime, comme Charpentier. Il avait
pour frère un avocat de Poitiers, chez qui descendait Richelieu quand il passait
par cette ville.
(3) Le bézoard était un composé de calculs ou de sécrétions animales, auquel on
attachait des vertus curatives presque miraculeuses. Donner un bézoard, c'était
faire un présent de prince. Richelieu en reçut un de Marie de Médicis pendant le
siège de la Rochelle.
(4) AVENEL, *Lettres de Rich.*, t. Ier, p. 99.

Ce souhait, où une piété assurément sincère s'unissait à tant de crédulité, ne devait pas être réalisé. Richelieu souffrit toute sa vie des infirmités précoces dont il se plaignait à 22 ans, et toute sa vie également il fut la dupe et la victime des charlatans et des empiriques (1).

Quand ceux-ci s'avouaient impuissants et que le mal persistait, il s'adressait directement à Dieu. On a trouvé parmi ses papiers la pièce suivante qui, au dire de M. Avenel, doit être rapportée à l'année 1621, quand il était si cruellement éprouvé par ses douleurs de tête :

« S'il plaît à la divine bonté, par l'intercession du bienheureux apôtre et bien-aimé S. Jean mon patron, me renvoyer ma santé et me délivrer dans huit jours d'un mal de tête extraordinaire qui me tourmente, je promets de fonder en ma maison de Richelieu une messe qui se célébrera tous les dimanches de l'année, et pour cet effet donnerai à un chapelain de revenu annuel 36 livres pour les messes qui seront célébrées en actions de grâce (2). »

Ce document prouve que chez Richelieu les croyances ne se bornaient pas aux grandes et fondamentales vérités du christianisme. Elles s'étendaient jusqu'aux pratiques de dévotion les plus confiantes et les plus naïves. Mais le caractère de l'impérieux ministre se retrouve même dans ses prières. Il ne donne à Dieu que huit jours pour le guérir de ses maux de tête. Passé ce délai, s'il n'éprouve aucun soulagement, il se regardera comme libre de tout engagement. Plus tard il n'agira pas autrement avec les princes de l'Europe. Dans

---

(1) Gui Patin raconte que, le jour même de la mort du Cardinal, on introduisit dans sa chambre un charlatan de bas étage qui fit prendre au malade de la fiente de cheval. Richelieu succomba quelques instants après ce singulier remède. *Lettres à Spon.*, t. Ier, p. 47 et 48.

(2) AVENEL, *Lettres de Richelieu*, Introd., p. 99.

ses négociations diplomatiques et dans ses traités d'alliance, il ne donnera jamais rien pour rien. Il ne se piquera ni de désintéressement ni d'esprit chevaleresque. Mais de la part d'un évêque, la générosité, du moins vis-à-vis de Dieu, eût été plus séante.

CHAPITRE VI

RICHELIEU ET SES AMIS

Sommaire. — Rapports de Richelieu avec l'abbé de la Cochère, le P. Joseph, le cardinal de Sourdis, du Vergier de Hauranne et Sully. — Opinion des évêques contemporains sur Richelieu.

Quand il s'agit d'un personnage aussi considérable que Richelieu, on n'arrive jamais à le bien comprendre, si on ne le replace pas dans le milieu où il a vécu. Il est particulièrement nécessaire de savoir quels ont été ses amis au temps de sa jeunesse, et de rechercher l'action qu'ils ont pu avoir sur le reste de sa vie.

Nous l'avons déjà dit, Richelieu avait à cette époque une réelle ouverture de cœur, une cordialité dans ses relations qui le rendait fort accessible au sentiment de l'amitié. Il ne faut pas oublier qu'il était dans tout l'épanouissement de sa jeunesse, et que les conspirations et les haines politiques n'avaient pas encore étouffé en lui les instincts généreux de sa nature. De plus, il était ambitieux, et il savait sans aucun doute que rien ne pouvait mieux servir ses rêves de grandeur que des amis influents. Il est donc intéressant de rechercher dans sa correspondance quels sont les personnages dont il gagna les bonnes grâces, qu'il séduisit par son esprit et qui s'associèrent plus tard à sa fortune. Relégué, comme il l'était, dans un modeste évêché de province, il eut le grand art de se lier avec des hommes de valeur; il

étudia à son aise leur caractère, leurs qualités et leurs aptitudes, et après les avoir pour ainsi dire préparés de longue
main, devenu premier ministre, il en fit les collaborateurs
et les instruments dociles de sa politique.

Nous ne savons pas comment il composa sa maison épiscopale. Sa correspondance contient une lettre à M. de
Coussaye, grand vicaire de Luçon; mais l'évêque le malmène de si rude façon qu'il est peu probable qu'il s'en soit
fait un ami.

Toutes ses prédilections étaient pour un chanoine de son
chapitre, Sébastien Bouthillier, abbé de la Cochère, qu'il
avait amené avec lui à Luçon et qu'il traitait comme un
ami d'enfance.

Les relations de la famille de Richelieu avec les Bouthillier étaient fort anciennes. Le grand-père maternel de
l'évêque de Luçon, François de La Porte, avocat au Parlement de Paris, avait eu pour principal clerc Denis Bouthillier et lui avait laissé son étude et sa clientèle. Celui-ci, qui
appartenait à une bonne famille d'Angoulême, devint dans
la suite un personnage assez considérable, grâce à ses talents et à sa fortune, mais il resta toujours l'ami de son
ancien patron. Avant de mourir, Amador de La Porte lui
recommanda instamment ses petits-fils que la mort du
grand prévôt avait laissés orphelins et sans ressources.
Denis Bouthillier accepta cette sorte de legs et l'exécuta
avec un véritable sentiment de reconnaissance pour l'homme
auquel il devait en partie sa situation. Il reçut dans sa
maison les fils du marquis de Richelieu et s'occupa d'eux
avec une sollicitude toute paternelle. Tant qu'il fut élève du
collège de Navarre ou du collège de Lisieux, Armand vécut
dans la famille de Denis Bouthillier et devint l'ami des

quatre fils de son protecteur (1). On comprend donc que, nommé évêque de Luçon, il se soit attaché Sébastien, abbé de la Cochère, et l'ait pourvu d'un canonicat dans son chapitre.

Ils vivaient tous les deux dans une parfaite intimité. Le chanoine était un homme habile, rompu aux affaires et qui, par le charme de sa conversation et par ses nombreuses relations de famille, se trouvait en mesure de rendre les plus grands services à l'évêque. Aussi Richelieu prit-il de bonne heure l'habitude de lui confier les missions les plus délicates.

En 1610, il le chargea d'aller régler à Paris des questions d'intérêt; peut-être même lui demanda-t-il en outre de sonder le terrain et de voir si le jeune évêque, qui se fatiguait de la solitude de son évêché, avait quelque chance d'être reçu avec faveur à la cour. Le chanoine s'acquitta de cette double commission avec le plus grand zèle, comme en témoignent quatre lettres qu'il écrivit à Richelieu pendant son séjour à Paris et qui sont aux Archives des Affaires étrangères. Ces lettres, qui furent expédiées à Luçon au moment de la mort du Roi, donnent les détails les plus intéressants sur cet événement qui produisit une si douloureuse impression dans tout le royaume.

La première, qui est du 16 mai 1610, présente un récit complet, et pour ainsi dire par un témoin oculaire, du meurtre de Henri IV. L'abbé de la Cochère fait le tableau de la douleur si spontanée et si profonde qui éclata dans

---

(1) Mme d'Arconville, *Vie de Marie de Médicis*, appendice. Richelieu fut utile à toute la famille de Denis Bouthillier. Claude, l'aîné de ses fils, fut nommé surintendant des finances. — Il était le père de Chavigny, qui à son tour devint aussi ministre. — Sébastien fut promu évêque d'Aire en 1623. — Victor, d'abord évêque de Boulogne, fut élevé dans la suite sur le siège archiépiscopal de Tours. Enfin, Denis, qui était tout dévoué à Richelieu, fut placé auprès de la Reine mère en qualité de secrétaire des commandements. Il eut pour fils l'abbé de Rancé, le célèbre réformateur de la Trappe, dont Richelieu lui-même fut le parrain.

Paris à la nouvelle de cette catastrophe. Il n'omet aucun détail ; il sait que son évêque veut être mis au courant des moindres circonstances, et que ses lettres seront lues avec assiduité à Luçon. Que de rêves vont s'écrouler en apprenant cette catastrophe !

Il raconte avec la plus grande exactitude la séance du Parlement, dans laquelle Marie de Médicis se fit donner la Régence avec pleins pouvoirs pour l'éducation du Roi et l'administration du royaume.

Ce même jour, il a eu occasion de voir le cardinal du Perron. L'illustre polémiste, qui connaît l'évêque de Luçon et qui a dirigé ses débuts dans la chaire, parle sans cesse de lui dans les termes les plus flatteurs. « J'ai su, dit le chanoine, que comme on parlait il y a quelques mois en sa présence des jeunes prélats de France, et que quelqu'un vint à vous nommer, Monsieur le Cardinal dit alors qu'il ne fallait point vous mettre parmi les jeunes prélats, que les plus vieux vous devaient céder et que, pour lui, il en désirait montrer l'exemple aux autres. M. de Richelieu, à qui on le dit, me l'a rapporté en ces propres termes.

« Voilà, Monsieur, tout ce que je puis vous faire savoir. Excusez-moi, s'il vous plaît, si c'est en mauvais ordre et en mauvais termes ; car je n'ai pu encore me bien remettre de l'accident qui est advenu » (la mort du Roi). — Et il ajoute cette réflexion qu'on retrouve presque mot pour mot dans les *Mémoires* de Richelieu : « J'oserai vous dire que je n'eusse jamais pensé qu'une perte commune m'eût pu tant affliger en mon particulier (1). »

Six jours après, 22 mai, nouvelle lettre sur la situation de Paris. « Je me contenterai de vous dire que tout est fort pai-

---

(1) *Archives des Affaires étrangères.* France, t. 767, f° 173.

sible en cette ville, et qu'au lieu des malheurs qu'on avait occasion de craindre, il y a grand sujet d'espérer que toutes choses iront bien. L'autorité de la Reine est très grande et chacun se promet qu'elle en usera selon la grande prudence et la piété qu'on reconnaît en elle. »

L'abbé de la Cochère, qui est de bonne maison et qui a ses entrées chez les plus grands seigneurs, ne reste pas inactif à Paris. Il voit le P. Cotton, si influent sous le dernier règne, et lui remet une lettre de Richelieu ; il rend aussi une visite à M. de Souvré, gouverneur du jeune Roi, ainsi qu'à Concini, le futur maréchal d'Ancre, et au cardinal de Sourdis, archevêque de Bordeaux ; il constate partout que l'évêque de Luçon est tenu en très haute estime.

Il ne néglige pas les nouvelles politiques. « Les protestants ont fait mine de remuer, mais la Reine a déclaré qu'elle les voulait maintenir en liberté des édits ; de quoi je m'assure qu'ils se contenteront, car autrement ils se perdraient. »

Il raconte aussi par le menu les intrigues de la cour et les actes de faiblesse de la Reine. « Quant à ce qui se passe ici, l'état des affaires n'est pas encore permanent. La Reine a accordé à M. le comte de Soissons le gouvernement de Normandie ; M. le prince de Conti s'en est fort offensé et pressait instamment pour avoir le gouvernement du Dauphiné qu'elle avait donné à M. le comte en faveur de son mariage. Mais la Reine l'a contenté en lui donnant le gouvernement du Lyonnais, Forez et Baujolais. On tient pour assuré que M. le prince de Condé sera dans trois semaines à Paris. Je vous envoie copie de la lettre qu'il a écrite à Madame sa mère.

« Au reste, Monsieur, on tient que les obsèques du feu Roi se feront bientôt. Il y a deux évêques qui feront deux

oraisons funèbres : M. d'Angers à Notre-Dame, et à Saint-
Denis M. d'Aire, après lequel on envoya, étant déjà parti
pour retourner à son évêché. Ç'eussent été des actions
dignes de vous si vous vous fussiez trouvé ici. C'est beaucoup d'honneur à ces Messieurs d'être employés. Je ne crois
pas toutefois que cela leur apporte de grands avantages (1). »

Le bon chanoine avait évidemment une excellente opinion de l'éloquence de son évêque. Mais, on le voit, il lui dit,
pour le consoler, que ses rivaux retireront de leurs discours
plus d'honneur que de profit. Il faut croire qu'à cette époque
le désintéressement n'était pas la première vertu des prélats
de cour.

L'émotion causée par la mort du Roi n'est pas encore
calmée. « On a eu nouvelles que Sa Sainteté a fait faire
fort solennellement les obsèques et l'oraison funèbre du feu
Roi. On a fait de même à Lyon ; mais j'ai su qu'en la plupart des évêchés de France on ne fera qu'un service solennel
où assistera tout le peuple. »

L'abbé de la Cochère, après avoir donné une foule d'autres renseignements sur l'assemblée du clergé qui devait
se tenir au mois d'août, sur les compétitions de M. de
Souvré et du « seigneur Conchine », pour avoir les abbayes de Marmoutiers et Saint-Florent, et sur l'armée du
maréchal de la Châtre, qui allait être envoyée au pays de
Clèves, termine par ces mots où percent la vivacité de son
affection et l'ardeur de son dévouement pour Richelieu :
« Je ne puis m'empêcher de vous faire de longs discours.
Je vous en demande pardon. Je serais encore plus long si
je me mettais à vous dire l'extrême regret que je ressens

____

(1) *Archives des Affaires étrangères*. France, t. 767, f° 205 et suiv.

d'être éloigné de vous (1). » — Dans une autre lettre du
25 juin il lui dit : « J'ai pris la plume pour le désir que j'ai
de ne laisser échapper aucune occasion de vous écrire ; car
encore que j'appréhende que mes lettres ne vous soient im-
portunes, je ne puis toutefois me priver de la seule consolation qui me reste, étant éloigné de vous. »

L'abbé de la Cochère s'intéressait particulièrement à
l'éloquence et il savait que les nouvelles religieuses ne pi-
queraient pas moins la curiosité de Richelieu que les nouvelles politiques. « Depuis ma dernière, on a fait en cette
ville plusieurs oraisons funèbres sur la mort du feu Roi.
J'en ai ouï deux du Père Portugais et du sieur Coëffeteau.
Celui-là la fit à Saint-Jacques et cestuy-ci à Saint-Benoît. Le
premier ne répondit pas à sa réputation, et le second la
surmonta ; car il n'est pas des plus heureux à parler en
public, n'ayant pu acquérir ensemble la grâce de bien écrire
et celle de bien prêcher. L'un a comparé notre Roi avec
David ; l'autre, n'estimant pas qu'un seul Roi fût digne d'être
comparé avec un si grand prince, compara le commencement, le progrès et la fin de sa vie avec celle de David, de
Salomon et de Josias. Ce serait folie de vous en vouloir
dire davantage, car j'espère vous faire voir les pièces en-
tières qui vous seront plus agréables que tous les échantil-
lons que je vous en ferais voir.

« On a fait dans toutes les églises de cette ville trois services par trois jours consécutifs, les églises étant fort bien
tendues de drap et même de velours noir, et à cette Saint-
Jean il ne s'est fait aucune réjouissance, étant du tout ense-
velie dans le deuil commun de toute la France....

« On amena mardi à Saint-Denis le corps du feu Roi

(1) *Archives des Affaires étrangères*, t. 767, f° 211.

Henri III, qui était à Compiègne. M. d'Epernon et le grand
écuyer le furent quérir et l'accompagnèrent, Mgr l'évêque de
Séez fut au devant. Il m'apprit l'autre jour une nouvelle qui
mérite d'être remarquée. A Dôle, qui est la ville capitale de
la Franche-Comté, on a condamné au fouet un de la ville
qui, étant en une taverne, louait le détestable parricide qui
avait été commis en France, et bénissait celui qui en avait
été l'auteur. Le Saint-Père a témoigné des regrets indicibles
de notre perte et voulut assister à l'oraison funèbre que
Séguier fit à Rome, aux obsèques du feu Roi (1). »

Il est regrettable que les Archives du ministère des Affaires
Étrangères ne possèdent pas d'autre lettre de Bouthillier.
Nous aurions aimé à savoir par lui comment se firent les
funérailles du Roi, et surtout à connaître son opinion sur
les oraisons funèbres qui furent prononcées à Notre-Dame
et à Saint-Denis, car il était bon juge en matière d'éloquence.

A la suite de ce voyage à Paris, où Richelieu vint le
trouver, l'abbé de la Cochère fut envoyé comme député à
l'assemblée du clergé qui se tint à Bordeaux en 1612.
L'évêque avait songé un instant à s'y rendre lui-même, puis
il jugea qu'il pouvait se faire remplacer par son fidèle chanoine et il lui donna procuration pour régler toutes les
affaires du diocèse. En écrivant au cardinal de Sourdis, il
lui dit que l'abbé de la Cochère « est homme à s'acquitter
dignement de cette charge ». Dans ses *Mémoires*, il lui rend
un témoignage qui n'est pas moins flatteur : il dit qu'il était
homme de cœur et d'esprit tout ensemble, et vante « son
adresse et sa fidélité » dans toutes les affaires qui lui furent
confiées.

(1) *Archives des Affaires étrangères*, t. 767, f° 214.

Richelieu s'attacha de plus en plus l'abbé de la Cochère.
En 1614 il le fit nommer doyen de Luçon, charge qu'il conserva jusqu'en 1619 (1). Déjà, depuis l'année précédente, il avait le titre d'aumônier de la Reine, et il est probable que Richelieu ne lui avait pas été inutile pour obtenir cette dignité.

L'abbé de la Cochère ne se montra pas ingrat ; car, lorsque la Reine mère se fut échappée de Blois, il décida par ses instances le duc de Luynes à rappeler l'évêque de Luçon d'Avignon. Trois ans plus tard, il fut chargé de solliciter à Rome le chapeau de cardinal pour son chef, et il s'acquitta de cette mission avec le plus grand succès. Aussi Richelieu, pour le récompenser de ses bons offices, lui fit-il donner l'évêché d'Aire.

La lettre suivante qu'il écrivit au Cardinal au moment de son entrée au ministère prouvera la vivacité et la cordialité de ses sentiments pour son illustre ami (2) :

Monseigneur,

J'ai appris que le Roi vous avait établi chef de son conseil, à mon retour d'un voyage que j'ai fait à une chapelle de la Vierge qui est au pied des monts Pyrénées. J'ai reçu cette nouvelle comme un effet des prières publiques qui ont été faites depuis longtemps pour le bien de ce royaume. Je ne doute point que toute la France ne s'en soit grandement réjouie, puisqu'en ces quartiers qui en sont des plus éloignés, tout ce que j'y connais d'honnêtes gens en a parlé comme d'une très grande bénédiction que Dieu avait envoyée à cet État. C'est à cette heure, Monseigneur, que vous ferez voir en vous-même l'expérience de ce que vous avez montré par de si hautes raisons, portant la parole en pleins États pour le clergé de France, que les bons ecclésiastiques étaient plus propres que tous les autres à servir utilement le Roi dans ses conseils.

(1) Cf. Lettre de Bouthillier à Duvergier de Hauranne, 3 fév. 1619. Institut, fonds Godefroy, n° 268, f° 230.
(2) Bibl. de l'Institut, fonds Godefroy, n° 269, f° 209.

Vous ayant dit, il y a longtemps, que j'avais dessein d'écrire votre vie, ce m'est encore un contentement tout particulier que cette grande charge vous donne sujet de faire les excellentes actions auxquelles vos inclinations vous portent, et qu'elle vous mette en un théâtre si élevé qu'ayant tous les Français et tous les étrangers pour spectateurs, j'espère les avoir tous pour témoins irréprochables de ce que je dirai de vous à la postérité. Je sais que cet ouvrage mériterait une beaucoup meilleure plume que la mienne, mais il arrive souvent que l'affection et la diligence nous font égaler ceux qui nous surpassent. Au moins j'espère, de la bonté de Dieu, qu'il me fera la grâce de vivre en sorte qu'on ne croira pas que les obligations que je vous ai m'aient rien fait dire qui ne fût très véritable, vu même que vous avez toujours trouvé bon que, sans jamais user de flatterie, je suis demeuré, Monseigneur, votre très humble, très obéissant et très obligé serviteur,

Sébast. E. d'Ayre.

Du Mont-de-Marsan, le 26 mai 1624.

P. S. — Vous me permettrez, Monseigneur, de vous dire qu'en cette octave de la Pentecôte, en laquelle je vous écris, je n'ai pas demandé à Dieu qu'il vous donnât *Spiritum consilii, Spiritum fortitudinis, Spiritum scientiæ* dont vous êtes par sa grâce assez bien pourvu, mais bien *Spiritum gaudii,* afin que le chagrin qui se trouve souvent parmi les plus grandes prospérités ne trouve point de place en votre esprit pour altérer votre santé qui vous est plus nécessaire que jamais pour les grands effets que tout le monde attend de vous. Si vous me le commandez, je vous enverrai quelque petite relation de ce pays, dont je vous dirai par avance que le Roi y a un excellent serviteur en Monsieur de Poyane, gouverneur de Navarreins ; étant de l'humeur dont vous êtes de haïr les *Picoreurs,* je m'assure que vous aimerez l'homme du monde qui l'est le moins, quoique très courageux et vaillant.

L'évêque d'Aire n'eut pas le temps d'écrire cette vie de Richelieu qu'il avait projetée : perte irréparable pour l'histoire, car personne n'eût été plus en mesure que lui, à raison de sa vieille amitié, de nous fournir des renseignements précieux sur la jeunesse du grand homme d'Etat. Il mourut en 1625, à l'âge de 44 ans.

S'il avait vécu quelques années de plus, au moment de la toute-puissance du Cardinal, il est probable qu'il serait devenu l'un de ces évêques généraux, amiraux ou diplomates dont le Cardinal aimait à s'entourer, et chez lesquels il trouvait souvent plus de finesse et toujours une obéissance plus aveugle que chez les laïques. Qui sait même si ce Sébastien Bouthillier, qui avait été pour lui un ami d'enfance et de jeunesse et à qui il avait déjà confié tant d'affaires délicates, n'aurait pas joué auprès de lui ce rôle de conseiller intime qui devait appartenir au Père Joseph?

Celui-ci est sans contredit le plus illustre des amis de l'évêque de Luçon. La première rencontre de ces deux grands esprits se fit au monastère de Fontevrault en 1611.

Le Père Joseph, dans le monde François Le Clerc du Tremblay, après une éducation très soignée et de brillants faits d'armes en qualité d'officier, était entré dans l'ordre des capucins à l'âge de vingt-deux ans (1). C'était une nature ardente, généreuse, qui savait allier aux élans les plus mystiques une rectitude de raison, une dextérité dans les affaires et une ténacité de volonté qui eussent bien mieux convenu à un homme d'Etat qu'à un moine. Il se livra avec

---

(1) Il n'est peut-être pas inutile de signaler ici certains traits de ressemblance assez frappants entre la vie du P Joseph et celle de Richelieu. Le P. Joseph, né en 1577, avait huit ans de plus que le futur ministre de Louis XIII. Mais tous deux étaient de bonne noblesse. Comme Richelieu, le P. Joseph perdit de bonne heure son père; comme lui, il vit sa famille ruinée; comme lui, il passa par les troubles de la Ligue, non pas à Paris, mais sous les ombrages du Tremblay où ses rêveries solitaires ne purent que donner un tour plus mélancolique et plus austère a ses pensées; comme Richelieu, il fit de solides études; comme lui, il embrassa d'abord le métier des armes, comme lui enfin, devenu homme d'Église et même religieux, il alla à Rome pour achever de se former et s'initier aux habiletés politiques de la Cour Romaine. Une des raisons pour lesquelles Richelieu se l'attacha d'une manière si étroite, c'est qu'il parlait toutes les langues de l'Europe et même l'hébreu. On sait enfin que comme Richelieu il se piquait de poésie.

le plus grand zèle aux travaux apostoliques et devint bientôt
le plus célèbre prédicateur de son ordre. C'est à Paris, au
couvent de la rue Saint-Honoré, qu'il avait fait son noviciat
et qu'il avait débuté dans la prédication ; mais sur les instances du cardinal de Joyeuse, ses supérieurs l'envoyèrent
dans la province de Touraine, et c'est dans cette province,
au couvent de Saumur, qu'il demeura jusqu'à la fin de sa
vie.

De bonne heure, il s'était préoccupé de la réforme des
couvents. Il aurait voulu faire cesser cette vie large et facile
que menaient les religieux et les religieuses dans un trop
grand nombre de monastères, et il travaillait à réprimer ces
abus avec un zèle vraiment apostolique. En 1611, il fut
chargé de prêcher le carême à l'abbaye de Fontevrault : il
ne pouvait pas trouver une meilleure occasion de déployer
toutes les ressources de sa charité et de son éloquence. Cette
abbaye jouissait d'immenses revenus ; aussi, les religieuses
y avaient-elles introduit tous les divertissements de la vie
mondaine. Elles n'observaient plus le vœu de pauvreté, et
comme ce monastère en avait beaucoup d'autres sous sa
dépendance, il en résultait un grand scandale et un véritable
affaiblissement de la vie religieuse en France.

L'abbesse, Eléonore de Bourbon, tante du feu Roi, était
animée des meilleures intentions, mais elle ne se sentait ni
le courage ni les forces nécessaires pour mener à bien la réforme de son abbaye. Sur le conseil du Père Joseph, elle
avait demandé et obtenu comme coadjutrice sa nièce, Antoinette d'Orléans, veuve de Charles de Gondy, seigneur de
Belle-Ile. Celle-ci, qui était une fervente religieuse, ne
s'était résignée qu'à contre-cœur à quitter le couvent des
Feuillantines, à Toulouse, où elle vivait humble et obscure

11

depuis 1599, pour accepter la charge de coadjutrice auprès
de sa tante. Il ne fallut rien moins qu'un ordre formel du
Pape et du Roi pour la décider à obéir.

Elle vint donc à Fontevrault, mais elle ne cacha pas sa
répugnance pour les honneurs et pour l'autorité. Elle donna
à toutes les religieuses l'exemple de la régularité et de l'austérité ; mais sa présence ne suffit pas pour faire cesser toutes
les intrigues et pour supprimer les abus. Cependant, la parole. du P. Joseph, pendant ses prédications de carême,
avait produit une très vive impression sur les religieuses, et
plusieurs semblaient disposées à rentrer dans l'observance
de leurs vœux et de leur règle. Le terrain était donc admirablement préparé pour une réforme, lorsque, tout à coup,
à la fin du carême, le 26 mars 1611, l'abbesse Eléonore de
Bourbon mourut.

Le Père Joseph n'était pas homme à ne pas tirer parti de
cet événement qui servait si bien ses projets. Il pressa
aussitôt Antoinette d'Orléans de prendre la direction de la
communauté. Mais la coadjutrice s'y refusa, déclarant
qu'elle avait toutes les supériorités en horreur, principalement dans ces grandes maisons où il y a beaucoup d'éclat (1).
D'ailleurs, depuis qu'elle était à Fontevrault, elle avait perdu
tout espoir d'y faire prendre l'esprit qu'elle désirait, et elle
ne voulait pas assumer la responsabilité des désordres que
sa conscience condamnait, sans pouvoir y porter remède.
Le Père Joseph multiplia inutilement ses efforts pour la faire
changer de résolution. Il ne réussit ni à la convaincre ni à
l'ébranler dans ses desseins.

Dans son embarras, il recourut à l'évêque de Luçon et

(1) Le Pré Balain, *Vie manuscrite du P. Joseph.* — Copie du couvent de la
rue de la Santé. Paris.

lui demanda de venir joindre ses instances aux siennes pour essayer de fléchir cette résistance imprévue. Richelieu résidait tout près de là, dans son prieuré des Roches. Depuis plusieurs années il était en relations avec la coadjutrice de Fontevrault; il recevait ses confidences et lui donnait des avis pour la direction de sa conscience. Dans une lettre qu'il lui adressait en 1609, après s'être félicité de recevoir des témoignages de souvenir « d'une personne si étroitement liée à Jésus-Christ », il lui faisait les offres de service les plus empressées : « Vos commandements, lui dit-il, m'éprouveront en toute occasion, vous assurant qu'ils seront bien difficiles s'ils ne me sont pas aisés, avouant n'en pouvoir recevoir de votre part que je n'exécute volontiers, en votre considération et en celle de Dieu qui est la seule fin que vous regardiez (1). »

Le P. Joseph, qui sans doute connaissait ces relations, crut faire un coup de maître en appelant Richelieu à son secours. « On l'envoya supplier, dit Le Pré Balain, de venir consoler ces religieuses et de tâcher, avec son éloquence, de persuader à Mme d'Orléans d'accepter la charge d'abbesse. Il y arriva et ne put rien gagner. Ce que voyant, lui et le Révérend Père résolurent d'aller à Fontainebleau, où était la Cour, afin d'obtenir que Mme d'Orléans ou Mme de Lavedan, aussi nièce de la défunte, fussent nommées, l'une ou l'autre, en cette charge comme seules capables de l'exercer utilement. » Et Le Pré Balain ajoute dans un style d'une emphase si pittoresque : « Où vous remarquerez que ce fut la première entrevue de ces deux grands esprits, la première affaire qu'ils ont traitée ensemble, et dès lors ces deux puissants génies *s'ajustèrent* si bien qu'aussitôt qu'il eut reçu

(1) AVENEL, *Lettres de Richelieu*, t. Ier, p. 42.

l'ordre du gouvernail de cette monàrchie et qu'il se re-
connut être l'Atlas de la France, il demanda au Pape
et au Roi le Père Joseph pour le soulager d'un si grand
faix (1). »

Ce voyage à Fontainebleau fut d'une importance capitale
pour Richelieu. Dans sa pensée, l'affaire de Fontevrault
n'était que secondaire ; elle était un excellent prétexte pour
voir la Reine, se faire connaître d'elle, se faire apprécier et
peut être obtenir quelque dignité, ou tout au moins une marque d'estime et de confiance. Il comptait bien, du reste, sur
la bonne amitié du P. Joseph pour servir ses desseins. Il lui
était si facile, à lui qui avait renoncé au monde et qui n'était
qu'un pauvre religieux sans ambition et sans vues inté-
ressées, de louer son ami et de mettre en lumière ses qualités
et ses mérites !

Les prévisions de l'évêque de Luçon se réalisèrent en partie. La Reine lui fit bon accueil, et s'occupa avec bienveillance de l'affaire que les deux amis venaient lui soumettre.
Sur leur conseil, elle laissa Antoinette d'Orléans libre de
satisfaire son goût pour la solitude, et, par un arrêt, elle permit aux religieuses de Fontevrault de se choisir une
supérieure.

Ce point réglé, le Père Joseph crut le moment opportun
de parler à Marie de Médicis de son compagnon de voyage.
Il lui raconta le rôle important qu'il avait joué dans la réforme de Fontevrault, il vanta son éloquence, son habileté,
la sagesse de ses conseils, son expérience des affaires, enfin
son dévouement au Roi et à la Reine.

Ce chaleureux plaidoyer n'eut cependant pas un résultat
immédiat. Car, soit qu'elle se défiât de ces éloges et les jugeât

____

(1) Le Pré Balain, *Vie du P. Joseph.*

excessifs, soit qu'elle crût plus sage d'attendre avant d'accorder quelque faveur à l'évêque de Luçon, la Reine le laissa repartir sans avoir rien fait pour lui. Néanmoins, on peut être certain qu'elle avait été frappée de l'intelligence et de la finesse de ce prélat qui avait si grand air sous ses habits épiscopaux, et qui ajoutait aux charmes de la jeunesse une parole si persuasive et une si remarquable maturité d'esprit. S'il est vrai, comme on le dit, que les premières impressions soient les plus décisives et les plus durables, il est permis de penser que celle que garda la Reine de cette entrevue fut tout à l'avantage de Richelieu.

A peine de retour dans le Poitou, l'évêque de Luçon se hâta de terminer l'affaire de Fontevrault. Antoinette d'Orléans se retira au monastère de l'Encloître, où elle fonda l'ordre des Filles du Calvaire. Quant aux religieuses de Fontevrault, elles se réunirent et élurent pour abbesse Mme de Lavedan. Richelieu obtint pour elle les bulles de la cour de Rome et procéda lui-même à son intronisation. Il avait lieu d'être satisfait de ses démarches et de ses efforts; car Mme de Lavedan dirigea ce grand monastère avec une remarquable supériorité.

Richelieu, qui, dans cette circonstance, avait travaillé avec le zèle le plus louable à la réforme de la célèbre abbaye, et qui dans la suite devait donner une si vive impulsion à la restauration religieuse en France, aura le droit de se rendre ce témoignage dans son Testament politique: « Quand je considère qu'en mes premières années la licence était si grande dans les monastères d'hommes et de femmes qu'on ne trouvait en ce temps-là que des scandales et des mauvais exemples là où l'on doit chercher de l'édification, j'avoue que je ne reçois pas peu de consolation de voir que ces désordres ont été si absolument bannis sous votre règne, que maintenant les confidences et le dérèglement des monastères soient plus rares que les légitimes possessions et que les religions bien vivantes ne l'étaient en ce temps-là (1). »

Le Père Joseph résidait au couvent de Chinon. Richelieu ne passait jamais par son prieuré des Roches sans inviter son ami à venir l'y voir. Il ne craignait même pas de lui demander des services. Ainsi, dans une lettre de 1611, il le priait d'intéresser le lieutenant criminel, qui était de ses parents ou de ses amis, à une affaire importante qui lui était fort à cœur. « Vous pouvez croire, lui dit-il, que si elle n'était pas juste je ne m'en voudrais pas mêler, et moins encore y demander votre assistance. Mais sachant véritablement comme elle s'est passée, et ayant grande connaissance de votre charité, je ne crains pas que vous soyez importuné de la démarche que je vous fais, et vous conjure encore d'apporter ce que vous pourrez pour la conservation du bon droit de celui à qui elle touche (2). »

Nous avons dit ailleurs le concours que prêta le P. Joseph à Richelieu pour l'installation des capucins à Luçon et aux Sables-d'Olonne. Il est à croire qu'il lui rendit d'autres bons offices (3) ; car à peine arrivé au ministère, en 1624, Richelieu lui écrivait cette lettre significative, qui est la preuve la plus irrécusable de sa reconnaissance et de son affection pour l'humble religieux : « Comme vous êtes le principal agent dont Dieu s'est servi pour me conduire dans tous les honneurs où je me vois élevé, je me sens obligé de vous en mander les premières nouvelles, et de vous apprendre qu'il

(1) Richelieu, *Testament politique*, t. Ier, p. 104.
(2) Avenel, *Lettres de Rich.*, t. Ier, p. 64.
(3) Il est bon de rappeler que le P. Joseph était le confesseur de l'évêque de Luçon, et cela prouve jusqu'où allait leur intimité et ~~leur mutuelle~~ confiance.

a plu au Roi me donner la charge de son premier ministre à la prière de la Reine ; mais en même temps je vous prie d'avancer votre voyage et de venir au plus tôt partager avec moi le maniement des affaires. Il y en a de pressantes que je ne veux confier à personne, ni résoudre sans votre avis. Venez donc promptement recevoir les témoignages de toute l'estime qu'a pour vous. — Le Card. DE RICHELIEU (1). »

L'évêque de Luçon avait pour métropolitain le cardinal François de Sourdis, archevêque de Bordeaux. Élevé fort jeune à cette haute dignité ecclésiastique par la faveur de sa cousine germaine, Gabrielle d'Estrées, il alliait à un grand zèle pour ses devoirs d'évêque une humeur turbulente et une fierté de caractère qui lui faisaient beaucoup d'ennemis. « Il le portait haut, dit Tallemant des Réaux, mais il réglait fort bien son diocèse. » C'est lui qui osa dire un jour au prince de Condé, qui lui avait reproché d'avoir la tête bien légère : « Ce n'est pas dans la vôtre que j'irai chercher du plomb. »

Sa famille était originaire de Châtillon-sur-Sèvres dans le bas Poitou. Il avait commencé ses études au collège de Navarre, mais les troubles de la Ligue étaient survenus et le bouillant écolier s'était empressé de quitter les livres pour prendre les armes. Il assista avec son père au siège de Chartres ; puis, lorsque sa cousine eut gagné les bonnes grâces du Roi, il se laissa pousser dans les ordres ; seulement, avec la ténacité indomptable de son caractère, il vou-

---

(1) AVENEL, t. II, p. 3. Cette estime et cette affection durèrent jusqu'à la mort du P. Joseph. Quand le saint religieux tomba malade, Richelieu « le visita plusieurs fois chaque jour de sa maladie et y demeurait fort longtemps, témoignant les regrets qu'il avait de voir éteindre ce grand flambeau qu'il avait eu si longtemps proche de soi ». — Au dernier moment l'affliction du Cardinal fut telle qu'il se trouva malade. On l'entendait répéter avec des sanglots : « Où est mon appui? Je n'ai plus d'appui ! — (*Le testament et les dernières paroles du P. Joseph*, par une fille du Calvaire, Bibl. Poitiers, n° 281, f** 22 et 33.

lait se rendre capable de remplir les fonctions qu'on lui destinait. A vingt ans passés il eut le courage de revenir sur les bancs et de se faire l'élève des Franciscains. Lui qui venait de manier le mousquet, il reprit le vieux Despautères et se mit à apprendre par cœur le rudiment. Ses progrès furent très rapides ; après les belles lettres, il aborda la théologie et étudia successivement le dogme, la morale, le droit canon et la liturgie. Il suffit de parcourir les ordonnances synodales de son épiscopat pour se convaincre de la compétence qu'il avait acquise dans chacune de ces sciences.

On le voit, il y avait plus d'un trait de ressemblance entre le suffragant et le métropolitain ; tous deux étaient gentilhommes ; tous deux, après avoir été à Navarre, avaient commencé le métier des armes ; tous deux aussi avaient été faits hommes d'Église, plutôt par les circonstances que par une vocation supérieure ; tous deux enfin étaient devenus de savants prélats et avaient apporté dans le gouvernement de leur diocèse une fermeté et un zèle dignes de louanges. Faut-il ajouter qu'ils étaient doués d'une ambition peu commune et que le souci de leur charge pastorale ne les empêchait nullement de se pousser sur le chemin des honneurs ?

Seulement l'archevêque de Bordeaux, par le bénéfice de son âge et de sa dignité, était de beaucoup en avance sur le jeune évêque de Luçon. Aussi, dès son arrivée dans son diocèse, Richelieu chercha-t-il à entrer en relation avec son tout puissant métropolitain. Il lui écrit plusieurs lettres qui restent sans réponse, mais cela ne le décourage pas. Il lui envoie un laquais pour prendre de ses nouvelles et lui remettre une autre lettre dans laquelle il lui dit : « Je ne puis vous dire le déplaisir que je reçois de voir que l'éloignement des

lieux et l'incommodité de la saison me privent de vous aller vi-
siter à Bordeaux ; car, outre le contentement que je recevrais
d'avoir l'honneur de vous voir, ce me serait une très grande
consolation de vous communiquer les affaires de ce pauvre
diocèse, les moyens que j'estime propres pour y avancer la
gloire de Dieu et les difficultés qui s'y opposent. Je vous en
entretiendrais franchement, ayant la connaissance que j'ai
de votre zèle (1). » Cette lettre fait également honneur aux
deux prélats ; elle montre qu'ils se préoccupaient des intérêts
spirituels de leur diocèse et que le plus jeune recherchait les
conseils de son collègue plus âgé et plus expérimenté pour
apprendre à gouverner son troupeau.

Quelques mois plus tard Richelieu s'adressait encore au
cardinal de Sourdis, mais cette fois dans un but moins désin-
téressé. L'assemblée générale du clergé allait se tenir l'année
suivante à Paris (1612). On sait que dans ces réunions, qui
avaient lieu tous les deux ans, les députés votaient le subside
destiné au Roi, et lui présentaient d'humbles remontrances,
soit sur les affaires religieuses, soit sur les affaires politiques.
Richelieu, avec la sagacité merveilleuse de son esprit, avait
compris qu'il pourrait jouer un rôle éclatant dans ces assemblées où l'éloquence était une cause certaine de succès.
C'était aussi pour lui une occasion de se présenter de nouveau à la Reine, et de faire la connaissance des membres
les plus influents de l'épiscopat. On conçoit donc qu'il ait
songé à poser sa candidature. Mais comme il sentait que sa
jeunesse était un obstacle à la réalisation de son projet, il
crut sage de solliciter l'appui du cardinal, convaincu que les
suffrages de ses collègues ne lui feraient pas défaut s'il était
soutenu par son métropolitain. Il lui écrivit donc le 25 no-

(1) AVENEL, *Lettres de Richelieu*, t. Ier, p. 64.

vembre 1611 : « Monseigneur (1), quelques-uns des diocèses circonvoisins m'ayant témoigné qu'ils désiraient me nommer pour être député en l'assemblée prochaine du clergé qui se doit tenir à Paris, j'ai cru vous devoir supplier de me faire savoir quelle serait votre volonté en cela, et si vous jugez que je puisse rendre quelque service au clergé, non seulement d'avoir agréable ce dessein, mais encore de le favoriser et de le faire réussir par votre autorité. Bien que vous ne puissiez employer personne en cette charge qui n'ait autant ou plus de capacité que moi, je puis dire avec vérité que pas un n'aura autant d'affection d'obéir à vos commandements (2). »

Il ajoute que, s'il n'était pas malade, il ferait le voyage de Bordeaux pour aller assurer le Cardinal de ses sentiments. Mais il préfère ajourner cette démarche pour que l'intérêt seul de sa candidature ne paraisse pas l'avoir inspirée. Malgré sa jeunesse, Richelieu s'entendait déjà à merveille à flatter ceux dont il avait besoin. Mais, dans le cas présent, toutes ses habiletés furent inutiles, car il ne fut pas élu député et son nom ne figure pas sur la liste des prélats qui prirent part aux délibérations de l'assemblée de 1612. Il dut attendre encore deux ans, c'est-à-dire la convocation des États généraux, pour trouver l'occasion qu'il cherchait de se produire.

Nous n'avons qu'un très petit nombre de lettres de l'évêque de Luçon à l'archevêque de Bordeaux. Mais il est permis de croire que leurs relations durent être fréquentes. En dehors des rapports hiérarchiques, une sympathie réciproque, et peut-être aussi cette vivacité d'allures qui leur

(1) L'étiquette voulait qu'on ne donnât ce titre de Monseigneur qu'aux cardinaux. Pour les simples évêques, on disait « Monsieur ». Ce n'est que plus tard, sous le ministère de Richelieu, qu'on les appela tous *Monseigneur*.

(2) AVENEL, *Lettres de Rich.*, t. Ier, p. 71.

était commune, devaient rapprocher ces deux prélats. Au début, Richelieu se montrait plein de déférence et de respect envers son supérieur. Il n'ignorait sans doute pas les démêlés qu'avait eus l'archevêque de Bordeaux avec son chapitre et le Parlement; mais il se garde d'y faire la moindre allusion. En toute circonstance il le félicite de son zèle, de sa charité, et de ses rares vertus qui le font admirer d'un chacun. « J'en ai, dit-il, une telle connaissance que je ne puis que je ne publie ce que toute la France publie avec moi; mais votre modestie, imposant silence à mes paroles, fait que je me contenterai de vous supplier de croire que je suis véritable (1). »

Dans une autre lettre il lui dit : « J'ai été infiniment édifié d'entendre le bon ordre que vous avez mis en votre diocèse et la grande dévotion que vous apportez à Bordeaux, de quoi j'ai loué Dieu de tout mon cœur ; ce sont des effets du zèle que vous avez à la gloire de Dieu (2). » Assurément il y a dans tous ces compliments une part d'exagération, et le désir de se concilier les bonnes grâces du Cardinal y est trop manifeste. Mais ce qu'il y a d'excessif dans ces louanges disparaîtra avec les ardeurs et l'inexpérience de la jeunesse, et fera place à une appréciation plus saine des qualités du Cardinal et de sa famille. Dans la suite (en 1620), Richelieu fera appel à ses conseils et à son influence pour l'aider à réconcilier Louis XIII avec sa mère; et, devenu ministre, il prendra l'évêque de Maillezais (3), Henri de Sourdis, frère de l'archevêque de Bordeaux, le mettra à la

(1) AVENEL, *Lettres de Rich.*, t. Ier. p. 100.
(2) *Id.*, p. 101.
(3) L'évêché de Maillezais était dans la famille des Sourdis, comme celui de Luçon dans celle des Richelieu. Trois prélats de ce nom occupèrent le siège de Maillezais en moins de cinquante ans : Jacques de Sourdis, François de Sourdis et Henri de Sourdis.

tête de la marine et en fera un brillant amiral, inspiration vraiment heureuse qui atteste une fois de plus que Richelieu choisissait de préférence ses collaborateurs parmi les hommes qu'il avait pu connaître et étudier à loisir pendant son épiscopat.

Mais tous ceux qu'il s'était attachés durant cette période de sa vie ne conservèrent pas dans la suite son amitié ; quelques-uns même devinrent ses adversaires les plus déclarés. De ce nombre il faut citer du Vergier de Hauranne, abbé de Saint-Cyran.

On lit dans les Mémoires de Lancelot (1) : « La liaison du cardinal de Richelieu avec M. de Saint-Cyran avait commencé dès qu'il était évêque de Luçon et que M. de Saint-Cyran demeurait chez M. de Poitiers, de la maison de la Rochepozay, car ce prélat venait souvent s'y divertir. » Du Vergier de Hauranne était vicaire général de l'évêque de Poitiers. Il passait pour un homme instruit, spirituel et de grande piété. Il était en outre distingué de manières, et sa parole avait quelque chose de particulièrement doux et insinuant, qui captivait tous ceux qui l'approchaient. L'évêque de Luçon, qui faisait de fréquents séjours à Poitiers, comme l'attestent les nombreuses lettres qu'il s'y faisait adresser, subit comme les autres le charme de Du Vergier de Hauranne, et dès lors il s'établit entre eux les relations de la plus cordiale amitié (2).

---

(1) *Mémoires* touchant la vie de M. de Saint-Cyran, pour servir d'éclaircissement à l'histoire de Port-Royal. Cologne, 1701, 2 vol. in-12, p. 90.

(2) Malgré sa douceur habituelle, le vicaire général de Poitiers savait au besoin manifester des ardeurs belliqueuses. En 1614, lorsque le prince de Condé, révolté contre la Cour, tenta de s'emparer de Poitiers, il se heurta à une résistance à laquelle il ne s'attendait guère. L'évêque fit fermer les portes, tendre les chaînes, et attendit le Prince les armes à la main, à la tête des habitants. Devant cette attitude résolue, Condé dut renoncer à son dessein, mais, en se retirant, il se jura d'obtenir justice de l'offense que lui avait faite l'évêque de Poitiers. En attendant

Nous n'avons que deux lettres de Richelieu à du Vergier de Hauranne ; elles sont écrites dans ce style subtil et maniéré dont il ne se débarrassa que plus tard, quand la nécessité d'expédier un grand nombre d'affaires l'obligea à être clair, simple et concis. Dans l'une de ces lettres, il lui dit cette phrase caractéristique : « Je vous supplie de vous assurer que je vous honore avec la même ardeur que vous pûtes remarquer en moi lorsque nous nous ouvrîmes l'un à l'autre jusques au fond du cœur (1). » Il faut croire à la vivacité de ces sentiments, car dans une autre lettre il lui dit encore quelle estime il a pour ses mérites et quelle affection pour sa personne : « Au reste, je ne veux pas oublier à vous faire savoir que me sentant grandement votre obligé de la franchise avec laquelle vous vous portez à me vouloir du bien, je ne laisse de me plaindre de vous, mais à moi seul, de ce que vous me dépeignez avec des couleurs trop vives. A cela, je n'ai rien à dire, sinon que vous êtes volontiers comme quelques peintres qui ont l'imagination si bonne et si forte qu'il leur est impossible de s'empêcher de représenter avec avantage ce qui n'est pas parfait, et de plus si j'ai quelques parties des bonnes qualités que vous me donnez, ce sont celles qui me font connaître et estimer les vôtres, et qui me portent à vous aimer chèrement (2). »

De son côté, du Vergier de Hauranne ne demeurait pas en reste avec l'évêque de Luçon. Il lui adressait les assurances

l'effet de sa vengeance, et pour éclairer l'opinion publique sur le rôle de son chef, Du Vergier écrivit un savant ouvrage intitulé : *Apologie pour Henri-Louis Châteigner de la Rochepozay, évêque de Poitiers, contre ceux qui disent qu'il n'est pas permis aux ecclésiastiques d'avoir recours aux armes en cas de nécessité.* Comme le dit fort bien M. Avenel, cette thèse ne devait pas déplaire à l'évêque de Luçon qui eut toujours des inclinations belliqueuses et qui devait fonder en grande partie sur la guerre sa fortune et sa renommée.

(1) Avenel, *Lettres de Rich.*, t. Ier, p. 133.
(2) Avenel, *Lettres de Rich.*, t. Ier, p. 134.

d'amitié et les offres de service les plus chaleureuses. A l'occasion même il s'occupait de ses affaires ou de celles de son diocèse et s'y employait avec tout le zèle dont il était capable (1). La lettre suivante, qui date de novembre 1615 et que nous avons trouvée dans les archives de la famille de Richelieu, fera connaître la cordialité de leurs rapports. Elle a de plus l'avantage de présenter quelques détails curieux et inédits sur le mariage espagnol. On sait que le Roi avait dû se faire accompagner d'une armée pour aller au devant de la princesse espagnole qui lui était fiancée. Toute la cour s'était arrêtée à Bordeaux, pendant que la sœur du Roi, Élisabeth, poursuivait sa route jusqu'à la frontière, où devait avoir lieu l'échange des princesses. Du Vergier de Hauranne s'était joint au cortège et c'est de Bayonne, son pays natal, qu'il écrivit à Richelieu, qui probablement était à Bordeaux avec la cour : « Monsieur, si j'avais les yeux si bons que la volonté et la main, je ne vous donnerais point tant de peine à lire ma mauvaise lettre, et vous auriez plus de plaisir à lire par là même ce qui est arrivé à Madame par les Landes. Mais j'ai une défluxion sur les yeux qui m'empêche de regarder ; mais elle n'a su m'empêcher d'écrire, parce que je sais ce que je vous dois, ou plutôt ce que je veux vous devoir... Toutes les appréhensions, Monsieur, qui pour être grandes jusqu'au Mont-de-Marsan, durant le voyage de Madame, se sont évanouies à son arrivée à Bayonne, où elle est depuis deux jours, et croit-on qu'elle n'en bougera que le 5ᵉ de ce mois, et que les échanges ne se feront que le 7ᵉ, qu'on retournera le plus tôt à Bordeaux, et qu'on n'y séjournera, à ce que j'ai ouï dire de la bouche des principaux, que deux jours... »

(1) *Arch. des Affaires étrangères.* France, t. 770, fᵒ 19.

« Le roi d'Espagne ayant fait ses adieux, à Burgos, avec une incroyable tristesse, a continué néanmoins son chemin jusqu'à Victoria, marchant en homme inconnu (1); et croit-on qu'il viendra jusqu'à la frontière de la France. M. de Bayonne (2) fait ici une chère extraordinaire à ses amis, et quoique le pays soit disetteux en toutes choses, il le fait paraître riche. M. de Carcassonne et M. d'Alet y son aussi... Il est arrivé en cette ville une chose étrange, huit[t] jours avant l'arrivée de Madame: c'est que deux flamands, venant d'Espagne, et qui avaient autrefois étudié à Louvain, ayant conjuré contre la vie de notre Roi, l'un d'eux s'étant ravisé s'adressa à un cordelier et lui confessa le pernicieux dessein de son compagnon, et comme il avait rêvé de se cacher dans Bordeaux, le jour de l'entrée de la Reine, en un certain endroit proche du Roi pour le tuer, avec deux pistolets sur sa personne. La facilité du confesseur leur a donné moyen de s'échapper, et le remords de conscience qui l'a piqué quelques jours après de le découvrir à son supérieur, qui en a avisé les magistrats de la ville, qui en ont donné avis au Roi et lui ont envoyé le confesseur. Si cela est aussi public partout comme ici, on s'en prévaudra plus qu'il ne faut le désirer.

« J'ai des choses à démêler en ce pays avant de me résoudre à le quitter. J'attendrai cependant vos commandements et vous prierai, Monsieur, de les adresser à Bordeaux, et je n'ai garde de manquer à les effectuer de la façon qu'il vous plaira me les prescrire. »

<hr>

(1) ARNAULD D'ANDILLY (dans son *Journal,* p. 127) dit également que le roi d'Espagne s'est *travesti* pour accompagner sa fille jusqu'à la frontière.

(2) Bertrand Deschaux, de la famille des vicomtes de Baigorry en Navarre, fut sacré évêque de Bayonne en 1598. En 1611, il devint premier aumônier du Roi sans quitter son siège épiscopal, et en 1622, il fut promu à l'archevêché de Tours.

Et il termine en vantant son génie qui *surpasse en connaissance celui des législateurs et des princes.*

Les relations de Richelieu avec l'abbé de Saint-Cyran restèrent longtemps excellentes. Ils se voyaient non seulement à Poitiers, mais encore au prieuré des Roches et même au château de Richelieu, où l'évêque de Luçon donnait parfois l'hospitalité à son ami. Mais plus tard, quand l'abbé de Saint-Cyran propagea ses idées jansénistes, Richelieu, après avoir tout fait pour le retenir dans l'orthodoxie et l'obéissance à l'Église, rompit avec lui et le fit mettre à la Bastille (1). Le Ministre crut qu'il était de son devoir d'oublier sa vieille amitié d'autrefois, pour ne songer qu'au péril que courait l'Église et pour prévenir les maux qui pourraient en résulter.

Du Vergier de Hauranne n'est pas le seul que Richelieu ait flatté au temps de son épiscopat et qu'il ait ensuite combattu à l'époque de son ministère. Parmi les personnages auxquels, simple évêque, il faisait des protestations empressées et même assez humbles de dévouement et de services, plusieurs sont devenus ses ennemis. Il a jugé les uns avec une sévérité excessive dans ses *Mémoires* et il a poursuivi les autres avec un incroyable acharnement ; car personne n'a été plus tenace dans ses rancunes comme dans ses amitiés. Ce serait ici le lieu de faire l'histoire de ses rapports avec Le Coigneux, Claude de Vic, Phélypeaux de Pontchartrain, le Père de Bérulle et d'autres à qui il a témoigné au début tant de courtoisie et de bonne grâce et qui, dans la suite, ont été ses adversaires déclarés. Il faudrait citer encore

---

(1) Richelieu disait à M. le Prince : « Savez-vous bien de quel homme vous me parlez ? Il est plus dangereux que six armées ! » (Sainte-Beuve, *Port-Royal*, t. II, p. 21.)

le comte de Soissons, qu'il appelait un *grand prince*, « pour
qui toute la France faisait des vœux », et que dans ses *Mémoires* il traite de « prince au-dessous du médiocre ».
Mais ce trait de caractère, qui dénote à la fois tant de souplesse et d'habileté et une ambition si peu scrupuleuse, est
surtout frappant dans ses rapports avec Sully. Ces deux
grands hommes ne se sont nullement compris, et dans leurs
Mémoires ils se sont mutuellement traités avec une étonnante sévérité.

« Admirable instrument d'un grand Roi, travailleur infatigable, conseiller plein de sens, d'honneur et de lumières (1). »
Sully avait dû se retirer au commencement de la Régence ; mais il ne sut pas se résigner avec bonne grâce à
cette retraite inévitable. Il se fit donner une indemnité de
300.000 livres pour sa charge de surintendant et garda,
outre le titre de grand maître de l'artillerie, le gouvernement du Poitou. C'était partir sans dignité et sans désintéressement. Une fois hors des affaires, il fatigua les ministres
de ses réclamations et même, comme à Saumur, fit appuyer
ses prétentions par les protestants.

Il était encore surintendant, lorsque le jeune évêque de
Luçon lui demanda une diminution de tailles pour son
diocèse. La lettre qu'il lui écrivit à ce sujet est toute remplie
de formules humbles, polies et même obséquieuses. On
devine que Richelieu se sent un très petit personnage à côté
du ministre du Roi, et il se reproche presque de solliciter sa
bienveillance : « Ce que je n'eusse jamais osé, lui dit-il, si
je n'eusse su que ceux qu'avec vérité on peut dire grands,
plus encore pour les qualités qui sont en eux que pour leurs
charges, sont bien aises d'avoir occasion d'obliger leurs

____

(1) Duc D'AUMALE, *Hist. des princes de Condé*, t. III, p. 4.

inférieurs, pour faire paraître que, si leur pouvoir les rend recommandables, leur bonne volonté le fait encore davantage (1). »

Sa charge de gouverneur du Poitou permettait à Sully de rendre des services à l'évêque de Luçon. Celui-ci ne se fait pas faute de recourir à lui dans tous ses besoins. Il s'adresse à lui pour l'établissement de son séminaire et pour la restauration de sa cathédrale et de son évêché, demandant qu'on lui alloue quelques subsides sur l'état des dépenses de la province. En retour de ces faveurs, il promet une reconnaissance éternelle : « Si je suis ingrat du bien que je recevrai de vous, ce ne sera jamais que d'une ingratitude nécessaire, qui procédera de la grandeur de vos obligations (2). »

Il est malheureusement regrettable que ces beaux sentiments n'aient pas duré ; car quelques années plus tard Richelieu, oubliant les bienfaits qu'il avait reçus, consignait dans ses *Mémoires* les plus perfides insinuations sur la probité et l'honorabilité de Sully (3). Il ne se débarrassa pas moins vite des expressions si modestes et si pleines de déférence et de courtoisie dont il se servait à l'origine pour l'ami et le confident du feu Roi. Parvenu à son tour au ministère, il écrira encore à Sully ; mais ce ne sera plus qu'un billet froidement poli adressé à un vieux ministre oublié par un

---

(1) Avenel, *Lettres de Rich.*, t. Ier, p. 20.

(2) *Id.*, p. 92.

(3) Voici quelques textes des Mémoires de Richelieu qui se rapportent à Sully : « Ainsi il se vit contraint de se retirer au commencement de février, chargé de « biens que le temps qu'il avait servi lui avait acquis, mais d'envie par la grande « autorité avec laquelle il avait fait sa charge et de haine pour son humeur « farouche. » (*Mém.*, t. XXI, p. 95.) — « On peut dire avec vérité que les premières « années de ses services furent excellentes, et si quelqu'un ajoute que les dernières « furent moins austères, il ne saurait soutenir qu'elles lui aient été utiles sans « l'être beaucoup à l'État. » (*Id.*) — Un peu plus loin, il dit que Sully, qui était entré aux affaires avec 6.000 livres de rentes, en était sorti avec plus de 150.000. — Enfin, il remarque *que la chute de ce colosse* n'a entraîné personne dans sa ruine parce **qu'il n'avait point d'amis.**

ministre nouveau, qui commence une carrière presque royale, et qui se lève environné déjà de tout l'éclat de la faveur et du pouvoir.

En revanche, il faut reconnaître que Sully n'a guère mieux traité Richelieu. Il existe aux Archives des affaires étrangères (1) une lettre du gouverneur du Poitou annonçant à l'évêque de Luçon la convocation des États généraux. Mais cette lettre, d'un caractère impersonnel et dont le ton indique une sorte de circulaire adressée à tous les évêques de la province, ne fournit aucun indice sur les sentiments de Sully à l'égard de Richelieu. C'est dans les *Économies royales* qu'il faut voir la véritable expression de sa pensée. Voici comment il parle des débuts politiques de l'évêque de Luçon : « Et qui doute, aussi que moi et tout bon Français qui a du jugement, lequel voit ces trois créatures (Conchine, sa femme et Mangot, le garde des sceaux) avec leur Barbin et Luçon, régir tout le royaume, présider aux Conseils d'État, disposer des dignités, armes et trésors de France, et tenir Vos Majestés en servitude et comme esclaves de leurs fantaisies, ne tienne cela pour un prodige et excrescence pestiférée en l'État (2)... »

Et quant aux grandes choses que fit Richelieu pendant son second ministère, Sully les passe complètement sous silence. Il raconte en détail « les gestes de Louis le Juste, auxquels ne se peuvent égaler tout ce qu'ont jamais fait de plus signalé Charlemagne et Philippe-Auguste », et il trouve moyen de laisser ignorer l'action si prépondérante du grand ministre qui avait repris ses desseins et qui était en train de les réaliser avec tant d'éclat (3). Tant il est vrai que les

(1) *Arch. des aff. étrangères.* France, t. 769, f° 169.
(2) *Économies royales*, p. 492, édit. Michaud et Poujoulat.
(3) Richelieu ne dut pas être surpris de cette injustice, si l'on en croit cette

ministres déchus ont toujours eu peu d'indulgence pour les
continuateurs de leur œuvre, et que les ministres en charge,
aussi bien les grands que les petits, ceux d'autrefois,
comme ceux d'aujourd'hui, sont généralement sobres d'admiration pour leurs prédécesseurs.

En terminant ce chapitre, il ne sera peut-être pas sans
intérêt de rechercher quelle a été l'opinion des évêques français sur Richelieu avant son arrivée au pouvoir. Les grands
et les ministres ne semblent pas avoir deviné son génie. Les
évêques, au contraire, qui le voyaient de plus près et qui
pouvaient mieux juger de ses aptitudes et de ses talents,
lui sont unanimement favorables.

Nous connaissons déjà le témoignagne du cardinal du
Perron : à ses yeux, l'évêque de Luçon est l'un des plus
savants prélats de France, « à qui les plus vieux doivent
céder ».

François de Sourdis, archevêque de Bordeaux, le tient
en très haute estime ; il encourage ses débuts et lui donne
volontiers des conseils. Il s'intéresse à ses travaux, demande
souvent de ses nouvelles, et il déclare, en 1610, à l'abbé de
la Cochère qu'il voudrait voir son évêque à Paris pour être
à portée de profiter des événements.

L'évêque de Nantes, Charles de Bourgneuf, après avoir
raconté à Richelieu tout ce qui s'est passé à l'assemblée du
clergé de 1615 et lui avoir parlé de ses efforts pour faire
promulguer les décrets du Concile de Trente, termine sa
lettre par ce compliment : « Pour le présent, j'ajouterai que
M. de Bourgueil et moi, qui *sommes vos petits disciples,*

singulière remarque sortie de sa plume : « Tout homme qui a eu la faveur n'aime
« jamais ceux qui la possèdent après lui, quoiqu'il souffre un autre régner ; la raison
« est qu'ayant une fois épousé la faveur, il croit que tous ceux qui la possèdent
« après lui en sont adultères. » (*Maximes d'Etat et fragments politiques,* par
M. HANOTAUX, p. 788.)

avons eu grande joie de voir par représentation notre
maître en la personne de M. d'Orléans, auquel obéissant,
nous estimons que vous ne le pouvez avoir moins agréable
que si vous-même vous nous commandiez, puisque (vous) le
tenez au même degré que nous vous faisons (1). »

L'évêque de Bayonne lui écrit le 30 juillet 1615 : « Monsieur, si ma plume était autant diserte pour vous extoller
selon votre mérite que vous êtes puissant, par une trop
profonde humilité et grande modestie, à vous rabattre vous-
même jusqu'au centre de la plus grande inanition que l'on
peut imaginer, l'ardeur de vos rares et singulières qualités
serait plus répandue à tout le moins par notre France...
Mais n'étant pas du nombre de ceux que le sort a voulu produire pour éloquents, il faut que je me contente d'exprimer
la vérité toute pure et toute nue, en termes fort courts et fort
précis, que vous êtes sans cajolerie quelconque autant aimable qu'estimable, et que les qualités que par quelque
espèce d'attribution et seule opération d'entendement vous
supposez en moi, seront sans intermission quelconque toutes
employées aux effets de votre amour et de votre estime tout
ensemble (2). »

En 1612, l'évêque d'Orléans, Gabriel de l'Aubespine, le
complimente sur ses travaux de controverse (3) : « Monsieur,
je reçus toutes vos lettres, et me plains que vous étant mis à
la controverse, vous ne m'en mandiez rien, et ayant amené
deux Anglais pour vous y servir, vous ne m'en ayez ni
parlé ni écrit. Il semble que ce soit à tromper son compagnon. Mais je vous veux faire le moyen d'en sortir que j'ai
appris, qui est de bien apprendre leur opinion avant de se

(1) *Arch. des aff. étrangères.* **France, t. 770, f° 43.**
(2) *Id.*, t. 770, f° 50.
(3) *Id.*, t. 768, f° 232.

mettre à lire la nôtre. Je me réserve à la première vue de vous en faire reproche, et m'en venger par vingt arguments que je vous ferai en *baroco*. »

« *P. S.* — Il court ici le bruit que la Reine vous envoie à « la Rochelle pour haranguer les habitants. »

Une autre fois, ce même prélat qui, évidemment, était l'un des meilleurs amis de Richelieu, lui écrit : « Vous me « faites écrire d'aller à la campagne et me résous d'être à « carême venant à Orléans, pour y séjourner quelque temps « et y étudier, un peu pour vous imiter et comparer mes « études et mes passe-temps à vos entretiens. Vous faites « bien de prendre un peu d'exercice ; étant sédentaire et « solitaire, ce divertissement est nécessaire. » Il termine en lui disant qu'il tient beaucoup à son affection et que ses collègues lui font un reproche de ne vouloir aimer que M. de Luçon (1).

Les laïques eux-mêmes font le plus grand éloge de son amour pour l'étude. M. d'Alincourt, qui le connaissait depuis son voyage à Rome, lui écrit en 1612 : « J'ai toujours « fait grand état de votre courage aux choses spirituelles « et ecclésiastiques, et maintenant que vous étudiez si « âprement vous en augmentez l'opinion, estimant que « vous ne prenez pas tant de peine sans quelque grand des- « sein et qui doive être utile à l'Église, et combien que « vous vous cachiez de vos amis, ils ne laissent de s'en ré- « jouir et de vous souhaiter autant de force et de santé qu'il « est nécessaire pour servir à un dessein si généreux. Vous « envoyez quérir force livres des hérétiques, et si n'aviez vos « facteurs et vos agents en cette ville, je m'offrirais d'en « être le marchand (2). »

(1) *Arch. des aff. étrangères.* France, t. 768, f⁰ 208.
(2) *Id.* France, t. 768, f⁰ 213.

Enfin Claude de Vic, qui sera plus tard l'un de ses
ennemis les plus passionnés, rend hommage à ses vertus
épiscopales. Il lui écrit le 26 mars 1613 : « Monsieur, je
« ne saurais assez louer à mon gré l'affection et le soin que
« vous témoignez tous les jours pour l'accroissement de la
« religion catholique, apostolique et romaine en votre dio-
« cèse, puisque, outre ce qui touche à l'honneur de Dieu en
« cela, le service du Roi et son autorité en reçoivent accrois-
« sement avec fermeté (1) ». — Dans une seconde lettre du
21 avril de la même année, il lui annonce que les ministres
auxquels il a parlé de sa requête (il s'agissait de l'établissement des capucins aux Sables-d'Olonne) ont vivement loué
son dessein, « et ce d'autant plus que je leur représentai la
qualité de votre diocèse, l'état où vous l'aviez trouvé, et
combien, grâce à Dieu, il s'est amélioré par votre travail,
industrie et résidence (2). »

De tous ces témoignages, il résulte que Richelieu avait
la réputation d'un évêque pieux, zélé, laborieux, tout entier
à ses fonctions et à ses études théologiques ; qu'il était aimé
et estimé de la plupart de ses collègues dans l'épiscopat, et
que, dès cette époque, et malgré sa jeunesse, il jouissait
d'une certaine célébrité qu'il devait, non pas à sa naissance
ni à la situation de sa famille, mais à son seul mérite.

Dès lors aussi, il s'était attaché quelques amis qui, plus
tard, devaient être ses collaborateurs ou ses adversaires :
l'abbé de la Cochère, le P. Joseph et l'abbé de Saint-Cyran
vivaient presque dans son intimité. Les cardinaux de Sourdis,
du Perron et La Rochefoucaud lui témoignaient une bienveillance toute particulière. Sully, Claude de Vic et Pont-

<hr>

(1) *Arch. des aff. étrangères*. **France, t. 769, f° 4.**
(2) *Arch. de la famille de Richelieu.*

chartrain tenaient à lui être agréables et à lui rendre des services. Faut-il s'étonner après cela qu'il soit arrivé si vite au pouvoir, et qu'une fois ministre, il se soit souvenu de tous ceux qui l'avaient servi dans sa jeunesse? Il écartera les indociles et les indépendants ; mais les autres, ceux qui consentiront à abdiquer leur volonté devant la sienne, il les comblera de dignités et d'honneurs et les associera à sa gloire et à sa fortune.

CHAPITRE VII

ÉDUCATION POLITIQUE DE RICHELIEU

On n'a peut-être pas assez remarqué combien il était
important pour Richelieu de passer les années les plus fé-
condes de sa jeunesse dans un évêché du bas Poitou : rien
ne pouvait favoriser davantage le développement de son
génie politique. Il se trouve, en effet, que la théorie des mi-
lieux, souvent contestable, est pour lui d'une étonnante
justesse.

Qu'on suppose qu'à l'âge de vingt-deux ans, il ait été
envoyé comme évêque dans quelque petite ville de la Normandie ou du Limousin. Assurément, là comme à Luçon, il
eût été un prélat actif, intelligent, passionné pour les intérêts spirituels et temporels de son diocèse. Il se serait acquis
une certaine réputation par son zèle, par son éloquence
ou par ses travaux théologiques. Mais qu'eût-il appris
en politique? Rien ou presque rien. Il serait resté con-
finé dans son évêché, et vraisemblablement la pensée ne
lui serait pas venue, au fond de sa solitude, de jouer un rôle
dans les affaires publiques. Tandis qu'à Luçon, dans cet
évêché le *plus gueux et le plus crotté de France*, comme il disait, il se trouvait placé dans un admirable poste d'obser-
vation pour étudier les grands événements qui se dérou-

laient sous ses yeux et faire ainsi son apprentissage politique.

Il y a longtemps qu'on en a fait la remarque : le Poitou est situé sur l'une des grandes routes historiques de la France. Aussi est-ce dans cette province qu'ont eu lieu presque tous les conflits de peuples et d'intérêts, et que se sont dénouées les principales crises de notre histoire. Sans remonter aux temps de Clovis, de Charles Martel ou même du roi Jean, on sait que les guerres de religion avaient sévi d'une manière toute particulière dans le Poitou. L'avènement de Henri IV et son édit de pacification n'avaient pas calmé toutes les haines, ni étouffé toutes les discordes. Les protestants étaient nombreux et remuants : nous avons raconté les démêlés qu'ils eurent avec l'évêque de Luçon. La Rochelle était tout près de là, et il suffisait d'une protestation ou d'un mot d'ordre parti de cette Rome des huguenots pour provoquer une révolte dans toutes les provinces de l'Ouest. Richelieu était donc en mesure, par des rapports journaliers avec les protestants et par la nécessité où il était de défendre ses droits contre leurs prétentions, d'étudier sur place, pour ainsi dire, la question religieuse. Il était amené à se tracer une ligne de conduite, faite de tolérance et de fermeté, qu'il appliqua d'abord aux dissidents de son diocèse, et qu'il appliquera plus tard à tous les protestants du royaume (1).

(1) Pour qu'on ne m'accuse pas d'avoir prêté à Richelieu des vues qu'il n'avait pas, voici son propre témoignage :

« Il y a plus de trente ans qu'étant attaché aux fonctions de l'Episcopat dans le diocèse de Luçon près de la Rochelle, je pensais souvent dans une profonde paix aux moyens de ranger cette place à l'obéissance du Roi. Ces pensées passaient alors en mon esprit comme des songes ou de vaines imaginations ; mais Dieu ayant voulu depuis que l'on entreprît ce qui ne m'avait semblé autrefois que des chimères, et que l'on attaquât cette place pour la réduire à son devoir, je pensais, durant ce siège, à retirer de l'hérésie par la raison ceux que le Roi retirait de la rébellion

Le Poitou était aussi, sous la régence de Marie de Médicis, un foyer d'opposition à l'autorité royale. Avec l'appui des réformés, les Princes se soulevèrent plusieurs fois, tantôt pour demander la convocation des États généraux, tantôt pour protester contre les mariages espagnols. Or, Richelieu observa, avec la plus vive attention, ces prises d'armes séditieuses. Il fit plus que les observer, il éprouva par lui-même combien elles étaient funestes aux populations ; car sa correspondance nous le montre sans cesse préoccupé de défendre son diocèse, sa terre de Richelieu et ses prieurés, contre les pillages et les excès auxquels se livraient les troupes rebelles. Il n'est donc pas surprenant que, sous le coup de ces alarmes et des vexations qu'il subissait, il ait nettement formulé dans son esprit la résolution de s'opposer un jour à ces brigandages qui se commettaient au nom du bien public, et de faire rentrer dans l'ordre et dans l'obéissance au Roi tous ces princes et ces grands qui mettaient sans cesse en péril le repos et la sécurité de la France. Ainsi, il n'y aura pas de témérité à affirmer que ces deux idées, qui ont été le pivot de sa politique intérieure, l'abaissement des grands et la ruine des protestants, c'est à Luçon, pendant son épiscopat, qu'elles germèrent dans la pensée de Richelieu.

Le Poitou lui rendit un autre service qui n'était pas moins précieux, ce fut de l'envoyer aux États généraux et de le produire ainsi sur cette scène politique où il aspirait depuis si longtemps à jouer un rôle. Mais avant de raconter son entrée éclatante aux affaires, qu'on me permette d'étudier les premiers indices de son ambition naissante. Quand

par la force. » *Méthode la plus facile et la plus assurée pour convertir ceux qui se sont séparés de l'Eglise,* par le card. de RICHELIEU. Paris, 1651, in-f°. p. 1 et 2.

il s'agit d'un homme tel que le cardinal de Richelieu, les moindres détails prennent de l'importance; on s'intéresse à tout ce qui peut expliquer la genèse d'un si grand génie.

Lorsque Richelieu arriva à Luçon, en décembre 1608, il semble qu'il n'ait pas eu d'autre désir que de travailler au bien de son diocèse, et ce que nous avons dit de son administration épiscopale prouve l'ardeur de son zèle et son souci de s'acquitter de tous ses devoirs.

Dès le début, les œuvres de toute sorte qu'il avait entreprises, la visite des paroisses, la réforme du clergé, ses démêlés avec les protestants, enfin ses études théologiques qu'il poursuivait au milieu de tant de travaux, tout cela l'intéressait très vivement et paraissait suffire à son activité. Mais il vint un moment où son diocèse lui apparut comme une sphère d'action bien étroite, et où il se demanda si les aptitudes de son esprit ne comportaient pas des charges plus élevées et plus éclatantes. Les sentiments pieux qui l'animaient lorsqu'il prit possession de son siège s'étaient sans doute un peu émoussés; le désir de procurer la gloire de Dieu n'était plus aussi vif dans son cœur, et déjà il songeait à travailler à sa propre gloire et à sa fortune. Dans quelles circonstances s'opéra cette transformation intime? Quand ne suffit-il plus à Richelieu d'être un bon évêque, et dirigea-t-il ses vues du côté de la politique? Un précieux document, découvert il y a quelques années par M. Baschet, et qui fait le plus grand honneur à sa pénétrante sagacité, nous permettra de répondre à cette question.

Cette pièce curieuse a pour titre : *Instructions et maximes que je me suis données pour me conduire à la Cour* (1). Elle ne porte aucune date, mais M. Baschet a victorieusement

(1) Paris, Plon, 1880.

démontré qu'elle a dû être écrite au printemps de 1610. L'évêque de Luçon, qui venait de passer près de dix-huit mois dans son diocèse et qui sans doute se souvenait avec complaisance des bontés et de la bienveillance que lui avait témoignées le Roi, méditait de retourner à la Cour. Déjà il avait envoyé à Paris son ami l'abbé de la Cochère pour sonder les dispositions des ministres et veiller à tous les détails de sa prochaine installation dans la capitale. Mais, en attendant le départ, il réfléchissait au moyen de réussir dans cette Cour qu'il connaissait, et où il allait reparaître avec plus d'autorité, plus d'expérience et surtout avec des vues plus précises.

Quelle pouvait être sa pensée en projetant ce voyage? Ces pages ne nous le disent pas. Pourtant il n'est pas difficile de supposer la nature de ses rêves. Il avait prêché à la Cour, il avait même plu à Henri IV qui l'appelait *son* évêque et le traitait avec une prédilection toute particulière. Cette fois il s'agissait d'aller plus avant dans les bonnes grâces du Roi, il fallait le séduire, et entrer autant que possible dans son intimité. Or, le titre qu'on donnait ordinairement à un évêque bien en Cour, c'était celui d'aumônier du Roi. Il est donc très probable que cette aumônerie royale était le but précis de ses convoitises ; dans sa pensée, elle était la préparation toute naturelle à un rôle plus considérable, dont il ne se déterminait pas encore à lui-même le titre ni l'objet, mais qui certainement impliquait une participation aux affaires publiques. De là des règles de conduite méditées, des préceptes établis pour une manière d'être tout individuelle, des maximes composées pour un maintien politique ; des recommandations faites à soi-même, consignées par écrit pour se les mieux imposer, pour y moins faillir, pour se

mieux persuader par un bel air d'expressions qu'on est personne d'expérience, sachant son monde, soigneux de son
chemin, qu'on a l'âme nourrie pour les affaires et qu'on a en
soi, jusqu'aux moelles, les qualités propres au gouvernement
des hommes, non moins qu'à la direction des choses (1).

Voici le résumé de ce formulaire, de ce règlement intime
qui aurait pu être le code des courtisans et des hommes
d'État au xvii° siècle. — Comme Richelieu veut faire sa cour
au Roi sans négliger ses devoirs envers Dieu, il choisira
un logis qui ne soit loin ni de celui de Dieu ni de celui du
Roi : c'est le seul moyen de pouvoir servir commodément
ses deux maîtres. Dès les premiers jours de son arrivée à la
Cour, il se présentera plusieurs fois sur le passage du Roi
jusqu'à ce qu'il soit remarqué et qu'il ait compris que son
assiduité ne déplaît pas. Il assistera à son dîner et se tiendra
« en un lieu où il puisse jeter sa vue de ce côté, quand il est
à table ». Comme il sait qu'Henri IV est grand buveur, il
se gardera bien de lui parler quand il boira : on ne dérange
pas un souverain en si grave occupation. La règle suivante
indique une profonde connaissance du caractère de Henri IV :
« Les mots les plus agréables au Roi sont ceux qui élèvent
ses royales vertus. Il aime les pointes et les soudaines
reparties. Il ne goûte point ceux qui ne lui parlent hardiment, mais il y faut respect. » Cependant, avant de s'engager dans une conversation, il fera bien de « considérer quel
vent tire » et de ne pas l'aborder quand il sera de mauvaise
humeur, parce que dans ce moment-là il rabroue tout le
monde.

Il visitera les grands seigneurs, surtout ceux qui sont en
crédit et en faveur auprès du Maître, se souvenant « qu'il y a

______

(1) Armand BASCHET, *Instruct. et maximes.* Introd., p. 10.

des sacrifices pour les Dieux nuisibles et favorables ; à ceux-ci afin qu'ils aident, à ceux-là afin qu'ils ne fassent point de mal ». Il les verra le matin et au besoin les accompagnera dans leur promenade. Il n'imitera pas ceux qui les fatiguent de leurs assiduités et qui se font décrier par leur empressement à accepter toutes les invitations à dîner. Richelieu, qui n'est pas grand mangeur et qui est homme d'affaires avant tout, appelle cela une « *étrange servitude* ». Du reste, il a remarqué « qu'on y perd tout le jour, et qu'une heure qu'on donne au ventre tient tout le jour l'esprit en tourmente ».

Cependant, lorsqu'il sera invité à dîner, il parlera d'histoires, de descriptions de pays, d'astrologie, etc., en un mot, de choses indifférentes, « qui ne peuvent ennuyer les présents, ni intéresser les absents. » Mais il faut qu'elles soient traitées « galamment, sans pédanterie, et sans découvrir trop curieusement ce que l'on sait ». Si quelqu'un raconte un beau trait d'histoire, il le notera par écrit en rentrant chez lui et s'en servira à l'occasion. Pour Richelieu, les règles de la conversation à table se résument toutes en celle-ci qui est d'une profonde sagesse : « Parler peu, seulement de ce que l'on sait, et à propos, avec ordre et discrétion. » Comme il n'importe pas moins de savoir écouter, il apportera une vive attention ainsi que beaucoup de grâce à ce qui se dira devant lui. S'il connaît les faits qu'on raconte, il gardera « la même contenance » que s'il les ignorait.

D'ordinaire, quand on voit les grands, c'est pour leur demander des services, sinon pour soi, du moins pour ses amis. « Mais il prendra garde que ceux pour qui il intercédera ne soient des personnes odieuses et diffamées. » Il ne sollicitera pas non plus pour des choses manifestement injustes et contraires au bien public.

On devine que la correspondance devait avoir aussi une grande place dans les préoccupations de Richelieu. « Dans les lettres aux amis, dit-il, il faut prendre garde qu'il n'y ait rien qui puisse nuire à celui qui les écrit et à celui qui les reçoit. » Pour prévenir les erreurs de sa mémoire, il notera à l'avance les points qu'il doit traiter dans ses lettres. Si ce sont des lettres d'affaires, il procédera par alinéas. A ses amis, il écrira d'une seule traite sans se soucier des paragraphes. Pour éviter une perte de temps, il ne cachètera ses lettres qu'au dernier moment, afin de pouvoir toujours y ajouter quelque chose, et quand un même paquet contiendra plusieurs lettres adressées à une seule personne, il marquera chacune d'un chiffre, afin qu'elles soient lues dans l'ordre où elles auront été écrites. Richelieu est tout entier dans ces minutieuses prescriptions : c'est déjà l'homme ami de l'ordre et jaloux de son temps, qui plus tard dans les affaires apportera tant de netteté et de précision et qui, avec une santé débile, trouvera le moyen de suffire à tout. — Du reste, il ne négligera aucun de ses correspondants. « Il n'y a personne, dit-il, fût-il chevalier de l'Ordre, qui soit dispensé de répondre à une lettre d'un beaucoup inférieur. » En prévision de l'avenir, il conservera une copie des lettres qu'il jugera importantes, pour s'en servir suivant les circonstances. Quant à celles qui lui paraîtront dangereuses, il les brûlera : « Le feu doit garder celles que la cassette ne peut garder qu'avec péril. » Enfin il cultivera la connaissance des commis de la poste : ces sortes de personnes lui seront fort utiles pour le service de sa correspondance.

Les trois dernières pages sont consacrées à la dissimulation. Comment doit-on la pratiquer, et dans quels cas est-elle permise? On comprend que cette question n'ait pas

semblé oiseuse à un évêque qui se préparait au métier de
courtisan. A son avis, « le meilleur moyen de dissimuler, qui
est aussi le plus légitime, c'est le silence. Il faut en user
pour ne pas divulguer les secrets qui nous ont été confiés et
pour ne pas faire connaître que nous voyons les mauvaises
volontés que l'on a envers nous, ou envers ceux que nous
aimons. » Dans ces conditions, la dissimulation est permise. Mais il est des cas où l'on se trouve entre deux
écueils : « le blâme de la menterie et le péril de la vérité. Il
faut dans ces occurrences faire des réponses semblables aux
retraites qui sans fuir, sans désordre et sans combattre,
sauvent les hommes et le bagage. » La réserve est pour lui
la première qualité d'un courtisan. « Il faut être surtout fort
retenu en paroles et en écritures, et si ce n'est chose extrêmement pressante, ne la dire ni ne la faire savoir par écrit.
Quand ces coups sont échappés de la langue ou de la main,
on ne peut plus les raccommoder. » Sage maxime dont
pourraient faire leur profit les hommes politiques de tous les
temps.

On en conviendra, ces pages toutes frémissantes d'ambition jettent une vive lumière sur le caractère de l'évêque de
Luçon. Son âme s'y révèle à nu. Il se montre à nous, résolu
à faire sa carrière, et pour cela décidé à plaire au Roi et aux
grands ; mais on le voit aussi calculant à l'avance tous les
périls et les obstacles qu'il rencontrera sur sa route, et se
préparant à les éviter. Prudent, réservé, discret, toujours
attentif à lui-même et à ce qui peut le servir, il est déjà de
ceux « qui ne laissent rien à la fortune de ce qu'on peut lui
ôter par conseil et par prévoyance, et qui ne manquent jamais les occasions qu'elle leur a présentées ». Il va donc se
rendre à la Cour ; que le vent souffle un peu dans ses voiles,

et bientôt, grâce à cette continuelle surveillance sur lui-même et sur ses actes, grâce aussi à la souplesse de son esprit et au charme de ses manières, il sera aumônier du Roi, et qui sait, ministre d'État.

La mort de Henri IV vint le surprendre au moment où sa pensée complaisante dressait ces projets de grandeur. Le coup dut être rude pour lui, car il aimait ce prince dont il a tracé dans ses *Mémoires* un portrait si exact : « Il était d'un port vénérable, vaillant et hardi, fort et robuste, heureux dans ses entreprises, débonnaire, doux et agréable en sa conversation, prompt et vif en ses reparties, et clément même à l'égard de ses ennemis (1). »

La mort tragique de ce grand prince est celle qui a laissé dans l'histoire les plus profonds souvenirs, et cela ne tient pas seulement à l'importance réelle de sa personne, à la haute réputation qu'il s'était acquise en Europe, à ce vide immense que devait apporter dans les affaires la disparition soudaine d'un Roi expérimenté, grand homme de guerre, politique habile, administrateur intelligent et économe de son royaume. Mais les circonstances dans lesquelles ce prince venait de mourir rendaient le désarroi plus général et plus complet, puisque la France tombait aux mains d'une femme et d'un Roi de neuf ans.

On s'explique donc qu'un tel événement ait été pour Richelieu l'occasion d'un changement d'attitude et peut-être d'une hâte plus grande (2).

Marie de Médicis, la nouvelle régente, était beaucoup au-

---

(1) RICHELIEU, *Mémoires*, coll. Petitot, t. XXI *bis*, p. 75.

(2) L'abbé de Pure dit qu'il fut touché jusqu'aux larmes de la mort du Roi, et qu'il fit célébrer un service pour le repos de son âme ; — mais qu'aussitôt ce devoir rempli, il s'empressa d'écrire à la Reine. — Abbé de PURE, *Vita em. card. Richelii*, p. 57.

dessous de sa tâche. Elle avait été une épouse fidèle, et dans sa jalousie contre les maîtresses du Roi, elle s'était laissée aller à des éclats bruyants qui avaient fait scandale à la Cour, mais que Richelieu juge « pardonnables en tel cas à toute femme qui aime son mari fidèlement (1) ». Malheureusement, elle était inintelligente, irrésolue, faible de caractère ; elle devait inévitablement être la proie des favoris. Le jeune évêque de Luçon avait donc le droit « de compter plus que jamais sur la séduction d'un esprit souple, délicat, plein de prévenance, d'attention et de finesse, sur les grâces d'un corps svelte et bien fait, sur la fascination qu'exerce une volonté inébranlable, et sur la confiance qu'inspire un grand caractère (2) ».

Il ne perd pas son temps dans des regrets stériles ; il modifie aussitôt le plan qu'il s'était tracé et se met à l'œuvre pour l'exécuter. Dès le 22 mai, huit jours après la mort du Roi, il rédige son serment de fidélité au nouveau régime. Ce serment n'était nullement nécessaire et personne ne le lui demandait. Mais comme il voulait paraître à la Cour, il avait hâte de faire connaître ses sentiments et ceux de son clergé. Cette précipitation a même quelque chose d'inexpérimenté qui étonne de la part d'un homme tel que Richelieu. Voici, d'après M. Avenel, le texte de cette pièce (3) :

« Nous, Armand-Jean du Plessis de Richelieu, par la grâce de Dieu et du St-Siège apostolique, évêque et baron de Luçon, et les doyens, chanoines, chapitre et clergé dudit lieu, protestons, sur la foi que nous devons au premier auteur

---

(1) Richelieu, *Mémoires*, t. XXI *bis*, p. 5.
(2) Hanotaux, Lettre à M. Baschet, *Instructions et maximes*, p. 35.
(3) Avenel, *Lettres de Rich.*, t. Ier, p. 53.

de toutes choses, de nous comporter tout le cours de
notre vie envers le roi Louis treizième, à présent ré-
gnant, tout ainsi que de très humbles, très affectionnés et
très fidèles sujets doivent faire envers leur légitime seigneur et Roi. En outre, nous certifions que bien qu'il semble
qu'après le funeste malheur qu'une homicide main a répandu sur nous, nous ne puissions plus recevoir de joie,
nous ressentons toutefois un contentement indicible de ce
qu'il a plu à Dieu, nous donnant la Reine pour régente de
cet État, nous départir ensuite de l'extrême mal qui nous
est arrivé, le plus utile et nécessaire bien que nous eussions
pu souhaiter en nos misères, espérant que la sagesse
d'une si vertueuse princesse maintiendra toutes choses au
point où la valeur et la prudence du plus grand Roi que le ciel
ait jamais couvert les ont établies ; nous jurons sur la part
qui nous est promise en l'héritage céleste, de lui porter
toute obéissance, et supplions Dieu qu'il nous envoie plutôt la mort que de permettre que nous manquions à la fidélité que nous devons, et jurons maintenant au Roi son fils
et à elle, que nous désirons avec dévotion être comblés des
grâces du Père de bénédictions, afin que nous puissions
vivre et mourir sous les lois de ceux qui, obéissant à la sou-
veraine loi, gouverneront heureusement le premier État de
l'univers, conduits par la main du Roi des rois du
monde. — Fait le 22 mai 1610. »

On voit par les termes mêmes de ce serment qu'il avait
été rédigé avec la pensée qu'il serait placé sous les yeux de
la Régente ; car au fond il n'y est question que d'elle et
c'est à son adresse que vont ces compliments un peu ma-
niérés et où la juste mesure n'est peut-être pas suffisam-
ment gardée. Richelieu chargea son frère Henri de remettre

cette pièce à Marie de Médicis ; mais celui-ci jugea la démarche inutile, car le 20 juin l'abbé de la Cochère écrivait à son évêque : « Je crois que M. de Richelieu vous aura averti qu'il n'a point présenté l'acte de fidélité que vous aviez envoyé, ayant su que cela n'avait été pratiqué par personne, comme de mon côté je l'ai particulièrement appris (1). »

Cette déconvenue dut être pénible pour l'amour-propre de l'ambitieux prélat, car il était forcé de reconnaître qu'il s'était trompé dans ses prévisions et que son zèle avait été intempestif. Mais ce qu'il ne trouvait pas le moyen de faire parvenir par écrit à la Reine régente, il se proposait d'aller le lui dire de vive voix, et aussitôt il prit la résolution de se rendre à Paris. Une courte apparition ne lui suffisait pas : il était décidé, non pas à négliger tout à fait son diocèse, mais du moins à prendre moins à la lettre le devoir de la résidence. Il voyait tant de prélats s'en affranchir si volontiers, qu'il ne croyait pas commettre un grand crime en venant chaque année passer quelques mois à la Cour.

Nous avons raconté ailleurs ses efforts et ses négociations pour rendre son installation à Paris moins coûteuse ; nous savons les services de tous genres que lui rendit à ce sujet sa vieille amie Mme de Bourges. Quand tout fut prêt, quand le logis fut meublé et pourvu de tout ce qui pouvait relever sa noblesse, il se mit en route et arriva à Paris dans les premiers jours de juillet. Le pied-à-terre que Mme de Bourges lui avait aménagé était situé en face des Blancs-Manteaux (2). Ce n'est pas sans raison que Richelieu avait choisi ce

---

(1) *Arch. des aff. étrangères*, t. 767, f° 211.
(2) Delort, *Voyage aux environs de Paris*, 1821, t. 1er, p. 101.

quartier ; il était proche du « logis de Dieu », comme il se
l'était prescrit dans son petit règlement intime, et de plus
il n'était pas loin du « logis du Roi » ; en quelques minutes il
pouvait être au Louvre. Ce quartier était du reste fort à la
mode, comme sont toujours les choses nouvelles, c'était
pour ainsi dire le centre du Paris mondain. Tout y était
neuf et pimpant ; les rues Barbette, des Trois-Pavillons et
du Parc-Royal étaient les derniers embellissements dus à
Henri IV (1).

Nous ne savons pas quelles furent les impressions de
l'évêque de Luçon en arrivant à la Cour (2). Les princes
étaient satisfaits. La Reine leur avait fait de telles gratifications pour se les attacher qu'ils auraient eu mauvaise
grâce à créer tout de suite des embarras à un gouvernement
qui servait si largement leurs intérêts. Richelieu ne semble
pas avoir été choqué de ces libéralités excessives de Marie
de Médicis. « Beaucoup ont pensé, dit-il, qu'elle eût mieux
fait de n'en pas user ainsi et que la sévérité eût été meilleure,
parce que l'on perd plutôt la mémoire des bienfaits que

(1) D'Avenel, *Richelieu et la monarchie absolue*, t. II, p. 53.
(2) Il fut présenté à la Cour par Mme de Guercheville, dame d'honneur de la
Reine. De Boislisle, *Mémoires de Saint-Simon*, t. III, p. 214 et 480. — Voici
le fragment inédit de Saint-Simon relatif aux relations de Richelieu avec
Mme de Guercheville : « Mme de Guercheville fut dans cette place (de dame d'hon-
« neur de la Reine) la première cause de la fortune du cardinal de Richelieu ; ses
« ouvrages de piété et de controverse le lui firent connaître, et comme il avait
« intérêt de plaire à une femme de cette vertu, il le voulut et y réussit si bien,
« qu'elle le produisit à la Reine, et devint si bien sa protectrice auprès d'elle,
« qu'elle le mit dans ce degré de faveur èt de confiance qui lui valut, par elle, tout
« ce qu'il fut depuis. » (*Mém.*, t. III, p. 480.) Est-il besoin de dire que St-Simon est
très mal renseigné ? Richelieu avait été présenté à la Reine, sous Henri IV, lorsqu'il
avait la faveur du Roi. Il la vit également chaque année, à partir de 1610, puisqu'il
venait prêcher à Paris. De plus, à cette époque il n'avait encore écrit aucun ouvrage
de piété ou de controverse.
« Il y avait longtemps qu'il entretenait un commerce au moins de bonne amitié
avec la marquise de Guercheville, femme de Charles du Plessis Lyancourt, marquis
de Guercheville, dame d'honneur de la reine Marie de Médicis, et cette dame ne
nuisait pas aux agréments qu'il recevait de la Cour. Elle s'appelait Antoinette de
Pons. » *Vie manusc. du card. de Richelieu*. Arsenal, n° 186, f° 7.

des châtiments, et que la crainte retient plus que l'amour. Mais ce n'est pas un mauvais conseil de retenir en certaines occasions, semblables à celles de la Régence, les esprits remuants avec des chaînes d'or. Il y a quelquefois gain à perdre en cette sorte, et il ne se trouve point de rentes plus assurées aux Rois que celles que leur libéralité se constitue sur les affections de leurs sujets ; les gratifications portent leurs intérêts en temps et lieu, et l'on peut dire qu'il en est des mains du prince comme des artères du corps qui s'emplissent en se dilatant (1). »

Les grands étaient donc contents, et ceux qui ne l'étaient pas firent semblant de l'être. Sully seul se tenait à l'écart et boudait. Personne ne l'aimait. Henri IV n'étant plus là pour le soutenir, il était fatalement condamné à disparaître. Du reste, il y avait un favori qui déjà était tout puissant, c'était Concini, et celui-ci, par les intrigues de sa femme, allait prendre une place prépondérante dans le nouveau gouvernement. Quand Sully se retira à Rosny, un plaisant écrivit sur la porte de l'Arsenal : *Maison à louer pour le terme de Pâques, s'adresser au marquis d'Ancre, dans le faubourg St-Germain.* Au vieux serviteur de Henri IV succédait ce Florentin, sans naissance, sans fortune, sans talent et sans courage, qui se fit couvrir d'honneurs et de richesses, et à qui l'histoire serait aussi impitoyable que ses contemporains, s'il n'avait pas eu le mérite de discerner Richelieu, de le protéger et de le faire entrer au conseil.

L'évêque de Luçon resta à Paris jusqu'à la fin de l'année. Il mit tout en œuvre pour se faire connaître. Il prêcha dans les principales églises et eut un grand succès. Il rendit des visites aux ministres, à Villeroy, au président Jeannin et à

(1) RICHELIEU, *Mémoires*, t. XXI *bis*, p. 77.

Potier, leur recommandant les intérêts de plusieurs de ses amis et de ses diocésains, ce qui donne à penser qu'il n'avait besoin de personne pour recommander les siens (1). Les ministres l'accueillirent avec faveur, lui donnèrent de bonnes paroles et lui accordèrent les grâces qu'il sollicitait, mais ne firent rien pour le retenir. Les espérances du jeune évêque ne se réalisèrent donc pas, au moins pour cette fois. Il était arrivé trop tard. Toutes les avenues du pouvoir et de la faveur étaient déjà occupées, et même encombrées de solliciteurs. Mais il n'était pas homme à désespérer de l'avenir. Il était jeune : il pouvait attendre. En rentrant à Luçon il pouvait se dire que maintenant il n'était plus un inconnu ; il avait étudié le terrain sur lequel il allait opérer, et tôt ou tard ses manœuvres habiles devaient réussir.

Chaque année, il revint à Paris pour entretenir les bonnes dispositions de la Cour à son égard. En 1611, nous l'avons vu, il resta quelques jours à Fontainebleau, en compagnie du P. Joseph, pour intéresser la Reine à la réforme de l'abbaye de Fontevrault. Au printemps de l'année suivante, il prêcha le carême à St-André-des-Arcs, avec un succès tel que la Régente, le Roi et les princes lui firent plusieurs fois l'honneur de venir l'entendre.

Mais sa renommée de prédicateur n'eût peut-être pas suffi à attirer sur lui l'attention des ministres et à révéler sa valeur politique. L'occasion qu'il souhaitait si ardemment de montrer ses aptitudes aux affaires, c'est aux États généraux de 1614 qu'il devait la rencontrer.

A la fin de juin, il reçut la lettre suivante de Sully, gouverneur du Poitou (2) : « Monsieur, ayant été particulière-

(1) FAGNIEZ, *Rev. hist.*, sept. et oct. 1887, p. 285.
(2) *Arch. des aff. étrangères*, t. 769, f° 169.

ment informé de Leurs Majestés du saint désir qu'elles ont
d'établir un bon ordre au maniement des affaires de la
justice, de la police et des finances, et pour cet effet de convoquer les États généraux au Xe de septembre prochain en
la ville de Sens, m'ayant aussi ordonné de faire assembler
les trois ordres de mon gouvernement pour aviser aux
moyens de parvenir à une si bonne fin, et aussi au soulagement de tous leurs sujets, je vous en ai bien voulu donner
avis et vous prier de faire convoquer tout le clergé de votre
diocèse pour aviser avec les deux autres ordres aux expédients, propositions et remontrances qu'il sera nécessaire
de faire tant pour le service du Roi que pour le bien et
utilité de ses sujets. Vous tiendrez, s'il vous plaît, la main
à ce que toutes choses se fassent avec douceur, et en tant
que vous pourrez, qu'il soit député une personne de chaque
ordre, de probité, qualité et pouvoir suffisant, convenable
au sujet, pour se trouver au temps susdit en une si digne
Assemblée. Votre piété et affection au service du Roi me
font espérer que vous la témoignerez tout entière en une si
importante occurrence ; vous assurant qu'en ce qui dépendra
de moi, soit pour le bien du service de Sa Majesté, soit
pour la considération particulière de Messieurs du Clergé,
ainsi que de tout le public, je ne m'épargnerai nullement pour
leur témoigner, en toutes occasions qu'ils me voudront employer, l'ardente affection que je leur porte, voire même que
je me transporterai en mon gouvernement, s'il en est besoin.

« Et pour votre regard, je vous prie de croire que j'honore
votre vertu et fais état de votre amitié, comme je vous
conjure de vous assurer de la mienne. Sur cette vérité, je
vous baise les mains et prie le Créateur qu'il vous conserve.
— De Orval, 23 juin 1614. »

Cette lettre de convocation reçut la plus grande publicité.

L'évêque de Luçon la communiqua à tous les abbés, curés et prieurs de son diocèse, qui la lurent au prône dans toutes les églises. De plus, elle fut proclamée à son de trompe sur toutes les places publiques et dans tous les marchés. Chaque ordre se réunit dans une assemblée particulière et choisit ses délégués pour l'assemblée générale qui se tint à Poitiers le 12 août. Là, le clergé nomma pour députés le doyen de Saint-Hilaire et l'évêque de Luçon (1).

M. Hanotaux a donné au sujet de cette élection des détails très intéressants qu'il nous permettra de lui emprunter en les résumant (2). Le plus important agent électoral en faveur de Richelieu fut l'évêque de Poitiers, ce prélat batailleur dont nous avons déjà parlé. Il avait une vive affection pour son confrère de Luçon ; aussi mit-il tout son zèle à faire triompher sa candidature. « On ne nommera qu'un seul député, lui écrivait-il quelques jours avant le scrutin, parce que celui duquel je vous avais parlé ne peut accepter la charge à cause de son âge, de sorte que vous serez seul, ce qui sera bien à propos pour beaucoup de raisons... »

Mais, le jour de l'élection venu, on ne put obtenir du clergé la nomination d'un seul député : il fallut donner comme adjoint à l'évêque de Luçon le doyen de Saint-Hilaire. « On a été obligé de vous donner cet assistant, écri-
« vait Mgr de La Rocheposay à Richelieu, parce que ceux
« de la ville eussent murmuré s'il n'y en eût pas eu un de la
« ville, outre qu'on en nomme deux partout et qu'on compte
« aux États, à ce qu'on dit, les voix des députés et non pas

---

(1) Thibaudeau, *Hist. du Poitou*, t. V, p. 318.

(2) Hanotaux, *La jeunesse de Richelieu. Revue des Deux-Mondes*, 1er août 1889, p. 699 et suiv.

« les provinces. La considération que vous serez député
« pour les trois évêchés a fort servi pour contenter les capi-
« tulants qui seuls font les difficultés. Je me remets à
« M. de Saint-Cyran pour les autres particularités. »

Ce document montre combien Richelieu, dans cette
affaire, avait été fidèlement servi par ses amis de Poitiers,
La Rocheposay et Saint-Cyran.

Il ne restait qu'à confirmer officiellement ces élections
faites dans des assemblées préparatoires. Le 24 août, chacun
des corps fut convoqué pour élire définitivement ses députés. La noblesse désigna MM. de La Châtigneraie et de
La Noue ; le tiers vota pour MM. Desfontaines-Brochard,
Brisson et Arnaud. Enfin le clergé nomma l'évêque de Luçon
et le doyen de Saint-Hilaire.

Les quelques semaines qui suivirent furent consacrées à
la rédaction du cahier du clergé. Richelieu vint exprès à
Poitiers pour prendre part à la discussion, et la collaboration
qu'il y apporta le familiarisa par avance avec les idées qu'il
devait défendre aux États généraux.

Richelieu dut éprouver une vive satisfaction quand il
apprit qu'il avait été élu, car c'était pour lui une occasion
unique de sortir de l'obscurité de son évêché, et d'entrer en
scène. Ce n'est pas, comme le prétend M. Cousin, qu'il
aimât ces grands conciles nationaux (1). Il n'a que trop
prouvé dans la suite que ces assemblées étaient peu de son
goût et qu'il n'avait nulle envie de soumettre à leur contrôle
les actes de sa politique. A vrai dire, ce qui lui plaisait
dans les États généraux, c'est qu'il allait y prendre part et
y jouer un rôle. Quand il aura en mains la direction des
affaires publiques, il pensera tout autrement. N'a-t-il pas

____

(1) *Revue des Deux-Mondes*, 15 mars 1859, p. 271

écrit dans ses *Mémoires* ces deux phrases qui sont la condamnation absolue du parlementarisme ? « Les grandes « Compagnies ne sont bonnes qu'à faire exécuter sévère- « ment ce qui est délibéré et résolu par peu, à faire ob- « server une règle écrite, et non pas à la faire... Il en est de « la multitude des conseillers au respect d'un État, comme « il est de celle des médecins au regard d'un malade, où le « grand nombre est nuisible (1). »

Il ne rentre pas dans notre sujet de faire le récit même abrégé de la tenue des États de 1614. Notre but est seulement d'indiquer la part qu'y prit l'évêque de Luçon. Chose singulière, dans ses lettres de 1614 et de 1615 il n'est pas une seule fois question des États. Dans ses *Mémoires*, il rappelle brièvement les discussions et les conflits qui s'élevèrent entre les trois ordres ; il juge avec une grande sévérité les actes et les discours de l'Assemblée, mais il n'indique pas s'il se mêla aux délibérations, ni si ses avis furent écoutés (2).

Après plusieurs mois de discussions aussi stériles qu'orageuses, les députés furent invités à présenter leurs cahiers, et c'est dans la séance de clôture, le 23 février 1615, que

---

(1) Richelieu, *Mémoires*, t. XXII, p. 25.

(2) Nous savons cependant qu'il joua un rôle pacificateur dans la lutte assez vive qui éclata entre la noblesse et le Tiers-État. Nous lisons en effet dans un procès-verbal manuscrit de la Chambre de la noblesse : « Il a été délibéré d'envoyer vers Messieurs du clergé pour leur dire que Messieurs de la noblesse se relâchaient de leur intérêt pour recevoir du Tiers-État la satisfaction selon la gravité de l'offense, et les supplier de trouver bon que nous envoyons vers le Tiers-Etat pour faire la plainte doucement, si ce n'est que nous apprenions, *par le retour de M. de Luçon*, qu'ils sont prêts à donner de la satisfaction. *Procès-verbal de la Chambre de la noblesse* tenue par le commandement du Roi à Paris, durant les Etats généraux de 1615, rédigé par messire Raimond de Montcassin. Poitiers, in-f°, 595 f°, n° 161, f° 120.

Cf. Picot, *Hist. des Etats généraux*, t. III, p. 344. « Le jeune prélat se fit le défenseur de la noblesse auprès du peuple et parvint par son habile langage à rétablir la concorde. »

Richelieu fut désigné pour être l'orateur du clergé (1). Le discours qu'il prononça dans cette circonstance est justement célèbre, moins par l'originalité des idées que parce qu'il marque le premier pas dans la vie politique du futur ministre de Louis XIII. Jusque-là, l'évêque de Luçon n'était connu que par quelques sermons qu'il avait donnés à la Cour et dans les plus importantes chaires de la capitale ; cette fois, il paraissait devant le Roi, la Reine et les représentants de la France pour y être le porte-parole de l'Église, pour exposer ses doléances sur les maux de l'État, et signaler les remèdes qu'il fallait y apporter. Cette heure était donc décisive pour lui, et l'on peut croire qu'il ne négligea

(1) Voici le jugement que portent les ambassadeurs vénitiens sur cette clôture des Etats : « Aujourd'hui, 3ᵉ jour, les Etats se sont présentés à S. M. avec les baillis. On lui a demandé instamment de terminer les innombrables disputes qui ont été soulevées contre le gouvernement, et sur lesquelles elle a la main. On croit généralement qu'il y aura un grand mécontentement des provinces, au retour des députés, si ceux-ci n'ont pas obtenu, au prix de sacrifices si importants, un si considérable résultat. Les cahiers du peuple commencent au second article, et laissent en blanc un certain espace pour le premier. Ils ont écrit en marge que ceci est une anticipation très sérieuse de leurs sollicitations à S. M. en vue d'obtenir une réponse conforme à la justice.

« C'est encore cet article qui contenait le serment des sujets et leur profession de respect absolu pour l'autorité du Roi, de la part des Etats ; elle fut admise par le clergé et la noblesse ; c'est pourquoi le prélat (il Pontefice) a offert ses hommages et ses actions de grâces avec une courte formule de sollicitations.

« En finissant, les Etats du clergé se sont abouchés avec la noblesse et, par d'heureuses insinuations, lui ont persuadé de demander à S. M. d'admettre le concile de Trente, quant aux clauses qui ne portent pas préjudice à l'autorité royale ; les deux ordres ont voulu que tel fût leur premier article, pour lequel le Tiers n'a pas été appelé à donner son consentement.

« Dans un autre article, on supplie S. M. de protéger la foi catholique conformément au serment de son Sacre, et de maintenir l'édit de pacification,

« Pour finir, le Roi a marqué son intention de donner satisfaction aux suppliants,

« La Reine a voulu que de toute façon la demande émanât des deux premiers ordres, ne voulant pas admettre le Tiers, surtout pour la célébration des mariages, déjà admise en Espagne, et pour lui faire plaisir, on n'a pas insisté : d'où une faible satisfaction dans l'ensemble. — Les autres chapitres ne contiennent rien de bien important. Ils concernent seulement la requête et l'intérêt spécial des Trois Ordres en particulier. — Paris, ce 25 fév. 1615.

« Pierre CONTARINI. »

Bibl. nationale, fonds Italien, *Amb. venit.*, nᵒ 1767, fᵒ 289 et suiv.

rien pour faire tourner cette épreuve à son honneur et à son profit.

Son discours est une œuvre à la fois collective et personnelle. Il était forcément l'écho de son ordre, et il ne pouvait pas sortir du sujet qu'il avait mission de traiter. Le fond ne lui appartient donc pas. Ses demandes et ses réclamations ne sont pas les siennes, mais celles de son ordre. En revanche, sa personnalité se révèle dans la forme, dans le mouvement et l'énergie donnée à l'expression de ses idées, et l'on peut dire que c'est lui qui, le premier, fit entrevoir à la France la véritable éloquence politique, l'éloquence mâle, sobre, nerveuse, affranchie des digressions pédantesques et des ornements parasites, l'éloquence des choses et des idées, et non plus des mots (1).

Une rapide analyse permettra de voir ce qu'il y a d'important dans ce discours, qui a été trop négligé par les historiens et qui aujourd'hui est à peu près inconnu. Peut-être aussi pourra-t-on y surprendre les premiers germes des grands projets qu'il réalisera dans la suite, tout en tenant compte, naturellement, des contradictions inévitables entre les demandes de l'évêque de Luçon et la conduite politique du cardinal de Richelieu. Cet exemple prouve, une fois de plus, que les idées d'un même homme varient avec les situations qu'il occupe, et que les hommes d'État seraient souvent dans un cruel embarras s'ils étaient irrévocablement liés par les programmes de leur jeunesse.

L'orateur remercie d'abord le Roi de permettre aux États de lui présenter leurs doléances. Il exposera les maux dont souffre l'Église, mais il se gardera bien d'en faire remonter la responsabilité jusqu'à lui. « Ces maux, dit-il, nous les

(1) Henri MARTIN, *Hist. de France*, t. XI, p. 82.

imputons aux malheurs des temps, à nos péchés et à nos fautes, et non pas à vous, Sire, que nous reconnaissons en conscience n'en pouvoir être dit l'auteur. » Mais, avant tout, il faut en connaître la cause afin d'y porter remède. Or, s'il n'est rien de plus beau pour un prince que d'être libéral, il n'y a rien de plus fâcheux que les prodigalités excessives ; « car plus on dépense, plus on est contraint de tirer des peuples qui sont les seules mines de la France. » Une autre source de ruine, c'est la vénalité et la multiplicité des charges, « attendu que plus il y a d'officiers exempts de subsides et de tailles, moins reste-t-il de sujets pour les payer. » Tous les ordres de l'État pâtissent de cet état de choses. Les nobles, « étant aussi pauvres d'argent que riches en honneur et en courage, ne peuvent avoir ni charges en la maison du Roi, ni offices en la justice »; le Roi, pour les récompenser, est obligé de le faire au préjudice de l'Église en leur accordant des bénéfices ecclésiastiques. Or, de tous les maux, celui-là est le plus fâcheux et le plus coupable.

Richelieu demande ensuite que les évêques et les prêtres soient appelés dans les conseils des princes. Cet usage, qu'il fait remonter aux Druides, s'est pratiqué à toutes les époques de notre histoire nationale. Il remarque qu'il y a eu 35 chanceliers qui appartenaient à l'Église et que les plus grands de nos rois sont ceux qui se sont servi davantage du concours des évêques. Charlemagne, en particulier, ne faisait rien ni en paix ni en guerre, sans leur demander leur avis. « Aujourd'hui, il semble, dit-il, que l'honneur qu'ils ont de servir Dieu les rende incapables de servir leur Roi, qui en est la plus vive image. » Ce serait une erreur de le croire, car, au contraire, les qualités nécessaires à leur pro-

fession les rendent très aptes à être employés dans les affaires publiques. Ils sont capables, pleins de probité, de
prudence et de désintéressement ; « et en servant leur Roi
et leur patrie, ils ne pensent qu'à s'acquérir pour jamais,
là-haut, une glorieuse et du tout parfaite récompense (1). »

Il proteste ensuite avec une grande éloquence contre
l'usage de distribuer aux laïques les biens de l'Église. Ces
laïques sont souvent protestants, et comme la présentation
de la plupart des cures de France est attachée aux abbayes,
il devient presque impossible d'avoir de bons pasteurs. On
ne trouve plus à la tête des paroisses que des prêtres igno-
rants et de vie scandaleuse. « Oui, Sire, s'écrie-t-il, c'est
un grand abus, abus qui tire après soi la perte d'un nombre
infini d'âmes, dont la vôtre répondra un jour devant le souverain juge des humains. »

Il faut aussi supprimer les réserves par lesquelles on a
coutume de donner un successeur à un homme vivant. Les
conciles ont condamné cette pratique, qui **du reste** est sans
profit pour le prince ; car, de la sorte, ayant les mains liées
et ne pouvant pas contenter tout le monde par des bienfaits,
il enlève même l'espérance à ceux à qui il ne peut donner
mieux. Cette dernière considération, si elle n'est pas d'un
ordre très chrétien, révèle du moins une finesse et une perspicacité peu communes.

Richelieu demande que l'Église soit exempte d'impôts :
« Le vrai tribut qu'on doit tirer des ecclésiastiques, dit-il,

----

(1) Plus tard, dans son *Testament politique*, il revenait sur la même idée :
« Les ecclésiastiques sont souvent préférables à beaucoup d'autres lorsqu'il est
question de grands emplois, non pour être moins sujets à leurs intérêts, mais parce
qu'ils en ont beaucoup moins que les autres hommes, puisque n'ayant ni femmes
ni enfants, ils sont libres des liens qui attachent davantage. » *Testament politique*,
t. II, p. 52.

c'est la prière. » Il faut aussi affranchir l'Eglise de toute juridiction laïque et séculière.

La raison d'État elle-même en fait un devoir ; « car un prince ne saurait mieux enseigner à ses sujets à mépriser sa puissance qu'en tolérant qu'ils entreprennent sur celle du grand Dieu de qui il tient la sienne. »

Enfin, les excès des protestants doivent être sévèrement punis, surtout lorsqu'ils usurpent des églises ou qu'ils les profanent par l'inhumation de quelques-uns des leurs (1). Mais pour les autres, c'est-à-dire pour les protestants qui vivent tranquilles dans l'obéissance du Roi, Richelieu veut qu'on travaille à leur conversion par les exemples, par les instructions et les prières. « Voilà, dit-il, les seules armes avec lesquelles nous voulons les combattre. » Ces paroles tolérantes avaient quelque mérite dans une assemblée qui pouvait compter plus d'un vieux ligueur, et dans un temps où les passions religieuses étaient encore mal assoupies.

Après ce tableau des maux dont souffre l'État, Richelieu indique les remèdes qu'il faut y apporter. Que le Roi renouvelle les anciennes ordonnances et les fasse exécuter, « non pas un jour, mais toujours », et l'Eglise reprendra son lustre. « Les simonies, les confidences, toutes saletés et vices, en seront bannies et la seule vertu y aura son règne. »

Le Roi doit aussi interdire les duels qui déciment la noblesse : il est responsable devant Dieu de toutes les âmes qui se perdent par cette voie inhumaine. Qu'il accomplisse cette réforme et la gloire sera sa récompense. Mais comme Louis XIII est encore trop jeune pour entreprendre une

---

(1) Richelieu faisait surtout allusion à l'affaire de Boufféré qne nous avons racontée plus haut et au sacrilège de Milhau dont l'église avait été pillée par les protestants la veille de Noël.

œuvre si difficile, il s'adresse surtout à Marie de Médicis :
« Heureux le roi, dit-il, à qui Dieu donne une mère pleine
d'amour envers sa personne, de zèle envers son État, et
d'expérience pour la conduite de ses affaires ! »

L'orateur arrivait ici à la partie la plus importante de son
discours. Il s'agissait de frapper l'esprit de la Reine, de lui
plaire par des compliments habiles et délicats, et de lui faire
comprendre que si elle voulait se servir de lui, elle pourrait
compter sur un auxiliaire entièrement dévoué à sa politique.
Richelieu semble donc oublier tout le reste de l'assemblée
pour parler uniquement à la régente. Après l'avoir félicitée
d'avoir dirigé le vaisseau de l'État à travers les orages et les
écueils de la minorité, il ajoute : « toute la France se reconnaît, Madame, obligée à vous départir tous les honneurs qui
s'accordaient anciennement aux conservateurs de la paix, du
repos et de la tranquillité publique. » Les mariages espagnols, dont il souhaite et requiert l'accomplissement, seront
un gage de paix entre les deux plus grands royaumes du
monde. « Vous avez beaucoup fait, Madame, mais il n'en
faut pas demeurer là : en la voie de l'honneur et de la gloire,
ne s'avancer et ne s'élever pas, c'est reculer et déchoir. »
Voilà pourquoi il l'invite à écouter les demandes des États,
et la supplie de continuer sa sage administration ; de cette
manière elle ajoutera au titre glorieux de mère du Roi,
celui de mère de son royaume.

Que Louis XIII ne diffère donc pas d'accomplir les réformes qu'on lui demande, et tout d'abord qu'il accorde la
promulgation des décrets du concile de Trente. L'évêque de
Luçon estime que ces décrets contribueront puissamment à
la restauration religieuse en France. D'ailleurs, pourquoi
ajourner une mesure qui a déjà été prise en Espagne, en

Italie, en Pologne, en Flandre et en Allemagne, et pour laquelle le roi Henri IV a donné sa parole solennelle, « lorsque l'Eglise le reçut dans ses bras (1). » S'il se trouve dans ces décrets quelques articles qui semblent contraires aux usages et pratiques de ce royaume, on les modifiera : l'essentiel est de ne pas entraver une publication qui produira de si heureux résultats.

En terminant, Richelieu assure au Roi que le seul désir du clergé est « de voir l'autorité royale tellement affermie qu'elle soit comme un ferme rocher qui brise tout ce qui le heurte ».

Cette harangue, qui d'après le *Mercure français* (2) dura plus d'une heure, fut écoutée avec la plus vive attention par le Roi et la Reine. Ce fut un grand succès pour Richelieu. Le clergé avait lieu d'être fier de son orateur. Les demandes de cet ordre venaient d'être fidèlement et éloquemment traduites, et l'on ne pouvait s'empêcher de reconnaître que l'évêque de Luçon s'était acquitté de sa tâche avec une autorité et un talent supérieurs à son âge (3).

(1) Il faut reconnaître toutefois que Henri IV n'avait promis cette promulgation des décrets du concile de Trente, qu'avec cette réserve expresse consentie par le pape : « excepté aux choses qui ne se pourraient exécuter sans troubler la tranquillité du royaume, s'il s'y en trouve de telles. » — *Mém. de Cheverny*, collect. Michaud et Poujoulat, 1re série, t. X, p. 345.

(2) *Mercure français*, t. III, année 1615. — « Lundi, 23 février 1615, après dîner, environ trois heures après midi, Messieurs les députés de tous les ordres se rendirent à la grande salle de Bourbon avec le même ordre qu'à l'ouverture des Etats... Le Roi et la Reine étant arrivés avec toute la Cour composée des personnes qui doivent assister en telles actions, ou qui y eussent dû assister... M. l'évêque de Luçon, après une grande et très éloquente harangue, présenta le cahier général de Messieurs du clergé... » RAYMOND DE MONTCASSIN, *Procès-verbal de la Chambre de la noblesse*, fo 412.

(3) Voici comment M. Picot apprécie le discours de Richelieu. « L'évêque de Luçon avait été chargé par le clergé de prononcer le discours d'apparat. Tout le désignait au choix de son ordre. Dès le début de la session, il s'était fait remarquer par sa vaste intelligence et il avait su mettre les grâces d'un esprit habile au service de sa prodigieuse ambition. Son discours, admirablement écrit, ne contenait ni cet abus des images, ni ces phrases vides et sonores qui étaient les seules ressources des orateurs de ce temps. Le style était simple et élevé, d'une clarté vraiment éloquente.

M. Henri Martin dit que, de toutes les demandes de réformes que contient ce discours, il faudrait faire deux parts : celles qui ont été puisées dans le cahier du clergé, et celles qui appartiennent en propre à l'orateur. A notre avis, cette distinction est inutile et ne repose sur aucun fondement. Il importe peu de savoir quelle fut la part de chacun : il nous suffit que Richelieu ait jugé les maux de l'État comme la majorité des évêques, et qu'il ait pris à son compte les doléances dont il se faisait l'interprète. Or, s'il a été choisi par son ordre pour remplir ce rôle, c'est qu'apparemment, dans les délibérations antérieures, il avait été constamment d'accord avec ses collègues et s'était associé à tous leurs vœux. Le fond du discours, c'est-à-dire l'exposé des abus et des remèdes, est donc véritablement une œuvre collective : c'est le résultat des délibérations du clergé. Les idées qu'exprime l'orateur sont celles de l'épiscopat, mais elles sont aussi les siennes : il y a solidarité entre lui et son ordre.

Nous dirons plus loin notre sentiment sur la valeur littéraire de ce discours, et nous chercherons à déterminer les caractères de l'éloquence de Richelieu. Ici, il serait curieux de comparer les conseils que donnait alors l'orateur du clergé avec sa conduite quand il devint maître des affaires, et de placer en regard des réclamations de l'évêque de Luçon les actes du tout-puissant Ministre de Louis XIII. Nous verrions que sur une foule de points il fut infidèle au programme de sa jeunesse. Une fois Ministre, il ne diminua guère les pensions; les impôts pesèrent plus lourdement

---

Faite pour plaire à tous, cette harangue ne heurtait aucune des susceptibilités si promptes à s'alarmer des groupes et des compagnies qui l'écoutaient. » Picot, *Hist des États généraux*, t. III, p. 398.

sur le peuple; les charges continuèrent à être vénales, et
l'Église elle-même ne vit pas disparaître les abus de toute
sorte que l'évêque de Luçon avait signalés avec tant de
clairvoyance. Le concile de Trente, en particulier, dont la
promulgation paraissait lui avoir été si à cœur en 1614, ne
trouva pas meilleur accueil sous son ministère que sous le
régime précédent. Et cependant, il était personnellement
convaincu de la nécessité de le publier, puisqu'en 1622, il
écrivait au chapitre de Luçon : « Ayant appris par M. de
Flavigny la résolution que vous avez prise de recevoir le
saint et sacré concile de Trente, je ne puis que je ne vous
témoigne combien cette nouvelle m'a été agréable. Si j'eusse
été au temps de votre grand chapitre dernier en ces quartiers, je me fusse estimé heureux de m'y trouver pour contribuer de ma part à une si sainte action (1). » Or, ce qu'il
appelait une *sainte action* en 1622, et ce qu'il approuvait
pour le diocèse de Luçon, il refusa plus tard de l'étendre à
toute la France. Ce n'est pas qu'il eût changé d'opinion;
mais la lourde responsabilité qui pesait sur lui lui faisait
voir la question sous un autre point de vue. Décidé, avant
tout, à fortifier le pouvoir royal, il hésitait à promulguer solennellement certains décrets qui semblaient contraires à
l'indépendance de la couronne. Il craignait aussi de se
brouiller avec les magistrats du Parlement, dont le concile
avait restreint les prérogatives religieuses. D'ailleurs,
comme l'ensemble des décrets du concile avait été reçu iso-
lément, dans chaque diocèse, par la seule autorité de l'évêque (1), il jugeait inutile de les transformer en lois d'État.

____

(1) Avenel, *Lettres, de Rich.*, t. Ier, p. 751.
(2) Quelques mois après la dissolution des États généraux, l'assemblée du clergé
de 1615 discuta de nouveau cette question. Cette assemblée, qui comptait 3 cardi-

Il faut cependant reconnaître que les hautes conceptions politiques qui ont fait la grandeur de son ministère sont presque toutes indiquées dans ce discours.

Ainsi, il demande que les évêques soient introduits dans les conseils du Roi et employés dans toutes les charges, même militaires. On a prétendu trouver dans ce vœu la pensée personnelle et particulière de l'orateur, et comme la prévision de sa haute fortune, habilement mêlées aux intérêts qu'il avait mission de défendre(1). Mais c'est là une grave méprise. L'entrée des ecclésiastiques dans le conseil du Roi n'était pas seulement le désir individuel d'un prélat ambitieux; c'était un vote du clergé positivement inscrit dans le cahier de ses doléances, et qui même avait figuré parmi les réclamations du prince de Condé. Seulement Richelieu, dans la suite, y fit droit dans la plus large mesure, puisqu'il aimait à s'entourer d'évêques auxquels il confiait les entreprises les plus délicates et les plus périlleuses. On peut même dire

naux, 7 archevêques, 47 évêques et un grand nombre de représentants du clergé inférieur, résolut de sortir de la situation équivoque qu'avaient produite tant de tergiversations; le 2 juin 1615, l'évêque de Nantes écrivait à Richelieu : « Tout ce « que nous pouvons dire avoir promu jusqu'à présent est d'avoir fait résoudre « entre nous qu'au cas où le Roi refuserait la publication du concile, sur laquelle « nous insistons, nous la ferions en nos conciles provinciaux et tâcherions de la « faire observer en nos diocèses »... Quelques jours après il lui écrivait : « Nous sommes résolus de signer le concile de Trente jusqu'au nombre de 52 évêques qui sont ici présents, attendant le consentement de près d'autant pour accomplir le total, et avons remis aux synodes provinciaux pour le publier »... Mais auparavant on voulut tenter une dernière démarche auprès du Roi. L'abbé de St-Victor, coadjuteur de Rouen, François de Harlay, fut chargé de présenter la requête de l'Assemblée. « La harangue qu'il présenta à leurs Majestés sur ce sujet, dit Richelieu dans ses *Mémoires*, fut fort mal reçue d'elles, et M. le chancelier lui témoigna que Sa Majesté ayant intérêt à la réception dudit concile pour les choses qui concernaient la discipline extérieure de l'Église, elle ne se pouvait ni ne se devait faire sans elle... (Rich. *Mém.*, liv. VI, p. 100.) Néanmoins les membres de l'Assemblée prirent solennellement, le 7 juillet, une résolution signée de tous, suivant laquelle, « obligés par leur devoir de conscience », ils recevaient et s'engageaient à faire recevoir, dans les conciles provinciaux et les synodes diocésains, tous les décrets du saint concile.

(1) « On dirait, dit M. de Rémusat, qu'il écrit la préface de sa propre histoire. » (*Critiques et études littéraires*, par M. Ch. de Rémusat, t. Ier, p. 426.)

que, sous aucun règne, le clergé ne fut à la fois plus docile ni plus mêlé aux affaires publiques que sous Louis XIII.

Inutile de rappeler aussi que le grand Cardinal pratiqua toute sa vie les conseils de tolérance qu'il donnait à Marie de Médicis à l'égard des protestants : nous avons déjà dit toute notre pensée à ce sujet.

Il ne montra pas moins de fidélité à ses maximes quand il réprima avec tant de rigueur la coutume barbare des duels. En 1615, il en avait demandé l'abolition en termes émus. La mort tragique de son frère, qui arriva quatre ans plus tard, ne fit qu'accroître sa réprobation contre une mode qui décimait la noblesse et qui l'avait lui-même si cruellement frappé.

Mais où le terrible Ministre se devine tout entier, c'est lorsqu'il souhaite que l'autorité royale soit tellement forte qu'elle ressemble « à un ferme rocher qui brise tout ce qui le heurte », et que le Roi règne longuement et glorieusement pour être la consolation de ses sujets *et la terreur de ses ennemis*. A l'entendre parler de la sorte, on pressent qu'il ne négligera rien pour faire de ce vœu une réalité. Il ne conçoit pas l'autorité royale, paternelle et débonnaire à la façon de S. Louis ou de Louis XII. Il la veut forte, redoutable, incontestée ; son idéal serait plutôt Louis XI, avec quelque chose de plus grand et de moins astucieux : « Mon premier but, dit-il plus tard, fut la majesté du Roi ; le second fut la grandeur du royaume. » Si donc il abaissa les princes, s'il écrasa le peuple d'impôts, s'il brisa les forces protestantes, ce fut au profit de son maître. Ce redoutable justicier fut avant tout l'homme du Roi.

On conçoit que ce discours de Richelieu ait été une révélation pour tous ceux qui l'entendirent. Après ce coup d'éclat, le Roi, la Reine, les ministres, tous les membres de l'assemblée ne le regardent plus comme un prélat ordinaire : il est pour tous un homme d'État qui vient de se manifester, qui déjà s'impose à l'attention de la Cour, sur qui la France a les yeux et qui bientôt mettra la main au gouvernail.

A partir de ce moment en effet, les charges et les honneurs affluent vers lui, sans surprendre personne, sans le surprendre lui-même. Il se sent prêt pour toutes les tâches qu'on voudra lui confier.

Elles ne se font pas attendre. Quand la Cour part pour Bordeaux (août 1615), où doit se célébrer le mariage de Louis XIII avec une princesse espagnole, Richelieu n'est pas du cortège (1). Mais il se trouve à Poitiers pour le pas sage du Roi et de la Reine, et déjà il est tenu en si haute estime qu'on lui demande de demeurer auprès de la princesse Elisabeth, qui est tombée malade et qui ne peut se remettre en route que quelques jours après le départ du reste de la Cour.

A cette époque, quand il était ainsi chargé de veiller sur la convalescence de la future reine d'Espagne, l'évêque de Luçon était secrétaire des commandements de Marie de Médicis. Il remplissait ces fonctions avec un empressement et une ardeur où l'on pourrait peut-être démêler autre chose que le dévouement d'un fidèle serviteur. Les paroles suivantes, qui terminent l'une de ses lettres à la Reine mère, indiqueront la nature de ses sentiments : « Cependant, je supplierai Votre Majesté de me permettre de lui faire voir

____

(1) Ce qui prouve que Richelieu ne fut pas de ce voyage, c'est le silence qu'il garde à ce sujet dans ses *Mémoires*, c'est aussi l'absence de son nom parmi les personnes de l'escorte royale, c'est sa lettre à l'évêque de Langres, qu'il espère « attraper au passage » s'il est du voyage de Bayonne, c'est enfin la correspondance de du Vergier de Hauranne, qui le tient au courant de toutes les péripéties de ce voyage qui ressemble à une expédition militaire.

en trois lignes que, n'ayant point de paroles assez dignes pour lui rendre grâce de l'honneur non mérité qu'il lui a plu encore depuis peu me faire en mon absence, résistant de son propre mouvement à ceux qui me voulaient priver du fruit de ses promesses, je dédie toutes les actions de ma vie à cette fin, suppliant Dieu qu'il accourcisse mes années pour allonger les vôtres, et que, sans me priver de sa grâce, il me comble de misères pour combler Votre Majesté de toutes sortes de prospérités, que je lui souhaite comme étant, de Votre Majesté, le très humble, très obéissant, très fidèle et très obligé sujet et serviteur. » Armand, évêque de Luçon. (6 nov. 1615) (1).

Quand Louis XIII est marié, l'évêque de Luçon est nommé grand aumônier de la jeune Reine. Ce titre est plus honorifique que réel ; néanmoins il prouve les progrès de Richelieu dans la confiance et l'amitié de sa protectrice.

Il ne prend pas une part directe aux conférences de Loudun. Mais il s'installe dans son prieuré de Coussay pour pouvoir les suivre de plus près, et d'ailleurs son ami l'évêque de Bayonne, qui est à Tours avec le Roi, le tient au courant des dispositions de la Cour et même des négociations ouvertes avec le prince de Condé (2).

Après la rentrée de la Cour à Paris (1616), il est nommé conseiller d'État. Son avenir est assuré, car ce sont ses amis Barbin et Mangot, deux créatures du maréchal d'Ancre, qui sont au ministère. Il est impossible qu'un jour ou l'autre il ne soit pas appelé auprès d'eux pour être leur collègue.

En attendant, Marie de Médicis va l'employer dans deux affaires délicates.

(1) Avenel, *Lettres de Rich.*, t. VIII, p. 9.
(2) Lettre de l'évêque de Bayonne à Richelieu, à Coussay, 9 mars 1616. *Archives de la famille de Richelieu.*

Concini avait dû s'éloigner à la suite d'une sédition (19 juin 1616). La Reine le regrettait, mais elle n'osait le rappeler dans la crainte de nouveaux soulèvements. Elle avait besoin du prince de Condé pour l'appuyer de sa popularité.

Celui-ci boudait dans le Berry, dont il prenait possession, et ne se pressait pas de rentrer à la Cour. On lui avait envoyé successivement toutes les personnes qu'on supposait lui être agréables et avoir quelque crédit sur lui ; mais elles avaient échoué dans leur démarche. Comme il fallait en finir, on chargea l'évêque de Luçon de tenter un dernier effort. « Ce qui fit que pour démêler ces fusées, dit-il dans ses *Mémoires*, la Reine me dépêcha vers lui, croyant que j'aurais assez de fidélité et d'adresse pour dissiper les nuages de défiance que les mauvais esprits lui donnaient d'elle contre la vérité ; ce qui me réussit non sans peine (1). »

En effet, le prince céda ; il permit à l'évêque de Luçon d'annoncer son retour et approuva tout ce qui s'était fait jusqu'alors, les promotions et les disgrâces. Il s'engagea même envers la Reine mère à toute espèce d'assistance, et dans un accès de générosité provoqué par les hautes espérances qu'on lui faisait concevoir, il se fit fort de maintenir le maréchal d'Ancre contre tous ennemis (2).

(1) Richelieu, *Mémoires*, t. XXI *bis*, p, 303.

(2) On donna à Richelieu une indemnité de 850 livres pour le dédommager de ses frais de voyage dans cette négociation. « Nous Armand-Jean du Plessis, év. de Luçon, cons. du Roi eu son conseil d'État privé, confessons avoir reçu comptant de M. Thomas Morant, sieur d'Esterville, conseiller du Roi en son conseil d'État et trésorier de son épargne, la somme de huit cent cinquante livres à nous ordonnée par ledit sieur pour le voyage que nous avons fait en diligence et ses chevaux de poste de la ville de Paris en celle de Chinon, dudit Chinon à Chenonceau et de Chenonceau à Châteauroux, pour trouver M. le prince de Condé, pour lui rendre les lettres de Sa Majesté, et pour notre retour en pareille diligence, de laquelle nous nous tenons pour content et bien payé et en *acquittons* ledit sieur d'Esterville...»

« Armand, év. de Luçon.

« Le 19 juillet mil six cent seize. »

Biblioth. Nat. Cab. des titres, t. Iᵒʳ, pièces originales. *Plessis*, nᵒ 2302, fᵒ 35.

Le triomphe était donc complet pour l'habile négociateur ; et la reconnaissance de Marie de Médicis dut être vive quand la rentrée du prince à la Cour rendit possible le retour de son favori.

Deux mois après, de nouvelles complications éclataient. Le prince de Condé, devenu intolérable, avait été mis à la Bastille ; mais ce coup d'autorité, au lieu d'intimider les grands, n'avait fait que les exaspérer. Le duc de Nevers avait écrit et fait imprimer deux lettres peu respectueuses qu'il adressa au Roi les 5 et 15 septembre. « Il savait bien, disait-il, le respect qu'il devait à la Reine Marie, mère de son Roi ; mais hors de cela personne n'ignorait que ceux de *Gonzague* étaient princes avant que les *Médicis* fussent gentilshommes (1). » Tout présageait donc une révolte qui pouvait être sérieuse et pleine de périls. Dans son embarras, Marie de Médicis crut plus sage d'user de ménagement.

« La Reine, dit Richelieu, employa tous les moyens qu'elle put pour lui faire connaître sa faute. Elle dépêcha vers lui M. Marescot, maître des requêtes, lequel n'ayant rien avancé, elle me fit l'honneur de me choisir pour y faire un voyage de la part de Sa Majesté, croyant que j'avais quelque dextérité par laquelle je pourrais ménager son esprit et le ramener à la raison ; mais tout cela fut en vain, car il n'en était pas capable (2). »

La situation était pleine de difficultés. Le Roi était trop jeune, la Reine allait tour à tour de la faiblesse à la violence. Le maréchal d'Ancre était impopulaire et odieux ; les ministres étaient sans prestige et sans force. Tout semblait favoriser la révolte du duc de Nevers, lorsque l'entrée de

<hr>

(1) Monglat, *Mémoires*, p. 18.
(2) Hich., *Mémoires*, t. XXI *bis*, p. 361.

Richelieu aux affaires changea subitement la face des choses.

Il était question depuis quelques jours d'envoyer l'évêque de Luçon en Espagne, avec le titre d'ambassadeur. Mais celui-ci était trop avisé pour ne pas comprendre qu'il avait tout intérêt à rester à la Cour. Il refusa donc l'ambassade. Sur ces entrefaites, du Vair, ayant mécontenté le Roi et la Reine, dut rendre les sceaux qui furent donnés à Mangot. Il fallait un nouveau secrétaire d'État pour les affaires étrangères et la guerre. Barbin et le P. Joseph s'employèrent activement pour faire attribuer ce poste à l'évêque de Luçon (1). Aucun obstacle ne se rencontra. Le maréchal d'Ancre avait du goût pour ce jeune prélat qu'il trouvait supérieur à tous les *barbons* du ministère (2). Et quant à la Reine, sa faveur et son appui étaient acquis à l'avance à l'homme qui l'avait charmée par la distinction de ses manières et les grâces de son esprit, qui depuis deux ans était le confident de ses embarras, son agent préféré pour les missions délicates et épineuses, et dont la présence au ministère ne pouvait qu'accroître l'autorité et le prestige du gouvernement.

La nomination, signée du Roi, eut lieu le 30 nov. 1616. Ce jour-là Richelieu entra au ministère avec le titre de secré-

(1) Richelieu, élevé dans la famille de Bouthillier, avait fait la connaissance de Barbin qui remplissait alors un emploi subalterne et que la faveur de Léonora Galigaï appela au ministère. — Barbin, fut cause en grande partie de la nomination de l'évvèque de Luçon comme secrétaire d'État en 1616.

(2) RICH., *Mém*, année 1617. (Poujoulat, t. Iᵉʳ, p. 168.) « Je lui gagnai le cœur, et il fit quelque estime de moi dès la première fois qu'il m'aboucha. Il dit à quelques uns de ses familiers qu'il avait un jeune homme en main capable de faire leçon à *tutti barboni*. » Quelques jours après le nonce Bentivoglio annonçait ainsi au cardinal Ubaldini le changement de ministère. « L'évêque de Luçon est secré- « taire d'État. Ce prélat, quoique jeune, est des plus éminents de France par sa « culture littéraire, par son éloquence, sa bonté et son zèle pour la religion. On « peut espérer que ce changement nous sera favorable... Comme secrétaire d'État, « on ne pouvait pas désirer mieux. » AVENEL, t. VIII, p. 11.

taire d'État et avec la préséance sur ses collègues (1). Il avait trente et un ans.

(1) De leur côté, les ambassadeurs vénitiens, en signalant à leur gouvernement les changements qui venaient de se produire à la Cour de France, parlaient ainsi de l'évêque de Luçon. « La charge de premier secrétaire d'État qu'avait exercée Mangot fut offerte à Barbin ; mais celui-ci n'a pas voulu céder la charge de directeur des finances qui est plus avantageuse et impose moins de fatigue. La secrétairie a donc été conférée à l'évêque de Luçon, qui avait été d'abord désigné pour aller en Espagne. Nous considérons ce ministre comme ne pouvant pas être favorable aux intérêts de votre sérénité; nous avons surpris (sottrato) qu'il est de la faction espagnole; c'est pourquoi il a la charge de grand aumônier de la Reine régnante au point d'être vu dans le palais de l'ambassadeur d'Espagne au titre de fréquent visiteur (frequentare domesticamente). Le bruit court même qu'il reçoit une pension de l'Espagne (egli habbi pensione da Spagua). »

Octavien Bon, Vincent Gussoni,
Ambassadeurs.

29 novembre 1616.
Fonds italiens, n° 1770, f° 140.

CHAPITRE VIII

RICHELIEU HORS DE LUÇON (1616-1623).

SOMMAIRE. — Mort de Concini. — Disgrâce de Richelieu : il suit la Reine à Blois. — Il est exilé à Coussay, puis à Avignon. — Il est rappelé auprès de la Reine mère. — Deuils de famille. — Négociations pour le cardinalat. — Richelieu se démet de l'évêché de Luçon. — Devenu ministre, il continue à protéger son ancien diocèse.

Richelieu ministre appartient à l'histoire générale ; nous n'avons donc pas à nous en occuper ici. Disons seulement que le maréchal d'Ancre lui demanda de renoncer à son évêché en entrant aux affaires ; mais le nouveau secrétaire d'État refusa obstinément d'y consentir. Il avait l'esprit trop sagace et trop prévoyant pour abandonner une position sûre et relativement avantageuse, en vue d'un titre sans doute plus brillant, mais abandonné à toutes les éventualités de la politique. Le favori eut beau s'entêter et se fâcher : le prélat ne céda point et se montra décidé à quitter plutôt les affaires que son siège épiscopal. La Reine s'interposa, et Richelieu put continuer à gouverner son diocèse.

L'événement prouva bientôt combien il avait été sage en agissant de la sorte. « On a vu peu de grands hommes, dit-il dans ses *Mémoires*, déchoir du haut degré de la fortune sans tirer après eux beaucoup de gens (1). » Il lui était réservé de confirmer par son propre exemple la justesse de cette remarque ; car la révolution de Palais du 24 avril 1617 lui fut funeste, aussi bien qu'à ses protecteurs.

On a décrit cent fois la joie puérile de Louis XIII quand

(1) RICH., *Mémoires*, t. XXI *bis*, p. 99.

il apprit la mort du maréchal d'Ancre (1). Il monta sur un billard, et c'est sur cette sorte de *pavois*, comme disent les mémoires du temps qu'il reçut les félicitations des courtisans.

L'affluence était nombreuse au Louvre. L'évêque de Luçon, qui était à la Sorbonne pendant que le meurtre s'accomplissait, s'empressa d'accourir, et, avec une fermeté et une audace incroyables, il ne craignit pas de se présenter dans cette tumultueuse assemblée. Il passa devant le Roi qui, du haut de son billard, lui dit qu'il le voulait bien traiter (2), et de ce pas il se rendit comme à l'ordinaire dans la salle du Conseil. Il n'y fut pas admis, ou, du moins, il fut mal reçu par Villeroy et les autres ministres (3). Les sceaux furent enlevés à Mangot ; Barbin fut retenu prisonnier chez lui et ses papiers confisqués. Richelieu se vit traité avec plus de ménagements. Son caractère ecclésiastique, et plus

(1) Arnauld d'Andilly raconte dans son journal que lorsque d'Ornano vint annoncer au Roi la mort du Maréchal, le prince se montra à l'une des fenêtres de la cour, l'épée à la main, et cria : « Courage, mes amis, je suis maintenant « Roi... »

« Après, le Roi s'en alla dans sa galerie et se mit sur le billard, où il recevait « avec une contenance très contente et très assurée toute la noblesse qui lui venait « faire la révérence. Il y fut encore une partie de l'après-dîner et donnait ordre « lui-même à plusieurs choses. Il dit qu'il y avait cinq nuits qu'il n'avait dormi. » *Journal* d'ARNAULD D'ANDILLY, p. 282.

(2) RICH., *Mémoires*, liv. VIII, p. 420. — Je ne crois pas qu'il faille prendre au sérieux l'anecdote racontée par Tallemant des Réaux d'après Le Grain. Il est peu vraisemblable que le Roi ait dit à Richelieu, après la mort du maréchal d'Ancre : « Me voilà délivré de votre tyrannie, Monsieur de Luçon. » L'évêque était alors un trop petit personnage pour avoir pu faire peser sa tyrannie sur le Roi. TALLEMANT, t. II, p. 3.

(3) Arnauld d'Andilly raconte que l'évêque de Luçon, sur l'ordre du Roi, se rendit à la salle du Conseil accompagné de M. de Vignolles, mais que Villeroy ne voulut pas l'admettre avant d'avoir su du Roi si Richelieu devait « travailler en qualité de secrétaire d'Etat ou de conseiller d'Etat ». (Journal, p. 29.) Déageant dit aussi que « le Roi était favorablement disposé pour l'évêque de Luçon. Il aurait voulu qu'il continuât l'exercice de sa charge pour l'assurance que Sa Majesté avait de son affection, fidélité et capacité très reconnue, Sa Majesté lui ayant, à cet effet, mandé de venir au conseil, les anciens ministres, prévoyant que la clarté et éminence de son esprit reluisant comme il faisait par-dessus les leurs, ils ne seraient plus tenus pour oracles de l'Etat comme ils voulaient qu'on les crût, lui donnèrent d'abord toutes les traverses dont ils se purent ressouvenir... » DÉAGEANT, *Mémoires*, p. 47.

encore la digne et ferme attitude qu'il garda dans cette circonstance le protégèrent contre toute mesure de rigueur. Avait-il eu, en prévision de ces événements, des relations secrètes avec Albert de Luynes, comme l'en accuse le P. Griffet, et aurait-il ainsi trouvé grâce auprès du nouveau favori? Il serait difficile de l'affirmer. Quoi qu'il en soit, il fut le seul pour qui on eut quelque égard. Il assure même que Luynes lui aurait fait ce compliment : « Allez-vous en au lieu où sont assemblés tous ces Messieurs du conseil, afin qu'on voie la différence avec laquelle le Roi traite ceux qui vous ressemblent et les autres qui ont été employés en même temps. »

A l'en croire, Luynes aurait même poussé la générosité jusqu'à lui offrir de rester au conseil avec tous ses appointements. Mais mal reçu par Villeroy, qui venait de prendre la direction du ministère, et comprenant que de ce côté il n'avait pas à compter sur des dispositions bienveillantes, il résolut d'offrir ses services à la Reine mère qui venait d'être bannie (1). « Je préférai, dit-il, l'honneur de la suivre en son affliction à toute la fortune qu'on me faisait espérer. »

Richelieu se donne ici des airs d'héroïsme qui ne sont pas absolument conformes à la vérité. Sa première pensée, après la mort de Concini, avait été de rester au ministère. Ce n'est que lorsqu'il eut la conviction que cela était impossible qu'il se tourna du côté de la Reine. Son dévouement, comme le dit M. Avenel, était donc de nécessité (2).

Avant de quitter Paris, il négocia les adieux de Marie de Médicis à Louis XIII. Il est peu probable que la Reine ait

(1) L'évêque de Luçon fut l'une des rares personnes qui obtinrent la permission de voir la Reine le jour de la mort du Maréchal. (*Journal* d'ARNAUD D'ANDILLY p. 284.

(2) AVENEL, *Lettres. de Rich.*, t. Ier, p. 538.

prononcé le discours très habile, très digne et très étudié
que lui prête l'évêque de Luçon dans ses *Mémoires*. La
séparation se fit simplement et sans récriminations. Les
exilés partirent pour Blois le 3 mai 1617. « La Reine, dit
Richelieu, sortit du Louvre, simplement vêtue, accompagnée
de tous ses domestiques qui portaient la tristesse peinte en
leur visage ; et il n'y avait guère personne qui eût si peu de
sentiment des choses humaines que la face de cette pompe
quasi funèbre n'émût de compassion (1). »

La situation. de Richelieu à Blois était extrêmement épineuse. Il se sentait obligé en conscience de calmer l'esprit
aigri de la Reine et de la détourner de toute cabale et de
toute idée de vengeance ; et en même temps il craignait sans
cesse que son dévouement n'éveillât les soupçons du Roi et
de son favori et ne lui attirât quelque mesure de rigueur. Il
espéra cependant, par la sagesse et la prudence de sa conduite, prévenir les mauvais offices de ses ennemis. Dans
cette vue, il engagea Marie de Médicis à faire venir auprès
d'elle son confesseur, le P. Suffren, dont personne ne sus-
pectait la piété et la droiture, comptant bien que la présence
de ce religieux rassurerait le Roi et toute la Cour sur la
loyauté de ses intentions. L'évêque de Luçon joint lui-même

---

(1) RICH., *Mém.*, année 1617. (Pouj., t. Iᵉʳ, p. 164.) Il ajoute un peu plus loin :
« Au sortir de Paris, je l'accompagnai, recevant plus de consolation de la part
que je prenais à son affliction, que je n'en eusse pu recevoir en la communication
que ses ennemis me voulurent faire de leurs biens. J'en voulus avoir une permission expresse du Roi par écrit, de peur qu'ils ne me rendissent peu après coupable de l'avoir suivie et soutinssent que je l'avais fait de mon mouvement. Je
savais bien l'épineuse charge que ce m'était de demeurer auprès de la Reine
mais j'espérais me conduire avec tant de candeur que je dissiperais toutes les
ténèbres de la malice conjurée contre moi. Et pour aider à y parvenir, je conseillai
à la Reine d'envoyer quérir le P. Suffren, personnage de grande piété et simplicité,
éloigné de menées et d'artifices, et qui n'en laisserait pas prendre la pensée
seulement à la Reine jusqu'à l'extrême nécessité ! Le bon Père néanmoins ne vint
pas trop tot comme il avait été mandé, mais seulement quelques mois après

ses instances à celles de Marie de Médicis. « Je vous laisse
à penser, écrit-il au P. Suffren, si le séjour de Blois me sera
plus doux quand il y aura ici une personne avec qui je
pourrai ensevelir tous les déplaisirs qui peuvent arriver,
au pied de la croix de Celui que nous servons, vous
comme vous devez, moi comme je peux dans l'embarras
du monde (1). » Mais ce religieux ne vint à Blois que plusieurs mois après et n'y trouva plus l'évêque de Luçon.

Celui-ci donna au Roi un autre gage de fidélité. Quand
la Reine lui offrit d'être le surintendant de sa maison et le
président de son conseil, il ne voulut pas accepter ce double
titre sans l'agrément du souverain et du duc de Luynes.
Bien plus, il tenait le favori au courant de l'état d'esprit et
des dispositions de la Reine, et attestait que toutes « ses
actions étaient saintes » et qu'elle ne gardait aucune rancune
de sa disgrâce. Mais toutes ces précautions furent inutiles.
« Ils craignaient, dit Richelieu, en parlant de ses ennemis,
le peu d'esprit que Dieu m'avait donné... A quelque prix
que ce fût, ils ne me voulaient point voir auprès de cette
princesse ; ils eussent bien désiré m'éloigner d'auprès
d'elle ; mais leur timidité et leur inexpérience, qui leur faisaient tout craindre, les empêchaient d'oser prendre résolution de me faire commander par Sa Majesté de m'en
retirer (2). »

Pour arriver à leur but, ils eurent recours à la ruse. Ils
répandirent le bruit que le Roi allait donner à l'évêque de
Luçon l'ordre de quitter Blois. Le marquis de Richelieu en
informa aussitôt son frère, et celui-ci, croyant plus habile
de prévenir ce commandement, prit congé de la Reine et se

(1) AVENEL, *Lettres de Rich.* Supplém., p. 400.
(2) RICH., *Mém.*, année 1617. (Pouj., p. 171.)

retira dans son prieuré de Coussay (juin 1617). Ce prieuré
était la demeure préférée de Richelieu pendant les années
de son épiscopat. Il y avait là un beau château construit par
le cardinal Briçonnet, entouré d'un grand parc où des fon-
taines d'eau vive entretenaient une grande fraîcheur (1).
Souvent il y était venu pour se guérir des fièvres que lui
avaient données les marais de Luçon ; et maintenant il allait
trouver dans cette agréable solitude l'apaisement après les
orages de la politique, et en même temps le calme et l'isolement nécessaires pour les travaux de l'esprit.

Son séjour au prieuré de Coussay, qu'il appelait « son
ermitage », fut assez long (2) : il y vivait comme un reclus,
entouré de ses livres, et cherchant dans le travail une di-
version à ses préoccupations et à ses ennuis. Sa disgrâce lui
était très pénible : on trouve la confidence des pensées qui
l'agitaient dans différentes lettres qu'il écrivit à ses amis. Il
raconte à un personnage de la Cour qu'il est monté à cheval
aussitôt après avoir reçu l'ordre de partir : « La volonté de
Sa Majesté, dit-il, étant une loi à laquelle il faut rendre
obéissance, je me promets que la prompte que je lui ai rendue en cette occasion me tiendra lieu d'excuse envers
vous... Je m'assure que chacun reconnaîtra mes actions
avoir toujours été telles qu'on les peut désirer d'un fort
homme de bien et du tout passionné au service de son
prince... Je me promets que ceux qui seront dépouillés d'intérêt le croiront comme je le dis, et que le temps faisant voir
mon innocence on me croira tout autre que ceux qui m'en
veulent le voudraient persuader. C'est ce que j'espère de la

(1) Collect. Dom Fonteneau, t. LXIV, p. 197.
(2) Il ne résida pas à Coussay d'une façon continue. Il séjourna aussi à Luçon,
comme le prouve sa lettre au P. Honoré, datée de Luçon, 23 déc. 1617. D. Fonteneau,
t. IV, f° 779.

bonté de Dieu et du bon naturel de Sa Majesté, quand il aura connu la vérité (1). »

Il adresse au nonce les mêmes protestations d'innocence : « Je ne doute point que divers bruits qu'on épand exprès pour me rendre de mauvais offices ne vous fassent souvent penser à moi ; mais je suis assuré qu'ils ne vous porteront à croire aucune chose que ce qu'on doit estimer d'un homme de bien. Je suis ici dans mon diocèse... J'y vis doucement parmi le contentement de mes livres et les actions de ma charge. » Il ajoute même cette phrase, qui semble un peu singulière sous la plume de Richelieu : « je prie Dieu qu'il fasse du bien à ceux qui me font de mauvais offices (2). » Sa charité allait-elle jusque-là? On pourrait peut-être en douter. Quoi qu'il en soit, on ne saurait méconnaître l'accent de résignation pieuse qui se retrouve dans toutes ses lettres de cette époque. On dirait que le malheur n'a fait que raviver son zèle religieux et son dévouement au Roi. Il ne lui échappe aucune parole d'amertune ou d'aigreur : il tient à désarmer ses ennemis à force de soumission et d'égalité d'âme. « Je souhaite, dit-il à l'évêque de Paris, Henri de Gondi, que Leurs Majestés puissent avoir en toutes choses contentement et honneur, car pour les troubles que plusieurs craignent et prévoient tout ensemble, s'ils arrivent, je m'estimerai heureux d'être ici en repos, étant inutile à servir le Roi et doublement heureux pour avoir assurément du repos en ma conscience. Ainsi servant Dieu et mes amis, je suis résolu de couler doucement le temps parmi mes livres et mes voisins, et de faire, en vivant de cette façon, que nos

(1) AVENEL, *Lettres de Rich.*, t. 1ᵉʳ, p. 548.
(2) AVENEL, *Lettres de Rich.*, t. 1ᵉʳ, p. 548.

ennemis aient toujours plus de lieu d'envier mes actions que de les condamner (1). »

Enfin, comme il se sait calomnié et qu'il tient à conserver, malgré tout, l'estime du Roi, il lui écrit, en septembre, une lettre très grave et en même temps très habile pour se justi-fier de toutes les accusations dirigées contre lui. Il s'attache surtout à bien établir sa parfaite obéissance : c'est sur son ordre qu'il a suivi la Reine à Blois, et le jour où il a appris que sa présence auprès d'elle était désapprouvée, il s'est retiré à Coussay. « Depuis ce temps-là, Sire, dit-il, j'ai vécu dans ma maison, priant Dieu pour la prospérité de Votre Majesté, recherchant parmi mes livres une occupation con-venable à ma profession (2). »

Il est à croire que cette apologie ne produisit pas sur l'esprit du Roi le résultat qu'en attendait l'évêque de Luçon, car quelques jours après celui-ci priait son plus ancien et plus fidèle ami, le père Joseph, d'intervenir en sa faveur. Nulle part, plus que dans cette lettre, il ne révèle ses angoisses et son trouble ; il parle ici avec la simplicité qui convient quand on écrit à un confesseur et à un ami. Nul déguisement dans sa pensée, aucun mot pour donner le change sur ses véritables sentiments : c'est le fond le plus intime de son âme qui se montre à nu. « Mon père, je veux vous témoigner par cette lettre que j'ai de la confiance en vous, puisque, bien qu'il y ait plus d'un an et demi que nous nous soyons vus (3), je veux vous écrire avec la même résignation que si nous n'avions bougé d'ensemble. Je suis si gros de déplaisir des calomnies que tous les jours on me met à sus que je veux

(1) Avenel, t. Ier, p. 557.
(2) Avenel, *Lettres de Rich.*, t. Ier, p. 551.
(3) Cette phrase prouve clairement que le P. Joseph n'avait été appelé à remplir aucun emploi pendant le premier ministère de Richelieu.

vous ouvrir mon cœur. Il y a quatre mois que je reçus du Roi commandement de m'en venir ici, où j'ai, depuis, pour la grâce de Dieu, vécu de telle sorte que j'estimais que non-seulement serais-je innocent devant Dieu, mais exempt de soupçon devant le monde. Cependant, on me dépeint à Sa Majestés des plus étranges couleurs qu'il est possible et me représente-t-on tout autre que je suis. Je me suis attaché aux controverses et n'ai sur mon honneur d'autre but que de servir Dieu et le Roi en cet exercice. Je ne cherche que le repos pour cet effet. Je vous proteste devant Dieu n'avoir eu ni n'avoir autre pensée ; ce qui paraîtra par le temps, ayant entrepris une œuvre contre l'hérésie que je n'achève-rai point sans veilles. J'ai su que vous voyez et estimez grandement M. Déageant que j'ai toujours tenu pour être un de mes amis. Pour cet effet, je vous supplie de le con-jurer, de votre part et de la mienne, de contribuer, en ce qui est en lui, qu'il plaise au Roi prendre une impression de moi conforme à la sincérité de mes actions, et de croire, ce qu'il verra toujours par effets, que j'aimerais mieux mourir que de manquer à son service. Vous en pouvez donner votre parole pour moi, et je vous assure que vous n'en serez point en peine, ayant ce que je dois en cela en telle recom-mandation que je me manquerais plutôt à moi-même que d'y manquer. Je n'eusse jamais cru que la passion de quelques-uns, qui ont entrepris de me faire de mauvais offices, eût eu tant de force contre mon innocence... Le temps fera connaître leurs bonnes intentions et justifiera les miennes. Ce m'est un grand crêve-cœur de voir que, tra-vaillant contre l'hérésie, les huguenots prennent occasion de rabaisser ce que je fais contre eux par les mauvais bruits qu'ils répandent qu'on fait courir de moi dans la cour. Je vous assure encore une fois que je mourrais plutôt que de manquer à mon devoir envers le Roi, et à témoigner par toutes sortes d'effets à ceux qui m'obligeront tant que de lui faire perdre la mauvaise impression qu'on lui donne de moi, que j'aurai de cette obligation tout le ressentiment qu'ils sauraient s'imaginer (1). »

La paix ne régnait donc pas absolument dans l'âme de Richelieu. Malgré la résignation un peu forcée dont il avait fait parade au début, il ne pouvait se faire à l'idée de perdre l'estime du Roi. C'était là surtout ce qui ulcérait son cœur. Etre écarté des affaires lui semblait peu de chose : le mal qu'une intrigue avait fait, une autre intrigue pouvait le réparer. Il y avait toujours pour lui chance de rentrer en scène tant qu'il serait apprécié du Roi. Mais il redoutait, comme le plus grand malheur qui pût lui arriver, de passer aux yeux du prince pour un homme dangereux et intrigant. Voilà pourquoi il cherchait partout des appuis et des protecteurs qui pussent le justifier et se porter garants de sa fidélité.

Nous dirons plus loin quels étaient ces travaux de controverse, auxquels il se livrait ; constatons seulement ici que le malheur avait en quelque sorte amolli son âme et l'avait rendu singulièrement accessible à l'amitié. Il se montrait reconnaissant des moindres marques de sympathie, et les consolations qui lui arrivaient de toutes parts provoquaient chez lui des élans de gratitude un peu inattendus. En même temps, il comprenait mieux la vanité des grandeurs humaines, et toutes ses lettres de cette époque témoignent d'une piété et d'un détachement auquel l'écroulement

____

(1) Avenel, *Lettres de Rich.*, t. VII, p. 482.

subit de ses rêves n'était sans doute pas étranger (1).

Cependant, ses ennemis finirent par l'emporter. Exaspéré de toutes les attaques dont il était l'objet et des cabales qu'on lui imputait, il demanda au Roi de lui prescrire un lieu de résidence où il fût à l'abri de toute accusation. « Le désir que j'ai, lui dit-il, d'être non seulement exempt de mal, mais de soupçon, me fait avoir recours à un autre moyen, suppliant Votre Majesté, au cas que mon malheur empêche qu'elle ne puisse prendre confiance en moi, en ce lieu où elle apprendra, je m'assure, par toute personne non passionnée que je n'ai jamais eu d'autre dessein que de m'acquitter des fonctions de ma charge, de m'en prescrire tel autre qu'il lui plaira pour ma demeure, où je puisse vivre sans calomnie, comme je suis sans coulpe, l'assurant que, quel qu'il soit, je l'estimerai grandement heureux s'il me garantit de la perte de ses bonnes grâces, de la conservation desquelles je ferai toujours plus d'état que de celle de ma propre vie (2). »

C'était une demande d'exil : la réponse ne se fit pas attendre. Dans une lettre du 7 avril 1618 le Roi lui enjoignit de partir « incontinent » pour Avignon, sans quoi il aurait sujet « d'y pourvoir par autre voie ». Son frère, le marquis de Richelieu, et son beau-frère, M. du Pont-Courlay, devaient l'accompagner (3).

---

(1) Lettre au R. P. de la Chartreuse. « Cependant je ne veux pas oublier de vous dire combien je me tiens votre redevable du souvenir que vous avez eu de moi en un temps, où d'ordinaire, dans le monde, on perd la mémoire de ses amis. Le témoignage que vous m'avez rendu de votre charité, en me départant par vos lettres, de vos saintes consolations, m'a confirmé en la résolution que j'ai prise de recevoir également la prospérité et l'affliction comme venant de la main de Dieu... » AVENEL, t. Ier, p. 555. — Ecrivant au P. Suffren, il lui dit : « Je supporte patiemment toutes les calomnies qu'on me met à sus, me confiant en mon innocence et estimant que Dieu le permet pour mon bien... Je m'assure que vous me favoriserez de vos saintes prières. » AVENEL, t. Ier, p. 558.

(2) AVENEL, t. Ier, p. 564.

(3) Les deux exilés avaient d'abord reçu l'ordre du Roi de se retirer dans leur

Au moment de se mettre en route, l'évêque de Luçon écrivit de nouveau au Roi pour protester encore de son innocence et l'assurer qu'il fera toute diligence pour se conformer à sa volonté : « ... Maintenant qu'il vous plaît que je parte pour m'en aller en Avignon, ne me restant point d'actions plus libres ni plus agréables que celles de vous obéir et servir, j'aurais déjà satisfait à ce nouveau commandement ... si j'eusse eu des commodités présentes pour entreprendre un si long voyage, ou moyen d'engager et vendre tout à l'instant une partie du bien qui me reste ; mais, Sire, j'y obéirai si diligemment que Votre Majesté aura sujet de me continuer toujours la protection qu'il lui plaît me faire l'honneur de me promettre par sa lettre... Je n'aurais point le courage d'espérer cette grâce-là de Votre Majesté, si ma conscience accusait tant soit peu mes actions... Le temps et mes déportements, en quelque lieu qu'il vous plaise que j'aille, feront toujours paraître à mes ennemis qu'il n'y a rien au monde capable de corrompre ma fidélité ni d'altérer ma prudhommie (1). »

Richelieu resta près d'un an à Avignon. Pendant ce second exil, il se comporta avec la même réserve et la même prudence qu'à Coussay. Il donna la meilleure partie de son temps à la composition d'un catéchisme devenu célèbre sous le nom d'*Instruction du Chrétien*. Nous dirons plus loin les mérites de ce livre, qui place son auteur au premier rang des écrivains religieux de son époque.

La mesure prise à l'égard de l'évêque de Luçon fut sévè-

maison (10 février 1618). *Journal* d'ARNAULD D'ANDILLY, p. 349. — « Je ne fus pas surpris à la réception de cette dépêche, ayant toujours attendu de la lâcheté de ceux qui gouvernaient toute sorte d'injuste, barbare et déraisonnable traitement.» RICH. *Mém.* (Coll. Mich. et Pouj., t. Ier, p. 493.)

(1) AVENEL, t. Ier, p. 569.

rement appréciée par le pape. La correspondance échangée
entre M. de Marquemont, ambassadeur à Rome, et M. de
Puisieux en fait foi. « Et ces propos nous ayant portés à parler
d'Avignon, Sa Sainteté me dit que, par ce dernier exécu-
toire, elle n'avait point reçu de lettre de son nonce, mais
qu'elle avait appris par les bruits de Rome que Votre Majesté
a fait commander à M. l'évêque de Luçon de sortir le
royaume et se retirer en Avignon, qu'elle serait bien aise
de n'avoir point ces personnes-là dans ladite ville. C'est
le propre terme dont elle usa : puis elle ajouta : « Que de-
viendra la résidence qu'il doit en son évêché? Et que
dira le monde de le voir interdit d'aller où son devoir
l'oblige? Au moins si l'on se fût servi de l'autorité du nonce
à lui faire commandement. Il faut attendre que j'aie eu
des nouvelles dudit nonce et que je sache comment cela s'est
passé. »

« Je dis à Sa Sainteté que je m'assurais que lorsqu'elle
aura des lettres dudit sieur nonce, elle demeurera contente
pour ce regard, d'autant que ce que Votre Majesté a fait faire
audit sieur évêque de Luçon, elle y aura sans doute été
tirée par des fortes et puissantes raisons, étant impossible
de le présumer autrement, attendu la justice et la piété qui
paraît en toutes vos royales actions ;

« Que les évêques et prélats de l'Église doivent être les premiers à donner aux autres l'exemple de soumission et
d'obéissance à leurs souverains ; et que, pour l'obligation de
la résidence, ce même prélat s'en était dispensé il y a deux
ans, ayant exercé une charge qui l'arrêtait nécessairement
et continuellement à la Cour, qu'encore à cette heure il
n'était pas dans son évêché, et qu'en tout cas il y a moins
de mal qu'il soit absent de son diocèse que s'il y était pré-

sent et qu'avec ses actions il continuât à donner du mécontentement à Votre Majesté.

« Que quant à la formalité, elle ne pouvait être plus douce que de lui avoir fait dire qu'il se retirât pour quelque temps en Avignon, comme en lieu où Sa Béatitude ayant toute autorité, le séjour en est honorable et commode à un ecclésiastique, et les officiers de Sa Sainteté peuvent être spectateurs et témoins de ses comportements, tant pour en donner compte à Sa Sainteté que pour en éclaircir et assurer Votre Majesté ; — que je disais tout cela de moi-même, n'en ayant commandement ni information quelconque de Votre Majesté, et n'ayant inclination qu'à honorer et servir ledit évêque de Luçon, quand il se traitera d'autre chose que du devoir et service dont je suis obligé à Votre Majesté.

« Au sortir de l'audience du pape, M. le cardinal Borghèse me parla longuement de cette affaire et me dit que l'exemple en est de très dangereuse conséquence, et que si un roi très chrétien et si pieux comme est Votre Majesté traite de cette façon les évêques, encore que ce soit avec raison, il se trouvera d'autres princes et potentats qui, à tort et sans cause, feront toutes sortes de violences et oppressions aux ecclésiastiques, qu'il me priait et conjurait de représenter cela efficacement à Votre Majesté et l'assurer qu'en telles occasions elle aura de l'autorité du Pape tout ce qu'elle voudra pour ce que Sa Sainteté n'aime point les esprits inquiets et remuants, et désire pour toutes choses le contentement de Votre Majesté et la prospérité de vos affaires. — Rome, 17 mai 1618 (1). »

(1) *Négociat. de de Marquemont. Arch. de Lyon*, 1617-18 pas de folio. — Bibl. Mazarine. n° 1826. — « Il ne sembla entrer sur les terres de l'Église que pour faire voir à Rome qu'il méritait le chapeau. » Arsenal, 187, f° 34.

Le 5 juin 1618, M. de Puisieux écrivait à l'arch. de Lyon au nom du Roi : ... « Mais quant à vous, je n'estime pas vous devoir commander d'en faire autre instance et remontrance à Sa Sainteté. Après ce que vous lui avez déclaré, je m'ébahis bien fort qu'elle se soit aucunement formalisée du séjour de l'évêque de Luçon. Il ne pouvait être mieux qu'en terre d'Église. Mais tant s'en faut qu'il vaquât aux exercices de sa profession que j'ai découvert qu'il faisait pratiques préjudiciables à mon service. Aussi lui avez bien répondu, et faut que l'on lui ait fait entendre autrement. — Louis BRUSLART, Saint-Germain-en-Laye, le 5 juin 1618. »

D'autre part, le cardinal Bentivoglio n'était pas moins formel à blâmer la mesure prise à l'égard de Richelieu. « Sa Sainteté, écrivait le cardinal Bentivoglio (30 mai 1618), a estimé qu'elle n'entrait pas dans l'examen des causes qui avaient déterminé Sa Majesté à prendre cette résolution ; mais elle croyait à propos de déclarer que lorsqu'en cas semblable on veut procéder contre la personne des évêques, il serait convenable d'user des voies ordinaires, c'est-à-dire de recourir au Saint-Siège et à son nonce. Sa Sainteté a exprimé cet avis amicalement et en bons termes (1). »

Le vice-légat qui gouvernait Avignon au nom du pape était Jean-François Bagny, « homme, dit Richelieu, de grande probité et sincérité et de non moindre intelligence dans les affaires (2). » Il fit bon accueil à l'évêque exilé et entra bien vite avec lui en relations étroites d'amitié. Il usa même de son influence pour décider Paul V à intervenir en faveur de Richelieu, et ce fut le nonce Bentivoglio qui fut

---

(1) *La Nunziatura di Francia del cardinale Guido Bentivoglio.* Firenze, 1863-1870, n° 1179.

(2) RICH., *Mémoires*, liv. XXI, p. 384.

chargé de négocier cette affaire délicate. Celui-ci écrivait de Paris, le 4 juillet 1618, au secrétaire d'État Scipion Borghèse, qui était le neveu du pape : « Je vois ce dont Votre Seigneurie Illustrissime a cru devoir m'informer dans sa lettre du 30 mai concernant l'évêque de Luçon. Je ne manquerai pas de m'en prévaloir, mais au cas seulement où on me parlera de cet incident, car je n'estime pas à propos de m'en ouvrir le premier. Il s'agit là en effet d'une matière très délicate et qui exige beaucoup de circonspection et de dextérité. Je ne laisserai pas d'entretenir là-dessus, avec le vice-légat d'Avignon, toutes les correspondances nécessaires, en obéissant aux ordres de Votre Seigneurie Illustrissime. Voilà tout ce que je vois à répondre à votre susdite lettre et aux dépêches chiffrées concernant cet incident (1). »

Outre le palais du vice-légat, il faut croire que plusieurs maisons furent ouvertes à Richelieu. Il devait être recherché pour l'agrément de son commerce, et sans doute aussi pour l'importance du rôle qu'il avait joué. On a un témoignage certain des sympathies qu'il rencontra dans une lettre à son frère qui se trouvait alors à Paris avec la permission du Roi : «Je vous prie, lui dit-il, de m'envoyer une belle hacquenée, mais belle tout à fait s'il se peut. Je voudrais bien aussi que vous puissiez m'envoyer deux petites pièces d'orfèvrerie de cent écus les deux pour joindre à deux montres et quelques autres petites pièces que je veux donner au lieu que vous savez. » Il ajoute qu'il lui faut quelque chose qui soit en rapport avec sa condition ; car il estime «qu'il vaut mieux ne rien donner que de donner un maigre présent (2) ». —

(1) *Nunziatura di Francia del cardinale Guido Bentivoglio*, n° 1222.
(2) AVENEL, t. Ier, p. 578.

Nous ignorons à qui étaient destinés ces cadeaux. Mais il est évident qu'ils avaient pour objet de remercier de quelques services rendus, et ils nous permettent de supposer que Richelieu ne manqua pas de consolations ni de relations pleines de charmes pendant son séjour à Avignon.

Malgré les sollicitations du nonce, du maréchal de Bassompierre et de plusieurs autres personnages, le Roi hésitait encore à rappeler l'évêque de Luçon, lorsque dans la nuit du 21 au 22 février 1619, Marie de Médicis, secondée par le duc d'Epernon, s'échappa du château de Blois. Cette fuite inattendue changea la face des affaires (1). Le trouble était extrême à la Cour. Luynes croyait déjà voir les grands en armes contre lui d'un bout à l'autre de la France. L'imminence du danger le fit consentir à négocier. Le comte de Béthune, frère de Sully, le cardinal de La Rochefoucauld et le P. de Bérulle furent envoyés successivement et sans succès auprès de Marie de Médicis. Il fallait quelqu'un de plus souple et de plus agréable à la Reine pour adoucir son esprit et la détourner des mesures violentes qu'on lui suggérait. Cet homme, personne n'en doutait, c'était l'évêque de Luçon. Le Père Joseph et l'abbé de la Cochère allèrent

(1) « Après l'évasion de Blois, Marie de Médicis avait pour ministre l'abbé Ruccellaï, Florentin qui l'avait bien servie dans sa disgrâce, mais qui était vindicatif et ne voulait point faire de quartier aux ennemis de sa maîtresse. Comme ce feu était près d'embraser tout le royaume, on envoya pour l'éteindre plusieurs pacificateurs et entre autres du Perron, le jeune archevêque de Sens, le Père de Bérulle et le comte de Béthune. La Cour ayant été avertie de l'obstacle que l'abbé Ruccellaï mettait à la paix, on prit le parti de faire revenir l'évêque de Luçon, parce qu'on savait le crédit qu'il avait sur l'esprit de la Reine. Il promit avant que sortir d'Avignon de porter cette princesse à la paix et il tint sa parole ; car il ne fut pas plutôt arrivé à Angoulême que le traité fut conclu... L'abbé Ruccellaï ayant été disgracié se retira auprès du duc de Luynes qui le reçut à bras ouverts. Cet abbé fut cause que le marquis de Thémines appela en duel le marquis de Richelieu qu'il tua. *Vie msc. du card. de Richelieu*, Arsenal, 190. t. 1er, fo 3. Cette vie de Richelieu est de l'abbé de Longuerue ; elle a été imprimée dans le *Recueil de pièces intéressantes pour servir à l'histoire de France*, Genève, 1769, in-12.

donc trouver le favori et lui demandèrent le rappel de Richelieu. Luynes comprit que c'était pour lui l'unique moyen de
salut, et le jour même le Roi envoyait au prélat exilé l'ordre
de se rendre auprès de Marie de Médicis (1).

Ce rappel était pour Richelieu un coup de fortune absolument inespéré. Il allait rentrer en scène pour remplir une
mission de confiance. La persécution et l'exil l'avaient mûri.
Il se promettait bien cette fois d'obtenir, en échange de
ses services, la pourpre cardinalice, qui seule pouvait le
mettre à l'abri des disgrâces de palais (2). Il ne rentre pas
dans notre sujet de raconter les événements politiques auxquels prit part l'évêque de Luçon, à partir de son retour auprès de la Reine. Tout le monde sait qu'à deux reprises il
réconcilia la mère et le fils et qu'il fit preuve, dans ces négociations, d'une incomparable dextérité. A la suite du
traité d'Angers, Marie de Médicis rentra au conseil, et
Richelieu, que le mariage de sa nièce (3) avec le marquis de

(1) « Le Roi envoie M. du T. (M. du Tremblay, frère du P. Joseph, dont le nom
« de famille était le Clerc du Tremblay) vers M. de Luçon pour lui commander
« d'aller trouver la Reine-mère à Angoulême. M. de Luynes écrivit la lettre et le
« Roi écrivit au bas : M. de Luçon parti d'Avignon le jeudi 7 (mars 1619) fut arrêté
« à Vienne par dix ou douze des gardes de M. d'Alincourt, qui firent corps de
« garde la nuit devant son logis. (M. d'Alincourt avait reçu commandement quelque
« temps auparavant.) Puis il fut conduit à Lyon. M. d'Alincourt lui envoya son
« carrosse, et après avoir vu son pouvoir de s'en aller, lui donna à dîner et l'alla
« conduire hors la ville après dîner. Il devait arriver à Angoulême le 15. » *Journal*
d'Arnauld d'Andilly, p 408.
Voir aussi Fontenay-Mareuil, p. 411 ; Brienne, p. 340 ; Richelieu, p. 533.
Le marquis de Richelieu et son beau-frère du Pont-Courlay étaient à Paris
depuis le commencement de février avec la permission du Roi. *Lettre Bouthillier.*
Institut, fonds Godefroy, n° 268, f° 230.

(2) S'il faut en croire Tallemant, on savait fort bien, autour de Richelieu, quel
était l'objet de son ambition :
« Un jour que Boisrobert était avec le cardinal, alors évêque de Luçon, on
apporta des chapeaux de castor. L'évêque en choisit un : « Me sied-il bien, Boisrobert ? — Oui, mais il vous siérait encore mieux s'il était de la couleur du nez de
votre aumônier. C'était M. Mulot, alors présent, qui depuis ne le pardonna
jamais à Boisrobert. » Tallemant des Réaux, t. II, p. 386.

3. Cette nièce de Richelieu, Mlle de Pont-Courlay, qui épousa le marquis de
Combalet, et qui devint plus tard duchesse d'Aiguillon, reçut de Marie de Médicis,

Combalet venait de rapprocher d'Albert de Luynes, reçut la promesse formelle du chapeau de cardinal.

Malgré les satisfactions d'amour-propre que ces succès durent faire éprouver à Richelieu, son âme ne resta pas insensible à plusieurs deuils de famille qui le frappèrent cruellement pendant cette période de sa vie.

On l'a vu plus haut, le 14 novembre 1616, quelques jours avant d'être nommé secrétaire d'État, il avait perdu sa mère sans avoir pu recevoir sa suprême bénédiction (1). Le fragment de la lettre qu'il écrivit à son frère Alphonse pour lui annoncer cette mort, et que nous a conservé M. Avenel, témoigne de sa profonde affliction : « Mon cher frère, j'ai bien du regret qu'il faille que vous appreniez par cette lettre la perte commune que nous avons faite de notre pauvre mère, encore que je sache bien qu'elle vous sera d'autant plus supportable que vous étant déjà vous-même perdu au monde pour gagner le ciel, sa vie et ses œuvres vous sont des assurances certaines que vous l'y retrouverez, puisqu'en celle-ci Dieu lui a départi autant de grâces, de consolations et de douceurs qu'elle avait reçu en l'autre de traverses, d'afflictions et d'amertumes... Pour moi, je prie Dieu qu'à l'avenir ses bons exemples et les vôtres

à l'occasion de son mariage, 200.000 livres de dot et 12.000 écus de diamants. — BONNEAU-AVENANT, *Vie de la duchesse d'Aiguillon*.

(1) Les anciens registres de la paroisse de Braye-sous-Faye, où était situé le château de Richelieu, contiennent cette mention : « Le 14 novembre 1616, environ sur les dix heures du matin. s'en est allée de vie à trépas, noble dame Suzanne de la Porte, dame de Richelieu. » AVENEL, *Revue des quest. hist.*, t. VI, p. 152.

Afin de permettre aux membres de la famille, et en particulier à Armand retenu par des négociations diplomatiques, de se rendre à la sépulture, on la rémit au 8 décembre. On fit de somptueuses funérailles. « Le corps fut déposé dans l'église souterraine de l'église de Braye, en présence de tous les enfants de ladite dame de Richelieu, accompagnés d'une grande partie de la noblesse de Poitou et au milieu d'un concours considérable de personnes de tout rang. » BOSSEBŒUF : *Richelieu, monuments et souvenirs*, p. 15.

me puissent si utilement profiter que j'en amende ma
vie (1). »

Pendant son exil à Avignon, il perdit sa belle-sœur, la
femme du marquis de Richelieu (nov. 1618).

Enfin, le 8 juillet 1619, ce même frère aîné à qui il témoignait une si tendre affection, et qui était gouverneur d'Angers, périt misérablement dans un duel avec le marquis de
Thémines, capitaine des gardes de la Reine (2). Ce tragique
accident bouleversa Richelieu. Comme le dit un historien,
« ce fut une affreuse douleur jetée en travers de cette fortune
grandissante. » Quelques jours après la catastrophe il écrivait
au P. Cotton : « J'eusse souhaité grandement vous entretenir plus longtemps par cette lettre, mais la douleur de la
perte de mon frère, qui est mort depuis peu de jours, *me
tient tellement saisi qu'il m'est impossible de parler et d'écrire*

(1) AVENEL, t. Ier, p. 182.
(2) Voici le récit de la mort du marquis de Richelieu par ARNAULD D'ANDILLY.
« M. de Thémines sortant d'avec la Reine mal satisfait dit : F...tre des gouverneurs; ils ruinent cette pauvre princesse. » .... Le lendemain matin, M. de Richelieu,
se trouvant offensé des paroles du marquis, l'envoie appeler par La Roche. M. du
Carbon, l'ayant su par Nadaillac, y va, et tous deux se mettent de la partie avec La
Roche et St-Julien, neveu de M. de Chambret, M. de Richelieu, les attendait aux
capucins; ils y vont. Tous sont séparés et accordés par la Reine le samedi 6. Le
dimanche se passe sans se rien dire. Le lundi M. de Richelieu, étant en housse,
rencontra M. de Themines qui y était aussi, en la rue qui passe devant la citadelle;
et piqué des discours qu'on lui avait dit que M. de Thémines avait tenus depuis
l'appel, lui cria : « Marquis, pied à terre, il faut mourir. » Les gardes du château
venaient pour les séparer. Mais ils se pressèrent de si près que M. de Richelieu fut
tué d'un coup d'épée dans le cœur, et M. de Thémines reçut un coup d'épée à la
main et un autre qui lui coupa sa chemise. M. de Richelieu dit avant qu'expirer :
« Mon Dieu, pardonnez moi! » et M. de Bérulle se trouva là qui lui donna l'absolution. M. le marquis de Thémines se sauva. La Reine-mère donna le gouvernement
d'Angers au commandeur de La Porte, oncle de M. de Luçon. *Journal*, p. 436.
On a dit depuis que M. le marquis de Thémines reçut quatre coups d'épée, et que
celui qui tua M. de Richelieu n'entrait que trois doigts dans le corps.
On a su aussi qu'il était mort quand M. de Bérulle arriva, etc.
Voir ARNAULD D'ANDILLY *Journal*, p. 437. FONTENAY-MAREUIL, p. 444.
RICH., p. 555 : « Je ne saurais représenter l'état auquel me mit cet accident et
l'extrême affliction que j'en reçus, qui fut telle qu'elle surpassa la portée de ma
plume, et que dès lors *j'eusse quitté la partie*, si je n'eusse autant considéré les
intérêts de la Reine que les miens m'étaient indifférents. »

à mes amis. Ce qui allège mon mal aucunement est que
Dieu lui a fait la grâce de lui donner un peu de temps pour
lui demander pardon de ses fautes, M. de Bérulle s'étant
rencontré pour lui en donner l'absolution au même lieu où il
avait reçu le coup. Il faut que je vous avoue, mon père,
qu'après les intérêts du service de notre bonne maîtresse,
rien au monde ne me peut plus apporter d'ennui que cette
disgràce qui m'est arrivée. J'ai recours, s'il vous plaît, à
vos saintes prières tant pour le défunt que pour moi (1). »
Cette fois, Richelieu avait trouvé le vrai langage de la déso-
lation. On devine, à lire cette lettre, combien il avait le cœur
brisé par la disparition de ce frère à qui Dieu avait donné
des qualités si brillantes et qui aurait pu être pour lui dans
la suite un si précieux auxiliaire.

Cependant Richelieu, dont la vie était ainsi partagée par
les plus grandes infortunes et les prospérités les plus
enivrantes, ne perdait pas de vue son diocèse.

Le 12 février 1619, à Avignon, il donnait, par devant
notaire, sa chapelle à l'église cathédrale de Luçon « de sa
franche, pure et libérale volonté et pour l'affection sincère
qu'il porte à tout son clergé ». Cette chapelle comprenait
une croix, un calice, des burettes, une cuvette, six chandeliers, un bénitier, un goupillon, deux grands vases à laver,
deux bassins, deux grandes châsses à reliques, une clochette
et une boîte à hosties, « le tout en argent vermeil doré, ci-
selé en relief ; » — en outre, ses ornements et trois tapisseries
de Flandres qui sont à Luçon et à Coussay, pour tapisser le
chœur de l'église cathédrale. Il se réservait seulement la
jouissance de ces objets sa vie durant, après quoi, ils de-

(1) Avenel, t. 1ᵉʳ, p. 603.

vaient appartenir irrévocablement au trésor de l'église, sans pouvoir être aliénés (1).

Au mois d'octobre de la même année, Marie de Médicis ayant refusé de se rendre à la Cour et s'étant retirée à Angers, Richelieu profita du répit que lui laissait la paix pour faire une visite dans son diocèse, qu'il n'avait pas vu depuis dix-huit mois. Nous ne savons ni la durée du séjour qu'il y fit, ni les actes d'administration qui marquèrent son passage. Il est vraisemblable qu'il n'eut que le temps de recevoir les compliments de son clergé et peut-être aussi de donner des conseils de prudence et d'énergie aux habitants de Luçon.

En effet, l'année suivante, quand la Reine prit les armes contre son fils et que les protestants de l'Ouest se soulevèrent, le clergé et les habitants de Luçon passèrent un contrat pour se défendre en temps de guerre, et il est permis de penser que Richelieu, qui était alors à Angers et qui manifestait des ardeurs très belliqueuses (2), ne fut pas étranger à cette résolution.

Dans ce contrat, protestants et catholiques de la ville se réunissent dans un intérêt commun, ce qui prouve que sous l'influence de l'évêque les passions religieuses s'étaient un peu calmées. Ils supplient le Roi et la Reine de les prendre sous leur sauvegarde et protection. On convient que les habitants se retireront la nuit dans la cathédrale, sous les

(1) D. Fonteneau, t. XIX, fᵒ 781. — Luçon ne possède plus ces objets précieux ls furent envoyés à la Monnaie sous Louis XV pour satisfaire aux exigences du fisc, Du Tressay, *Hist. des moines et des évêques de Luçon*, t. II, p. 255.

(2) Il écrivait à l'archevêque de Toulouse cette lettre qu'on pourrait croire signée par un général : « Monsieur, le Roi est au Mans avec ses troupes et fait état de nous venir épousseter comme il faut. Toute l'espérance du traité est rompue; ces Messieurs n'en veulent point ouïr parler. En cette extrémité nous sommes résolus à faire ce que doivent faire des gens à qui la nécessité apprend à se défendre et qui y sont confirmés par la justice de la cause d'une si grande et bonne princesse comme est la Reine. » Avenel, t. Iᵉʳ, p. 633.

cloîtres et dans l'enclos de l'évêché. Les sentinelles seront fournies par les métayers du voisinage et les gardes par les habitants du bourg. Chacun fera son tour de garde sous peine d'une amende de vingt sous. Les frais de la défense seront à la charge des contractants : le chapitre y contribuera pour un tiers et les habitants pour les deux autres tiers. Toutefois, les maisons des chanoines seront exemptes du logement des gens de guerre. Les affaires générales seront réglées par une commission de neuf membres, parmi lesquels deux chanoines et quatre habitants suffiront pour délibérer et agir en l'absence des autres. Les habitants ratifieront dans des assemblées générales ce qui aura été fait par les commissaires (1).

Ce contrat, qui dénote un si remarquable esprit d'entente et de solidarité chez les habitants de cette petite ville, fut signé le 21 juillet 1621.

Après le traité d'Angers (10 août 1620), la Reine pressa son fils de demander le chapeau de cardinal pour l'archevêque de Toulouse, fils du duc d'Épernon, et pour l'évêque de Luçon. Le Roi s'empressa de la satisfaire et il écrivit au Pape qu'il envoyait l'abbé de la Cochère à Rome pour y faire les sollicitations nécessaires. On peut supposer que ce fut sur les instances mêmes de Richelieu que l'abbé de la Cochère fut choisi pour remplir cette mission officielle ; mais il n'était pas, comme on l'a dit, son agent secret, puisqu'il était chargé de parler au nom du Roi. Il faut reconnaître cependant que personne n'était capable de servir avec plus de dévouement et de zèle les intérêts de Richelieu. Ce dévouement, qui était connu, éveilla même des soupçons. Le duc d'Épernon craignit que l'abbé de la Cochère ne

____

(1) Dom Fonteneau, t. XIV, f° 213. Bib. nat., fonds latin, n° 18389, f° 89.

s'occupât beaucoup moins de la candidature de l'archevêque
de Toulouse que de celle de son ami l'évêque de Luçon.
Aussi, dans une lettre du 22 nov. (1620), engageait-il son
fils à être très prudent pour n'offenser ni le Roi ni la Reine,
et à se défier des intrigues de Richelieu. « Je vous en prie,
lui disait-il, n'oubliez pas de dire au marquis tout ce dont
je vous ai donné charge afin qu'il vive si bien avec le Roi
et tout ce qu'il aime qu'il n'ait nul sujet de se plaindre de
lui, ni de trouver qu'il n'ait d'affection pour eux. Quant à la
Reine-mère, il y faut vivre de sorte qu'elle n'ait nul sujet
de se plaindre de nous, mais en *façon qu'on n'en prenne point
d'ombrage de l'autre côté*, car si cela était, cela gâterait les
affaires de votre frère et les vôtres. Ayez l'œil du côté de
Rome, car sans doute je sais *que M. de Luçon vous traverse
autant qu'il peut*, quelque bonne mine qu'il fasse, ni quelques
bonnes paroles qu'il vous tienne, mais que vous parliez à
M. de Luynes pour éviter les inconvénients. Vous pourrez,
à mon opinion, selon ce qu'on me mandera, prendre toutes
nouvelles chez M. le nonce (1). »

Le Roi revint à la charge le 4 décembre ; il écrivait au
cardinal Borghèse, neveu de Paul V, pour le prier de rappeler à son oncle qu'il sollicitait pour la troisième fois le
chapeau de cardinal pour l'archevêque de Toulouse et
l'évêque de Luçon. Dans cette lettre, il ne semble pas mettre
en doute le succès de la première candidature ; mais comme
celle de Richelieu présente sans doute plus de difficultés, il
insiste d'une manière particulière : « Outre l'estime que je
fais dudit évêque de Luçon pour son mérite particulier, je
suis encore obligé, en considération de la Reine, Madame

____

(1) *Archives de la famille de Richelieu.*

ma Mère, au service de laquelle je l'ai mis, d'en supplier de rechef Votre Sainteté (1). »

De son côté, Richelieu ne reste pas inactif : il s'adresse au marquis de Cœuvres et à l'ancien nonce, le cardinal Ubaldini, pour les gagner à sa cause, et il espère que grâce à ces diverses influences sa nomination sera certaine.

Il n'en fut rien : l'archevêque de Toulouse reçut seul la pourpre (janvier 1621), et le pape Paul V étant mort peu de jours après, tout fut à recommencer (2).

L'année suivante (1622), la ville de Luçon éprouva un véritable désastre. L'Édit de réunion du Béarn et de la Navarre à la couronne de France avait provoqué un nouveau soulèvement des protestants. On connaît les principaux faits de cette guerre dans laquelle Louis XIII parut à la tête des troupes comme le digne fils de Henri IV. Saint-Jean-d'Angély fut enlevé à Soubise; mais après l'échec des troupes royales devant Montauban, ce chef huguenot recommença la lutte, au mépris de sa foi donnée de ne plus porter les armes contre le Roi. En marchant sur les Sables-d'Olonne, il rencontra la petite ville de Luçon, y pénétra de vive force, et ses troupes y commirent toutes sortes d'excès. (Mars-avril 1622.)

Après leur départ, le clergé de la ville s'adressa à Richelieu pour obtenir réparation. Celui-ci répondit qu'il fallait « faire une information des vexations, pilleries et misères dont ils avaient été travaillés » afin que l'on pût y porter remède. On a conservé le procès-verbal qui fut alors rédigé

____

(1) AVENEL, t. I⁰ʳ, p. 662.

(2) A la suite de cet échec, le P. Joseph conseillait à Richelieu de rappeler l'abbé de la Cochère et de déclarer que cet ecclésiastique n'avait été envoyé à Rome que pour voir si on tiendrait la promesse faite à la Reine, et qu'en tout cas il ne tenait plus au titre de cardinal. (*Lettre du P. Joseph* citée par AVENEL, t. I⁰ʳ, p. 688.)

des dégâts causés par les soldats de Soubise. Rien ne
prouve mieux l'animosité des esprits dans cette lutte qui
mettait aux prises deux croyances rivales. La cathédrale
avait été dévastée, le cloître du chapitre ruiné ; les papiers
des archives, les meubles et les ornements enlevés ou brûlés.
Les rétables des autels, les statues, les tableaux et les
vitraux étaient brisés ; les missels et les livres de chant
avaient été déchirés et jetés au feu. Ce que les soldats
n'avaient pas eu le temps de détruire, ils l'avaient jeté dans
un puits. L'édifice tout entier présentait l'aspect le plus
lamentable et rappelait les scènes de vandalisme qui
s'étaient produites au plus fort des guerres de religion (1).

En attendant l'effet de l'enquête prescrite par Richelieu,
les habitants de Luçon eurent la consolation d'apprendre
que les troupes de Soubise, enfermées dans l'île de Riez,
étaient tombées aux mains du Roi et que les auteurs de tant
de déprédations avaient été sévèrement punis.

Quelques mois après, en septembre 1622, après de
laborieuses négociations dont le récit n'est plus à faire
après celui de M. Zeller (2), l'évêque de Luçon était promu
au cardinalat (3). Ce fut une grande joie pour tout son
clergé qui s'empressa de lui adresser ses félicitations. Le
nouveau cardinal lui répondit : « Messieurs, j'ai été bien

(1) D. FONTENEAU, *Papiers d'Aquitaine*, t. XIV, fᵒ 225, Bib. nat., fonds lat.,
nᵒ 18389, p. 93.

(2) B. ZELLER, *Richelieu et les ministres de Louis XIII*, pp. 110 et suivantes.

(3) Le nonce Corsini avait entravé de tout son pouvoir cette nomination, espérant
obtenir pour lui-même le chapeau de cardinal qui était demandé pour l'évêque de
Luçon. Ce n'est que sur les instances formelles du Roi qu'il se décida à transmettre
la demande à son gouvernement. Richelieu n'ignorait pas la rivalité du nonce, ni
ses intrigues pour faire échouer sa candidature. Il s'en vengea cruellement. Aux
compliments un peu forcés du nonce au sujet de sa promotion, il répondit par ces
mots d'une malice fort aiguisée : « Vous trouverez bon que je vous die que ce
m'aurait été un grand contentement que nous eussions été compagnons en cette promotion. Une autre occasion donnera à votre mérite ce qui lui est dû. » ZELLER,
Richelieu et les ministres de Louis XIII, p. 119.

aise de lire les lettres qu'il vous a plu m'écrire parce que, outre la joie qu'elles témoignent que vous avez reçue de ma promotion, elles font encore paraître vos bonnes volontés et affection en mon endroit. Je vous en remercie et vous prie de croire que, rendant au Roi et à la Reine sa mère, qui ont daigné me procurer cette dignité, le service que je leur dois, le soin principal que j'aurai sera de rechercher les intérêts de tout mon diocèse, et particulièrement ceux de la Compagnie que j'aime et aimerai toujours, comme l'honneur que j'ai d'en être le chef m'y oblige. Vous recevrez les effets de cette promesse ès occasions qui vous feront connaître que je suis de vous tous, en général et en particulier, bien affectionné serviteur. — Le card. de RICHELIEU (1). »

(1) AVENEL, (oct. 1622), t. Ier, p. 739.

Les compliments ne manquèrent pas à Richelieu à l'occasion de son élévation au cardinalat. Nous avons trouvé dans une vente publique une plaquette contenant une lettre fort rare adressée au nouveau cardinal le lendemain de sa promotion. (Paris, Étienne, 1622.) Le signataire de la lettre, Peltier, se félicite « de voir des personnes de cette capacité monter aux plus hauts degrés d'honneur. Il rappelle à Richelieu son ordination à la prêtrise et son sacre épiscopal avant l'âge fixé par les canons, et les grandes qualités qu'il a toujours montrées : « Votre incomparable piété, lui dit-il, votre grande érudition et l'intégrité de vos mœurs eussent semblé reprocher l'ingratitude du siècle si on ne vous eût élevé sur un théâtre si éminent. » Plus loin il lui parle « de cette éloquence qui ravit les États généraux du Royaume et du courage avec lequel il avait su s'acquitter du ministère de l'État ». Ici le complimenteur dépasse peut-être la mesure : « Quelles mains, s'écrie-t-il, furent jamais plus nettes que les vôtres dans le maniement des affaires publiques! On ne peut pas dire que le gain ni le trafic d'une sordide avarice ait jamais souillé votre âme, ni vous ait rien fait commettre d'indigne de votre naissance. » Après quoi il énumère tous les bienfaits que Richelieu pendant son premier ministère a répandus sur la France. Pour tant de vertus il fallait une récompense : ç'a été la pourpre de Cardinal. « Si leurs Majestés estiment que l'État n'en peut que beaucoup mieux valoir, il ne faut pas douter que Sa Sainteté ne juge que cette élection ne soit une colonne et un appui à l'Église. »

Le vœu de la fin mérite surtout d'être cité : « Oh! si ce grand monarque veut appeler à ses conseils un si digne prélat, quels fruits n'a-t-on pas à en espérer, quelle assistance et quelle lumière n'apportera-t-il pas en un temps calamiteux où les hommes de service doivent être plus recueillis que jamais! » Ces paroles sembleraient faire croire que l'auteur de la lettre était sûr de ne pas déplaire au nouveau cardinal en exprimant ce désir. Quoi qu'il en soit, il est bon de constater en quels termes on parlait à Richelieu même avant sa toute-puissance.

Malgré les paroles affectueuses qu'il prodigue à son chapitre, on voit que Richelieu ne parle aucunement de rentrer
dans son diocèse. C'est qu'en effet il songeait dès lors à se
démettre de son évêché. Il avait eu raison de le conserver
en 1616, lorsque Concini voulait l'y faire renoncer. Mais,
en 1623, sa situation était singulièrement changée. Il n'était
plus simple évêque, mais cardinal, et à ce titre il comptait
parmi les plus hauts dignitaires de l'État. De plus, il était
le confident de la Reine, l'agent ordinaire de toutes les
négociations délicates, et il pouvait, sans trop de témérité,
prévoir le jour très prochain où il entrerait au conseil du
Roi pour n'en plus sortir. Enfin, ses ressources s'étaient
considérablement accrues. Par la mort de son frère Henri,
il était devenu le chef de la famille et il bénéficiait du
majorat. On lui avait alloué une pension de 6.000 écus
comme conseiller du Roi, et la Reine lui avait fait donner
les deux abbayes de Moreilles et de Redon. Il n'avait donc
plus lieu de craindre pour son avenir. Aussi, comprenant
qu'il y avait peu d'apparence qu'il retournât jamais à Luçon
et se sentant trop attiré par le maniement des affaires
politiques pour être tenté d'aller reprendre le gouvernement
de son diocèse, il se démit de son évêché au profit d'Émery
de Bragelonne, doyen de l'église de Saint-Martin de Tours.
L'acte de renonciation fut signé à Fontainebleau, le
19 mai 1623 (1).

Le 5 juin suivant, le Cardinal adressait ainsi ses adieux
au chapitre de Luçon : « Messieurs, ç'a été à mon grand
regret que je me suis démis de mon évêché pour ne pouvoir
y rendre en personne l'assiduité que mon devoir désirait
de moi; mais les lois de ma conscience m'y ayant obligé,

(1) D. Fonteneau, t. XIV, f° 793. — Bib. nat., fonds latin, n° 18389, f° 257.

je me suis étudié à transporter cette dignité à une personne
dont vous puissiez recevoir de la consolation et qui peut
apporter quant et quant, en l'exercice de la charge, le soin
et la vigilance nécessaires. Une chose me suis réservée que
je conserverai inviolablement, savoir le contentement d'avoir
été longtemps chef d'une compagnie, au bien et aux mérites
de laquelle j'ai, dès le commencement, voué mon cœur et
mon affection et de plus la volonté immuable de vous servir
ès occasions avec autant de zèle que jamais, désirant vous
faire ressentir de ce transport cet avantage que, pour un
évêque, vous soyez assurés d'en avoir deux, et celui qui
vous assistera par sa présence, et moi qui, bien qu'absent,
aurai toujours le même esprit de charité pour tous, et la
même passion à rechercher vos intérêts que j'ai ci-devant
témoignée. L'inclination que vous avez de tout temps
montrée à m'aimer vous conviera, je m'assure, à me rendre
la pareille, et à vous souvenir de moi en vos prières publiques et privées, comme je vous en supplie d'affection. Je
vous ai aussi obtenu une décharge de décimes, que je vous
envoie pour preuve assurée de ce que je désirerais faire
pour vous en plus importante occurrence, et du désir que
j'ai qu'ayant place en vos cœurs, vous vous souveniez de
moi au chœur de votre église et que je suis certainement,
Messieurs, votre..., etc. — Le card. de RICHELIEU (1). »

Devenu premier ministre, Richelieu n'oublia pas les promesses qu'il avait faites au chapitre de Luçon d'être pour
lui un second évêque. Chaque fois que le clergé et les habitants firent appel à son influence, ils le trouvèrent disposé
à les obliger. Ainsi, en 1623, l'année même de sa démission, il fit envoyer à Luçon des commissaires royaux pour

(1) AVENEL, t. Ier, p. 764.

attribuer aux protestants un cimetière distinct de celui des catholiques, réforme qui supprima bien des causes de conflits.

L'année suivante, les principaux habitants de Luçon lui adressaient la requête suivante, qui porte l'expression de leur sentiment de respect et d'attachement pour leur ancien évêque : « Monseigneur, depuis l'an mil six cent vingt-deux que, par votre commandement, les officiers de ce lieu firent défense aux religionnaires d'y établir leur prêche, l'allégresse de tous vos bons serviteurs les habitants catholiques a été très grande, tant à cause du bien qui leur était présent, que sous l'espérance que vous leur aviez donnée, et laquelle ils ont toujours eue, que cet exercice ne se rétablirait jamais ici. C'est cette espérance, Monseigneur, qui nous fait si librement recourir à vous, à présent que ces religionnaires s'efforcent de se rétablir, et, pour cet effet, s'étant pourvus au conseil du Roi, ils ont par surprise obtenu un renvoi de la cause en la Chambre de l'Édit, en laquelle ensuite de ce ils nous ont fait appeler. C'est pourquoi nous supplions très humblement Votre Grandeur, qui s'est toujours rendue recommandable par sa singulière piété et affection paternelle envers ses sujets, de prendre la protection d'une cause si juste et si sainte. Et nous, de notre part, ajoutant l'obligation que nous en aurons aux autres qui sont sans nombre, lesquelles vous avez acquises sur nous, nous élançons nos vœux dedans le Ciel, pour l'accroissement de votre santé, qui est très précieuse à toute la France, et consacrons nos vies et nos désirs à l'exécution de vos commandements, comme étant, Monseigneur, vos très humbles et très obéissants serviteurs. Les habitants de Luçon, ce 12 janvier 1624 (1). » (Suivent les signatures.)

(1) *Arch. des aff. étrangères.* France, 1696, Poitou, f° 43.

Le 11 septembre de la même année, il obtint également un arrêt qui rétablit le culte divin dans l'église de Mauchamp et défendit aux protestants de cette paroisse de troubler le curé dans l'exercice de ses fonctions et dans la perception de ses droits. Et comme la duchesse de Rohan persistait dans l'opposition, il lui fit signifier par le ministre Phelypeaux la défense de tenir le prêche dans l'église de Mauchamp. (*Archives de Poitiers*. Seigneurie de Mauchamp.)

Dans l'acte de renonciation à son évêché, il s'était réservé sur les revenus une somme de 5.000 livres ; mais il voulut que cet argent fût employé à la restauration de la cathédrale et du palais épiscopal. Dans la suite, il abandonna entièrement son droit et laissa à son successeur la jouissance complète de son bénéfice.

Enfin, par un arrêt du 30 décembre 1637, le Roi, à la recommandation du Cardinal, prenait le chapitre de Luçon sous sa sauvegarde spéciale. Cet acte avait une très grande importance parce qu'il mettait les maisons des chanoines et tous leurs biens à l'abri des exactions des gens de guerre (1). A une époque où les logements de troupes étaient considérés par tout le monde comme une calamité, on comprend qu'une pareille faveur ait été très appréciée par le chapitre de Luçon, et n'ait fait que resserrer les liens de reconnaissance qui l'attachaient au Cardinal.

Richelieu porta pendant quinze ans le titre d'évêque de Luçon. Durant les huit années qu'il résida dans son diocèse d'une manière à peu près continue, il y donna, nous l'avons vu, l'exemple de toutes les vertus épiscopales, se montrant appliqué à tous ses devoirs et soucieux du progrès

---

(1) Dom Fonteneau, *Papiers d'Aquitaine*, t. XIV, f° 239. Bib. nat., fonds latin, n° 18389, f° 96.

religieux, moral et même matériel du peuple dont il était
le pasteur.

A partir de 1616, les tracas de la politique ne lui firent
pas perdre de vue, comme on l'a dit, les intérêts de
son diocèse. Sans s'astreindre à la règle de la résidence,
il continua à veiller sur Luçon, comme l'attestent les services de tout genre qu'il se plut à rendre à cette petite
ville. Parvenu au faîte des grandeurs humaines, il aimait
à se souvenir de ces pauvres populations du bas Poitou
auxquelles il avait donné les prémices de son zèle, de sa
dévorante activité et de son génie, et la bienveillance qu'il
leur témoignait était pour elles une protection toujours
efficace.

CHAPITRE IX

RICHELIEU ORATEUR ET ÉCRIVAIN

A défaut de la politique, Richelieu aurait pu se faire un nom dans les lettres. Il avait fait de solides études, et ses succès à Navarre et en Sorbonne avaient éveillé en lui le désir de parvenir à la célébrité par l'éloquence et la controverse. Le goût et la préoccupation des affaires publiques le détournèrent de bonne heure de ce dessein ; mais les preuves de talent qu'il avait données au début de sa carrière méritent qu'on s'y arrête et qu'on discute ses titres comme orateur et comme écrivain.

En un temps où il n'y avait ni journaux, ni tribune, le prédicateur était le principal orateur : orateur populaire par la variété de son public, orateur toujours respecté à cause de son caractère (1). Il était une puissance, parce qu'il était assuré d'avoir un public et que seul aussi il pouvait à peu près impunément exprimer son opinion sur les événements. On connaît les excès des prédicateurs de la Ligue : ils avaient été absolument les maîtres de la capitale. Quand Henri IV rentra à Paris, il rendit une ordonnance très sévère contre ceux qui continueraient leurs prédications séditieuses. Dans l'Édit de Nantes, il inséra l'article suivant :

(1) D'Avenel, *Richelieu et la monarchie absolue*. (*Rev. Hist.*, janvier 87, p. 43.

« Nous défendons à tous prêcheurs, lecteurs ou autres qui parlent en public d'user d'aucunes paroles, discours et propos tendant à exciter le peuple à la sédition ; ains leur avons enjoint et enjoignons de se contenir et comporter modestement et de ne rien dire qui ne soit à l'instruction et à l'édification des auditeurs et à maintenir le repos et tranquillité par nous établis en notre dit royaume, sous les peines portées par les précédents édits (1). » Cette intervention du pouvoir porta ses fruits ; car pendant le règne de Henri IV la prédication cessa d'être politique pour se renfermer dans son rôle religieux. Les orateurs chrétiens ne firent plus appel à la violence. Les discussions, naguère si ardentes et si haineuses, revêtirent des formes courtoises et polies. L'esprit de charité remplaça les âpres invectives et les fougueuses déclarations. Les idées de tolérance furent prêchées dans ces mêmes chaires où s'étaient fait entendre leurs ennemis les plus passionnés. La doctrine catholique fut exposée dans une langue digne d'elle et les vrais préceptes de l'éloquence sacrée furent enfin remis en pratique (2).

Le terrain était donc pour ainsi dire déblayé de tous les abus et de tous les excès qui avaient déshonoré les chaires catholiques, et Henri IV, en ramenant la prédication à son caractère évangélique, avait non seulement servi les intérêts de sa politique, puisqu'il avait réduit au silence ses plus redoutables adversaires, mais il lui avait encore fait retrouver les saines traditions qu'elle avait depuis longtemps perdues. Le moment était donc propice pour ceux que l'on a si justement nommés les précurseurs de Bossuet (3).

(1) Isambert, *Recueil des anciennes lois françaises,* t. XV, p. 173.
(2) Lézat, *La prédication sous Henri IV.*
(3) Jacquinet, *Des prédicateurs du XVII° siècle avant Bossuet.*

Ces orateurs méritaient de sortir de l'oubli dans lequel ils étaient tombés. Quand on relit aujourd'hui le recueil de leurs sermons, on reste confondu de ce qu'ils avaient de science théologique et d'érudition. La forme est souvent défectueuse, et le goût peu sûr. « Les sermons, dit M. Jacquinet, étaient remplis de pensées et de maximes d'auteurs anciens cousues à la morale des Pères, ou faisant cortège aux citations des Livres Saints... Ainsi orné par l'érudition du prédicateur, le sermon formait comme une longue et confuse galerie où se rencontraient, se heurtaient les noms les plus divers, les autorités les plus disparates. Qu'on se représente un pêle-mêle de citations et d'exemples où Martial donnait la réplique à Job, Aristote à Tertullien, où Mucius Scévola figurait à côté de saint Étienne, Phocion en regard de saint Paul, et même, faut-il le dire, Régulus auprès du Christ (1). » Mais ces fautes, qui sont celles de l'époque, ne sauraient faire oublier ni la vigueur de ces orateurs, ni leur logique serrée, ni la largeur de leurs vues, ni la sûreté et l'abondance de leur doctrine.

Lorsque Richelieu débuta dans la prédication, il y trouva des émules et des maîtres d'une valeur et d'une autorité incontestées. Le P. Cotton était le prédicateur favori du Roi (2) : c'était un homme poli, aimable, tolérant, mais dont les sermons, surchargés d'antithèses et de latinismes, étaient en outre gâtés par une foule de locutions venues du Limousin, sa province natale. Le P. Séguiran, également jésuite, aurait été le Bourdaloue de son temps s'il avait un pen moins abusé des distinctions subtiles et des termes scolastiques. Valadier, homme bouillant et emporté, s'était fait

____

(1) Jacquinet, p. 33 et 34.
(2) On prétendait même qu'Henri IV n'entendait plus la vérité depuis qu'il s'était mis du *coton* dans les oreilles.

une célébrité par ses images pittoresques, mais triviales, et par ses apostrophes bouffonnès. Cospéan, évêque d'Aire, était l'orateur le plus en vogue. « C'est le vrai Paul de notre siècle, disait un contemporain. l'Aigle des prédicateurs, l'orateur le plus accompli que la France ait jamais eu. » Les discours de saint François de Sales, évêque de Genève, avaient un charme pénétrant qui faisait dire à du Perron : « Dieu a donné à M. de Genève la clef des cœurs. S'il ne s'agit que de convaincre, amenez-moi tous les hérétiques : je me fais fort d'y résister. Mais s'il faut les convertir, amenez-les à M. de Genève. »

Du Perron était en effet le plus brillant champion du catholicisme. Son succès de Fontainebleau lui avait valu le chapeau de cardinal et une éclatante renommée d'orateur et de controversiste : c'était le prélat le plus savant et le plus éloquent de France. On peut cependant lui reprocher certains abus d'esprit, des raisonnements peu justes à force d'être subtils, de la diffusion dans le style, une solennité exagérée et le désir constant de briller et d'éblouir ses auditeurs. Mais ces imperfections ne doivent pas faire méconnaître les services qu'il a rendus à la langue française. C'est à lui qu'elle est redevable de l'ampleur et de l'harmonie qui caractérisent déjà la prose de Balzac. Aussi a-t-on pu l'appeler le *Malherbe de la chaire*.

En sa qualité d'aumônier du Roi , du Perron exerçait une grande influence sur les prédicateurs de l'époque. Dans un sermon à Saint-Merry il recommanda un jour aux évêques et aux pasteurs de prêcher la Vérité, leur assurant que c'était la voie la plus sûre pour ramener les protestants, « bien plus facilement par ces moyens lénitifs et charitables qu'on n'a fait par le fer et les armes, qui n'ont servi jusqu'ici,

sinon de couper toutes les racines de la religion et de la
police, et introduire l'athéisme aux choses spirituelles et
l'anarchie aux temporelles ». Il était facile de voir que par
ces paroles si graves, du Perron ne faisait que traduire la
pensée de Henri IV, et ici la religion et la politique étaient
d'accord pour préférer la douceur et la persuasion à la violence et aux mesures de rigueur.

Au premier rang de ceux qui écoutèrent les sages conseils
de du Perron, il faut placer Richelieu. Il le prit pour modèle,
et, à son retour de Rome, il lui demanda de diriger ses
débuts dans la prédication.

L'évêque de Luçon prêcha à la Cour à deux reprises différentes, la première fois en 1608, entre la soutenance de sa
thèse et son départ pour son diocèse ; la seconde fois en
1610, lorsqu'il vint à Paris pour tenter la fortune et essayer
de gagner la faveur de Marie de Médicis.

En vertu de sa charge de grand aumônier de France, du
Perron désignait les prédicateurs qui devaient se faire entendre à la Cour. L'évêque de Luçon parla plusieurs fois
devant le Roi pendant le carême de 1608. Nous avons même
une lettre où il demande à du Perron d'être dispensé de
l'allocution du jeudi saint, se réservant de prêcher le jour de
Pâques. Cette lettre, pleine de déférence pour l'évêque
d'Évreux, vaut la peine d'être citée. « Monseigneur, ayant
su depuis votre partement par le sieur du Peyrat, que vous
désirez que j'officie à cette fête de Pâques devant Sa Majesté,
j'ai cru devoir vous assurer par cette lettre que, faisant état
d'obéir toute ma vie à vos commandements, je tâcherai en
cette occasion de vous en rendre preuves par effet, exécu-
tant ceux que j'ai reçus de votre part. Mais d'autant, Monseigneur, que depuis quinze jours, je suis travaillé d'une

fièvre lente réglée en tierce, dont je souhaite plus la fin qu'on ne me la fait espérer, d'autant qu'elle n'est pas violente, j'ai cru devoir savoir de vous, si, au cas qu'elle me continue, vous trouveriez bon qu'en la cérémonie du lavement des pieds, qui sera le jour de mon accès, le Père Cotton fît l'exhortation au Roi, me réservant de faire celle du jour de Pâques, qui me sera libre, et la prédication l'après-dînée. Vous m'honorerez, s'il vous plaît. sur cela de votre volonté, et croirez, Monseigneur, que je forcerai mon mal le plus qu'il me sera possible pour tâcher de la suivre de point en point; vous assurant que les grandes et rares qualités qui se trouvent en vous seul m'ont tellement gagné que je veux faire gloire de vous admirer et de me faire connaître en toutes occasions, Monseigneur, votre très humble, très affectionné et très obéissant serviteur. — ARMAND, évêque de Luçon (1). »

Richelieu reparut à la Cour en 1610, et à partir de cette époque il se fit entendre chaque année dans les plus importantes chaires de Paris. « Il prêcha, dit André Du Chesne, avec des discours animés d'une si grande éloquence et d'un zèle de piété si ardent qu'il attira l'admiration de toute la Cour. Mais surtout les prédications qu'il fit en l'église Saint-André-des-Arcs ravirent tellement les cœurs du Roi et de la Reine-mère, qui l'honoraient souvent de leur présence, qu'ils disent publiquement n'avoir jamais prêté l'oreille à personne dont les paroles leur eussent touché plus vivement l'âme (2). »

(1) AVENEL, t. VII, p. 317.
(2) André Du Chesne, *Hist. généalogique de la maison du Plessis-Richelieu* 1631. « Jam quadragesimale stadium eruditis concionibus percurrerat harum famam admiratio auditorum parturit et ad nos transmisit. Frequens olim et princeps et Regina interfuerant. Jam aula tota confertim ruebat. Quisquis denique aut eruditionis aut acuminis aut veustæ orationis curiosus advolabat; ut vix locus (is apud

Les liens de reconnaissance et d'affection qui unissaient André Du Chesne au Cardinal rendent son témoignage un peu suspect. Il est surtout difficile d'admettre que le jeune Roi, qui était un enfant de dix ans, ait eu le cœur ravi par l'éloquence de Richelieu : d'ordinaire, ces sortes de ravissements sont rares chez les enfants de cet âge. Je croirais plus volontiers que Louis XIII était surtout sensible à la longueur des sermons qu'on lui faisait subir, témoin cet extrait du journal d'Héroard :

« Le 18 (avril 1612), dimanche, le Roi va à Saint-André-des-Arcs au sermon de M. de Richelieu, évêque de Luçon, puis à l'hôtel et parc du Luxembourg. Le 22, mené chez la Reine. Elle dînait. Quelqu'un vint lui dire que M. l'évêque de Luçon ne prêcherait pas, et s'il lui plaisait que l'on avertît le P. Cotton. La Reine répond : « Oui, mais il n'est pas préparé. — J'en suis bien aise, dit le Roi, il ne sera *pas si long* (1). »

Puisque nous parlons des témoignages relatifs à l'éloquence de Richelieu, rappelons ceux que lui rendaient ses amis. L'abbé de la Cochère avait une si bonne opinion des talents oratoires de son évêque, qu'après avoir parlé des prélats choisis pour faire l'oraison funèbre de Henri IV, il ajoutait : « Ç'eussent été des actions dignes de vous, si vous vous fussiez trouvé ici. » Deux ans après, l'évêque de Bayonne lui écrit qu'à la Cour il est question de l'envoyer à La Rochelle pour convertir les protestants. Sous Henri IV

S. Andream ab arcubus erat numero auditorum nec horum spiritus admiration, sufficeret. » Abbé DE PURE, *Vita em. card. Richelii*, p. 61 : « Ses talents pour la chaire firent un si grand bruit qu'il fut prié d'aller prêcher à Paris. Il y prêcha un avent à St-André-des-Arcs, en 1610 ; la Cour en fut charmée, et le Roi et la Reine sa mère l'honorèrent souvent de leur présence. » *Vie manuscrite du card. Rich.* Arsenal, 186, f° 6.

(1) *Journal* de Jean Héroard, Didot.

le P. Seguiran avait été chargé d'une semblable mission. Il n'est donc pas impossible que le gouvernement de la Régente ait eu la pensée de renouveler cette tentative, qui aurait été aux yeux des Huguenots la meilleure garantie de ses intentions pacifiques. Si ce dessein ne fut pas exécuté, il faut au moins retenir que Richelieu fut désigné pour cet emploi qui demandait beaucoup de tact, de vastes connaissances et une véritable éloquence.

Mais pour apprécier les talents oratoires de Richelieu nous avons mieux que les témoignages de ses contemporains : nous avons deux sermons de lui. L'un, publié par M. Hanotaux, à la suite des *Maximes d'État et Fragments politiques* (1), est une allocution prononcée par le Cardinal, le 15 août 1626, au moment de donner la communion au Roi, à la Reine-mère et à Gaston d'Orléans. C'était au lendemain de la conspiration de Chalais. Le frère du Roi était rentré en grâce en trahissant tous ses amis. Comme le Cardinal lui savait l'âme faible et timorée, il voulut l'épouvanter par les menaces de la colère céleste. Après quelques développements sous forme d'antithèses, tirés de la fête du jour, il prononça avec une vigueur particulière ces mots qui étaient destinés à terrifier le malheureux Gaston: « Au même temps que Dieu s'unit dans le ciel à celle qui est, comme j'ai déjà dit, sa mère et sa fille tout ensemble, au même temps vous unit-il en terre et votre mère et celui que vous aimez et traitez comme votre fils, fils qui vous doit aimer, respecter et craindre toute sa vie, non seulement comme son vrai Roi, mais comme son vrai père, et qui ne peut faire autrement sans avoir lieu d'appréhender une seconde descente du

____

(1) *Documents inédits sur l'Hist. de France.* Mélanges, t. III, p. 705.

grand Dieu sur sa personne, non en manne, comme celle
d'aujourd'hui, mais en feu et en tonnerre (1). »

A part ces mots, où l'on sent passer comme un frisson de
colère, le reste du discours est sec et froid. La langue est
vigoureuse et précise, la doctrine élevée, les rapprochements ingénieux, la phrase vive et dégagée. Mais on n'y
trouve aucune chaleur. Ce n'est pas l'effusion d'un cœur
d'apôtre, comme on pourrait s'y attendre au moment de la
communion ; c'est le langage un peu maniéré d'un Ministre
qui met les influences de la religion au service de sa politique.

Mais à l'époque où Richelieu était évêque de Luçon et où
il adressait la parole sainte aux fidèles de son diocèse, il
savait trouver des accents qui conviennent mieux à un pasteur. Nous en avons pour preuve ce sermon, récemment
découvert (2), qu'il prononça dans sa cathédrale le jour de la
fête de Noël 1608. Il venait d'arriver à Luçon quelques jours
auparavant, et il voulait profiter de la solennité de cette fête
pour parler aux catholiques de sa ville épiscopale. Ce discours, que le jeune évêque avait sans doute longuement préparé, puisque c'était la première fois qu'il allait paraître dans
la chaire de sa cathédrale, nous permet de juger les défauts
et les qualités de sa méthode oratoire.

Après avoir brièvement commenté le texte qu'il a choisi :
Et verbum caro factum est, il indique la raison qui l'a décidé
à prendre la parole : « C'est pourquoi voyant qu'il a plu à
Dieu de me donner la charge de vos âmes et par conséquent me rendre pasteur, je me suis résolu, me rencontrant
ce jourd'hui si heureusement en ce lieu, d'embrasser l'oc-

---

(1) *Documents inédits sur l'Hist. de France*. Mélanges, t. III, p. 821.
(2) Ce sermon sur la Nativité a été publié par le P. Ingold de l'Oratoire, dans la
Semaine catholique du diocèse de Luçon, le 22 décembre 1888.

casion que la fête me donne d'y faire naître en même temps
que mon Sauveur est né le premier témoignage de l'affection que j'ai à son saint service, particulièrement en ce qui
est de l'édification de vos consciences. »

Après cette phrase qui est la seule note personnelle du
discours il aborde les plus difficiles problèmes de la théologie relatifs à l'incarnation du Verbe, et j'avoue que pour
toute cette première partie je souscris volontiers au jugement
de M. Hanotaux. « Il s'embarrasse dans le fatras dont les prédicateurs goûtés à la Cour étaient coutumiers : antithèses
outrées, usage fastueux des métaphores sans application et
sans grâce, lourdeur qui n'est pas de la majesté, raffinement
dans les paroles qui n'est pas de la finesse dans les pensées,
amphigouri, pédantisme et sécheresse, tels sont les caractères de ces développements oratoires, secs, pénibles et
heurtés, qu'on ne lirait pas si on ne savait de quelle main
ils sont sortis (1). »

Mais la seconde partie, par son caractère pratique et par
la précision de l'idée et même par le mouvement du style,
échappe à tous ces reproches.

La transition en particulier est ingénieuse et pleine de
grâce poétique : « Le prophète Ézéchiel vit quatre animaux
qui avaient les ailes, les pieds et la face d'hommes. C'est la
vraie figure de ceux qui annoncent la parole de Dieu. Il faut
qu'avec les ailes d'une sainte méditation ils s'élèvent en la
contemplation plus relevée pour satisfaire aux doctes,
et que par après ils s'abaissent pour cheminer avec le peuple,
et qu'ils se rendent si intelligibles que les moins instruits
puissent tirer du fruit de leurs discours. C'est à ce propos
que saint Augustin dit : « *Patiantur columbæ dum pascuntur*

(1) HANOTAUX. *Mélanges*, t. III, p. 810.

aquilæ, patiantur aquilæ dum pascuntur columbæ. Que les colombes aient patience pendant qu'on repaît les aigles et que les aigles souffrent à leur tour qu'on repaisse les colombes. »

Cette seconde partie, destinée « aux colombes », a quelque chose de pastoral qui n'est pas sans éloquence. L'orateur montre que Dieu aime l'homme au point de vouloir habiter dans son cœur. « Je m'assure, s'écrie-t-il, qu'il n'y a personne en cette assemblée qui pour le moins une fois en sa vie, étant touché d'un véritable repentir de ses offenses, ne se soit aperçu sensiblement d'avoir son Dieu pour hôte. Oh! que c'est chose douce de faire naître en nous celui qui a sauvé le monde, de loger en nos cœurs celui que tous les cieux ne peuvent contenir!

« Mais, de même que Jésus-Christ, en venant sur la terre, y apporta la paix, il faut, pour qu'il demeure en nous, que nous fassions régner la paix dans nos âmes. » Et ici, Richelieu parle des bienfaits de la paix avec une vigueur et une netteté de langage qui révèlent l'homme politique. « Dieu, dit-il, par sa bonté a tellement favorisé les armes de notre Roi qu'apaisant les troubles il a mis fin aux misères de son État. Nous ne voyons plus la France armée contre soi-même et épancher le sang de ses propres enfants. La paix est en ce royaume, mais ce n'est point assez pour inciter le doux Jésus à venir faire sa demeure avec nous. Il faut qu'il soit en nos villes, en nos maisons, et principalement en nos cœurs. » Mais pour lui la paix, c'est l'unité et l'ordre. « La paix publique, dit-il, s'entretient par l'obéissance que les sujets rendent à leur prince, se conformant entièrement à sa volonté en ce qui est du bien de son État. »

La paix se maintient aux villes lorsque les personnes privées « se contiennent modestement dans le respect qu'elles doivent aux lois et aux ordonnances de ceux qui ont autorité.

« La paix est aux maisons quand ceux qui demeurent ensemble vivent sans envie, sans querelle, sans inimitié les uns contre les autres.

« La paix est en nos cœurs lorsque la raison commande comme reine et maîtresse, que la partie inférieure qui contient le peuple séditieux de nos appétits obéit et que toutes deux se soumettent à la raison éternelle, de laquelle la nôtre emprunte ce qu'elle a de lumière. » Tout ce développement sur la paix a de l'ampleur et de la force, on sent que l'orateur se trouvait sur un terrain qui lui était familier. Il tient à prouver que chef d'un diocèse où les dissidents religieux sont en grand nombre, il ne négligera rien pour vivre en bonne intelligence avec eux. « Je proteste, dit-il, que j'emploierai si peu que j'ai d'esprit, si peu que j'ai de force, pour maintenir l'union de laquelle dépend notre conservation. »

Nous pouvons maintenant nous faire une idée assez exacte de l'éloquence religieuse de Richelieu. Assurément il n'avait ni l'onction de saint François de Sales, ni la chaleur mystique du cardinal de Bérulle; mais il me paraît difficile de lui reprocher, comme on l'a fait, l'insuffisance de son éducation littéraire (1). Ce discours est l'œuvre d'un esprit remarquablement lucide et méthodique, qui met de l'ordre et de la symétrie dans ses développements, et qui exprime ses idées dans une langue correcte, précise et surtout nerveuse. Sans doute on n'y trouve pas les élans d'un apôtre, ni même cette allure et ce mouvement qui sont le propre de l'orateur. Mais c'est la parole d'un homme de raison qui prouve tout ce qu'il avance, qui cherche avant tout à instruire ses audi-

(1) Hanotaux, *Mélanges*, t. III, p. 810.

teurs et parfois, par la force même que donne la vérité, réussit à les émouvoir.

Par tempérament, par goût et plus encore par les qualités et les défauts de son esprit, Richelieu était plutôt un orateur politique. Il le prouva bien aux États généraux. J'ai donné ailleurs l'analyse du discours qu'il y prononça : qu'on me permette d'y revenir pour en discuter les mérites littéraires.

On peut d'abord affirmer que la harangue de l'évêque de Luçon a une grande supériorité sur celles de tous les autres orateurs qui se firent entendre dans cette assemblée. Ni Savaron, ni Seneçay, ni Robert Miron lui-même ne parlèrent comme lui en hommes d'État. Le passage où Richelieu s'élève contre les excès des protestants et contre la prodigalité des bénéfices ecclésiastiques est animé du souffle de la plus haute éloquence. Sa protestation contre les duels n'est pas moins belle.

Enfin, le compliment à la Reine-mère est un chef-d'œuvre d'habileté, de finesse, de flatterie discrète et délicate. On devine que Richelieu tient à la charmer et à mériter ses bonnes grâces.

Mais si ces trois morceaux sont d'un éclat qu'il faut signaler, il y a dans le reste du discours bien des endroits qui sont faibles et où l'on ne retrouve que les procédés d'une rhétorique creuse et banale. L'exorde en particulier, où l'orateur compare la tenue des États à ces solennités païennes, durant lesquelles les esclaves pouvaient impunément dire la vérité à leurs maîtres, serait simplement ridicule si l'on ne se rappelait que le goût de l'époque aimait ces sortes d'amplifications et de rapprochements. Parfois aussi, il se laisse aller à des entassements de mots et de métaphores, à

une emphase de langage qui trahissent le jeune homme, et
dont il ne se dépouilla jamais complètement. Ainsi, après
avoir dit que, dans certaines provinces, les églises sont au
pouvoir des protestants, il s'écrie : « C'est une chose lamentable d'ouïr que les lieux saints soient ainsi souillés ; *mais
les cheveux me hérissent, l'horreur me saisit, la voix me
manque* quand je pense à exprimer l'indignité d'un forfait
si exécrable... » Et un peu plus loin : « *Je pâlis, je frémis*
en le disant. O patience indicible du ciel ! Que la terre ne
s'est-elle ouverte pour engloutir ces monstres en leur naissance !.... » On pourrait presque croire que ces phrases sont
empruntées aux sermonnaires de la Ligue. La véritable in-
dignation dédaigne ces figures outrées et ces exagérations
de commande ; elle n'est éloquente que lorsqu'elle est simple
et naturelle.

Un autre défaut qui peut être encore signalé dans cette
harangue, c'est l'amour excessif d'une vaine érudition.
Pourquoi, par exemple, remonter aux druides pour prouver
que les prêtres ont toujours été appelés dans les conseils des
Rois? Pourquoi aussi cette longue énumération de témoignages empruntés aux Pères de l'Église et aux conciles
pour condamner les empiétements des tribunaux laïques sur
la juridiction ecclésiastique ? Toute cette science d'aspect un
peu pédantesque serait beaucoup mieux à sa place dans une
dissertation théologique que dans un discours politique
adressé à un Roi de treize ans, à une femme, et à des ministres qui, à coup sûr, devaient être peu familiers avec la
patrologie et le droit canon.

Mais ce sont là des défauts pour ainsi dire accessoires et
qui ne sauraient faire tort aux qualités de style que l'on
remarque dans ce discours. L'ordre y est parfait et tout s'en-

chaîne avec une logique très serrée. Il faut aussi admirer çà
et là quelques phrases brèves, simples, qui sont de véritables
formules politiques,et qui indiquent une grande habitude de
réflexion et une étonnante maturité d'esprit. La langue est
toujours limpide et forte dans sa précision. Quand Richelieu
se sera dépouillé du goût des ornements de convention,
quand il aura donné à sa phrase un tour plus sobre et plus
concis, quand surtout il aura à exprimer des idées qui lui
tiendront à cœur, sa parole sera celle d'un de nos plus
grands orateurs politiques.

D'ailleurs c'est bien ainsi que l'ont jugé les contemporains. La Mothe Le Vayer, en lui dédiant ses *Considérations
sur l'éloquence française de ce temps,* lui disait : « A qui
puis-je adresser mon travail plus raisonnablement qu'à
celui qui, dans une parfaite connaissance de ce que les Grecs
et les Latins ont eu d'artifice au parler, possède toutes les
grâces de notre langue? Et de qui dois-je attendre une plus
puissante protection que de celui dont les écrits et la vive
voix nous ont fourni les principaux ornements de notre éloquence aussi bien que de notre morale ; nous donnant, tant
pour le bien dire que pour le bien vivre, les meilleurs préceptes que nous ayons ? Il y a bien plus, Monseigneur ; pour
ce que je n'ai rien dit dans tout cet ouvrage de l'éloquence
animée de l'action, j'ai cru satisfaire aucunement à ce qui
était au-dessus de mes forces par l'inscription de votre
grand nom qui contient en soi ce que Quintilien disait de
Cicéron, nous apprenant que, de son temps, il n'était plus le
nom d'un homme, mais bien de cette divine éloquence dont
il nous a laissé une si belle idée. Ceux qui seront assez heureux pour se pouvoir représenter l'agréable ton de vos
paroles, les mouvements réglés de toute votre personne, et

le reste des grâces qui ont toujours accompagné ces dis_
cours immortels que vous avez si souvent prononcés avec
admiration dans les plus notables assemblées de la France,
n'auront pas besoin de préceptes pour ce regard, et il suffit
qu'ils en reçoivent un de moi qui comprend en soi tous
ceux de la Rhétorique, de se mettre toujours votre belle
image devant les yeux, s'ils veulent suivre un modèle parfaitement accompli (1). »

Dans cette dédicace, il faut évidemment faire une large
part à la flatterie, et jamais la pensée ne nous viendra de
comparer Richelieu à Cicéron au point de vue de l'éloquence.
Mais du moins le témoignage de Le Vayer prouve que le Cardinal avait la réputation d'être orateur. Assurément, il ne
l'aurait pas loué d'une qualité qui lui aurait complètement
manqué ; car alors son compliment eût été une épigramme,
et il savait que les épigrammes étaient peu goûtées du grand
ministre.

Le mérite de Richelieu comme écrivain était encore moins
contesté. Nous lisons, en effet, dans la *Lettre déchiffrée* (1627),
qu'on admirait les livres de controverses qu'avait publiés le
Cardinal et que les vers auxquels il consacrait ses loisirs
étaient trouvés « clairs, purs et coulants ».

S'il faut en croire les *Maximes et instructions pour se conduire à la Cour*, Richelieu avait entrepris dans sa jeunesse
d'écrire l'histoire de Henri IV. C'est même en vue de ce
livre qu'il avait pris l'habitude de consigner par écrit tous
les traits qu'il recueillait dans ses lectures ou dans ses con-
versations. Aussi n'est-il pas invraisemblable qu'il ait songé
à réunir toutes ces notes éparses pour en composer un ouvrage à l'éloge du prince qui lui avait donné tant de marques

(1) LA MOTHE LE VAYER, 1ʳᵉ partie, t. II, p. 186. Dresde, 1756.

de bienveillance et d'affection (1). Nous ignorons s'il a écrit cette histoire ; en tout cas, elle ne nous est pas parvenue. Il est assez probable que, dans la suite, il aura utilisé ces documents pour rédiger le premier livre de ses *Mémoires* où il est presque exclusivement question de Henri IV.

La seconde année de son épiscopat, Richelieu publia des *Ordonnances synodales* (1609). Mais cet opuscule, qui a uniquement pour objet de réformer certains abus dans le diocèse de Luçon, est sans aucune valeur littéraire. Nous l'avons étudié plus haut à titre de document historique, en faisant remarquer que s'il n'avait pas eu Richelieu pour auteur, il serait tombé dans le plus profond oubli.

Il fallut la disgrâce de 1617 pour fournir à l'évêque de Luçon l'occasion et le loisir de publier deux ouvrages, sur lesquels se fonde sa réputation d'écrivain. Le premier parut en octobre 1617, sous ce titre : *Les principaux points de la foi de l'Église catholique, défendus contre l'écrit adressé au Roi par les quatre ministres de Charenton.*

Voici dans quelles circonstances l'évêque de Luçon fut amené à publier ce livre de polémique religieuse contre les protestants. Le duc de Luynes avait éloigné le Père Cotton qu'il jugeait trop favorable à la Reine, et il l'avait remplacé par le Père Arnoux. Il comptait bien que ce religieux, à qui il venait de donner le titre de confesseur du Roi, serait un docile instrument. Aussi l'employa-t-il dans certaines négociations délicates auprès de la Reine-mère dont il fallait sonder les dispositions et deviner les desseins. Ce P. Arnoux, que l'auteur de l'*Histoire de l'Edit de Nantes* appelle tout uniment un *scélérat,* s'était acquis quelque

____

(1) Il y est fait allusion à deux reprises dans les *Instructions pour se conduire à la Cour*, p. 16 et 18.

renommée par ses prédications. Un jour, dans un sermon qu'il prononçait à Fontainebleau devant le Roi, il attaqua avec une grande violence la confession de foi des réformés, et soutint que les textes cités en marge dans ce formulaire étaient ou tronqués ou détournés de leur véritable sens. Un sermon ne lui suffit pas ; il écrivit encore un mémoire dans lequel il développa ses griefs contre la doctrine protestante. Ce mémoire fut remis à Du Moulin. « Celui-ci, qui avait l'esprit vif, l'imagination féconde, le cœur plein de zèle, et qui, de l'aveu même de ses adversaires, écrivait avec autant d'agrément que de force et de facilité, ne fut pas longtemps sans faire au jésuite une réponse concertée avec Montigny, Durand et Mestrezat (1). » Dans l'épître dédicatoire adressée au Roi, les auteurs énuméraient les services rendus à l'État par les réformés. Ils se vantaient particulièrement d'avoir défendu les prérogatives royales contre les jésuites, surtout dans les derniers États de Paris. Le P. Arnoux et les jésuites se dirent naturellement offensés par cette réponse. On fit grand bruit de part et d'autre. Le Parlement fut saisi de l'affaire ; mais le Roi l'évoqua devant lui ; il interdit expressément de lui dédier des livres sans sa permission, et il fit supprimer celui des ministres de Charenton. C'est alors qu'intervint Richelieu. Il venait de quitter Blois pour se retirer à Coussay, et il était heureux de prouver qu'au fond de sa solitude il ne s'occupait plus que de théologie. Du reste, il n'était pas sans habileté de sa part de réfuter les ministres que le Roi venait de condamner. Il se donnait ainsi l'apparence de défendre ce prince et peut-être pensait-il que par ce moyen il réussirait à rentrer en grâce (2).

(1) BENOIT, *Histoire de l'Édit de Nantes.* — Le livre des Quatre Ministres de Charenton parut vers le 12 juillet 1617 ; *Journal* d'Arnauld d'Andilly, p. 310.
(2) Le livre des Ministres était précédé d'une épître dédicatoire au Roi. Le

Dès le début de l'épître dédicatoire, il laisse percer ce sentiment : « Sire, sachant qu'il sied bien aux évêques de parler en la cause de l'Église et en celle de leur Roi, et voyant que l'écrit que les ministres ont eu la hardiesse d'adresser à Votre Majesté est contre l'Église catholique et par conséquent contre Vous, puisque, comme son fils aîné, ses intérêts sont les vôtres, j'ai estimé que je ne devais pas être muet. »

Une seconde raison l'a déterminé à parler, c'est que le livre des ministres était très répandu dans le diocèse de Luçon. Les huguenots du pays « publiaient partout que c'était un arsenal qui, en peu d'espace, contenait des pièces pour ruiner de fond en comble la vérité de la religion catholique ». Répondre à cette attaque, c'était donc de la part de l'évêque exilé faire preuve de zèle épiscopal, c'était témoigner qu'il avait à cœur les intérêts de son diocèse, et que s'il se mêlait à la lutte c'était pour défendre son Roi et le troupeau dont il avait la charge.

Nous avons signalé dans un autre chapitre les paroles de charité, de mansuétude et de tolérance que contient cette épître dédicatoire à l'égard des protestants. « Mon devoir, disait-il, est de leur faire du bien et non du mal, de les guérir et non de les blesser. » Il s'efforce de les convaincre que s'il déteste leurs doctrines, il a pour leurs personnes les dipositions les plus bienveillantes.

Avant d'aborder la discussion, il indique clairement le but qu'il poursuit : « C'est, dit-il, de faire voir que les ministres de Charenton sont mal fondés dans toutes leurs prétentions, qu'ils ont toute occasion de se louer de nos rois

---

P. Arnoux avait réfuté le livre. Mais Richelieu, plus habile, fit de l'épître au Roi l'objet particulier de sa réfutation.

et non sujet de s'en plaindre comme ils font ; que leur créance n'est pas haïe pour les raisons qu'ils prétendent, mais bien digne de haine pour beaucoup d'autres raisons qu'ils dissimulent ; enfin que l'Église catholique, ses ministres et tous ceux qu'ils accusent, demeurent déchargés des crimes qu'ils leur imputent. »

La méthode dont il se sert est à la fois la plus simple et la plus rigoureuse. Il commence par établir la croyance de ses adversaires en transcrivant intégralement les témoignages de leurs principaux docteurs, et, cela fait, il s'empare de ces témoignages, soit pour les réfuter les uns par les autres, en faisant ressortir leurs contradictions, soit pour en tirer des aveux précieux à l'aide desquels il prouvera la vérité de la religion catholique.

Le livre comprend dix-neuf chapitres, dont quatorze sont consacrés à répondre point par point aux accusations des ministres, et les cinq autres contiennent les raisons pour lesquelles « leur croyance doit être abhorrée de tout le monde ». Il n'y a pas de plan proprement dit ; on peut cependant distinguer deux parties : l'une où sont réfutées les allégations des ministres et où l'auteur se tient pour ainsi dire sur la défensive ; l'autre dans laquelle, prenant à son tour l'offensive, il accuse la Réforme d'avoir renouvelé les anciennes hérésies, ouvert la porte à tous les vices et ébranlé dans ses fondements l'autorité même des princes.

Le second chapitre est de beaucoup le plus remarquable ; c'est même le seul qu'il soit nécessaire de lire pour apprécier le talent de Richelieu comme polémiste. Les ministres avaient prétendu qu'Henri IV devait sa couronne aux protestants. L'évêque leur répond qu'en effet ils l'ont servi « quand il était fauteur de leur secte » et en lutte contre le Roi légitime, Henri III ; mais que du jour où le Béarnais est devenu l'héritier de la couronne, les catholiques l'ont aussi puissamment aidé à Arques et à Ivry ; et d'ailleurs ce qui l'a fait monter sur le trône, c'est surtout son abjuration. Les protestants sont donc mal venus à se vanter d'un service qu'ils n'ont pas rendu. « Au lieu de le servir, leur dit-il, c'est vous qui vous êtes servis de lui. Il a combattu pour vous, et non vous pour lui. » Et lors même qu'ils auraient réellement contribué à placer Henri IV sur le trône, est-ce bien à eux qu'il appartient de s'en vanter ? Richelieu leur donne une bonne leçon de modestie : « C'est le devoir d'un sujet, dit-il, de servir et de se taire de ses services, laissant au prince à les reconnaître et à les publier. »

L'auteur fait aux protestants une autre réponse qui est péremptoire : « Vous vous plaignez de nos Rois, leur dit-il. Cependant ils vous ont accordé la liberté de conscience, tandis que les princes réformés l'ont toujours refusée à leurs sujets catholiques. » Cet argument sur lequel nous avons déjà insisté nous paraît être l'un des traits les plus originaux et les plus forts de la polémique de Richelieu.

Il dit dans ses *Mémoires* qu'il a écrit ce livre en six semaines. Je croirais volontiers qu'il y a là quelque exagération, et qu'il était beaucoup plus dans le vrai lorsqu'il déclarait au P. Joseph : « J'ai entrepris une œuvre contre l'hérésie que je n'achèverai pas sans veilles (1). » Cependant il faut reconnaître que, dans le style comme dans la composition, cet ouvrage porte des traces de précipitation. Ce n'est pas que l'érudition y soit médiocre, comme le prétend M. de Beauregard : il est visible au contraire que Richelieu possède à fond toutes les sources protestantes du

(1) Avenel, t. VII, p. 412.

xvi⁰ siècle, Luther, Calvin, Buchanan, Goodman, Théodore
de Bèze ; il connaît et il cite tous les écrivains les plus importants de la Réforme ; et pour les réfuter, il a recours tantôt
à l'Écriture sainte et aux Pères de l'Église, tantôt aux théologiens scolastiques.

Malgré de nombreux latinismes, et notamment un emploi
fréquent de l'ablatif absolu, le style de Richelieu, dans cette
réponse aux ministres de Charenton, se rapproche de la
bonne prose du xvii⁰ siècle. La phrase est encore un peu
lourde et surchargée d'incidentes ; les procédés de discussion rappellent un peu trop la terminologie et la dialectique
de la théologie du moyen âge. Néanmoins, lorsqu'il traite
des questions qui touchent à l'histoire ou à la politique, son
ton s'élève, prend de l'allure, et il n'est pas rare alors qu'entraîné par le feu de l'argumentation, il écrive quelque page
d'une belle venue qui fait songer à Balzac ou à Pascal (1).

La publication du livre de Richelieu fut remarquée. Dans
une lettre du 14 février 1618, le cardinal Bentivoglio l'annonçait au cardinal Borghèse, neveu de Paul V (2), en signalant

---

(1) **Peut-être lira-t-on** avec quelque curiosité le jugement qu'un Père de la
Compagnie de Jésus, dans un livre très intéressant mais peu connu, a porté sur l'ouvrage de Richelieu ; on sait que les Jésuites sont peu suspects d'indulgence à son
égard. « Richelieu, pour ne pas être trop long, n'use pas de tous ses avantages.
La théologie, l'Écriture sainte, la raison, les écrivains mêmes de la secte, l'histoire
lui fournissaient des arguments sous lesquels il aurait pu les accabler ; mais ceux
qu'il choisit sont tellement opportuns, si évidents, si concluants, présentés avec
tant de force, d'une manière si serrée, dans un style si noble, si énergique et si
précis, qu'ils suffisent pour renverser cet échafaudage de louanges personnelles et
d'accusations iniques contre l'Eglise que les pasteurs de Charenton s'étaient efforcés
de dresser en présence du Roi.

« Au reste, cette réfutation porte le caractère de la vérité qu'elle défend : au lieu
de ce frisson de haine qui circule dans l'écrit des ministres de Charenton, elle est
empreinte du calme d'une cause sûre d'elle-même, de cette conviction profonde,
de cette fermeté tranquille, de cette noble autorité qu'elle donne à ses défenseurs,
de ce sentiment de compassion et de charité qu'elle leur inspire pour les victimes et
les esclaves de l'erreur. » — P. PRAT, *Recherches hist. et crit. sur la compagnie
de Jésus en France au temps du P. Cotton*, Lyon 1876, gr. in-8⁰, t. IV. p. 56.

(2) BENTIVOGLIO, *Lettre* 1078.

cette particularité que l'ouvrage de l'évêque de Luçon était écrit en français, tandis que jusqu'alors les travaux de théologie ou de controverse avaient toujours été rédigés en latin.

Le 9 octobre de l'année précédente, ce livre avait été approuvé par les docteurs de Sorbonne. Cette nouvelle parut faire grand plaisir à Richelieu, car il écrivait à M. de Flavigny, doyen de Luçon : « Je suis très aise que mon livre ait été reçu comme vous me le mandez, puisque c'est de Messieurs de Sorbonne dont j'honore tellement le corps que j'estime l'honneur que j'ai d'en être, un des principaux que j'aie et puisse avoir (1). »

Ce livre produisit quelques fruits. Moréri raconte qu'un demi-siècle plus tard Jacques de Coras, ministre de Tonneins dans l'Agénois, qui avait été pendant trois ans l'aumônier de M. de Turenne, entreprit de réfuter la *Réponse aux ministres* de l'évêque de Luçon. Mais les preuves lui parurent si fortes qu'il conçut des doutes sur sa propre religion et ne tarda pas à embrasser la foi catholique (1665) ; suivant l'usage, il rendit compte de sa conversion dans un écrit public intitulé : *La conversion de Jacques de Coras, dédié à Nosseigneurs du clergé de France*, dans lequel il rétractait ses erreurs et exposait les raisons de sa nouvelle foi (2).

Dans son introduction, Richelieu avait pour ainsi dire provoqué des répliques. Il avait demandé que les ministres lui répondissent sans équivoque : « S'ils nous font connaître clairement quelle est leur créance, nous leur serons beaucoup obligés, vu que d'ordinaire nous avons plus de peine à la décou-

---

(1) Avenel, t. Ier, p. 556.
(2) Ce même Coras avait publié en 1663 un poème épique, *Jonas ou Ninive pénitente*, dont s'est moqué Boileau dans sa 7e satire :

Le Jonas inconnu sèche dans la poussière.

vrir qu'à la convaincre. » Un jeune ministre de vingt-huit ans, David Blondel se chargea de lui répondre dans un livre qui parut sous ce titre : « *Modeste déclaration de la sincérité et vérité des Églises réformées de France* (Sedan, 1619). Cet ouvrage, où l'on ne trouve aucun détail relatif à Richelieu, est pour nous sans intérêt. Nous avons perdu le goût de ces polémiques à coup de textes et où la médiocrité de la forme ne rachète pas l'aridité du fond.

En 1618, Richelieu, exilé à Avignon et obligé de garder le silence pour ne pas donner prise à ses ennemis qui l'accablaient de calomnies, consacra ses loisirs forcés à écrire un second livre religieux. Il parut en 1618, sous le titre d'*Instruction du Chrétien*. Ce n'est point un ouvrage de théologie proprement dite, bien qu'il atteste une parfaite connaissance de la théologie dogmatique et morale. C'est essentiellement un abrégé de la doctrine chrétienne, composé en vue du peuple et destiné à être lu chaque dimanche au prône des messes paroissiales, pour servir de texte aux instructions des curés.

Ce livre répondait à un besoin urgent. L'ignorance de la religion était le mal de cette époque. Les pratiques du culte étaient conservées dans la plupart des paroisses, mais les fidèles ne connaissaient que très incomplètement les vérités religieuses et morales. D'autre part, l'évêque ne pouvait guère compter sur le clergé, qui manquait de lumières et de zèle pour remplir un tel ministère. Comprenant donc combien il était urgent de faire pénétrer les vérités de la foi jusque dans les esprits les plus simples, et voulant venir au secours des pasteurs qui, dans beaucoup de cas, eussent été incapables de faire des instructions solides et lumineuses, comme il les aimait, il préféra composer lui-même ce catéchisme. Aussi peut-on·dire que, de tous les actes de la vie épiscopale de Richelieu, c'est celui qui révèle le mieux le pasteur des âmes (1).

L'ouvrage est dédié aux fidèles de Luçon : « Mes chères âmes, apprenant du souverain pasteur des pasteurs que le principal office du pasteur est de paître son troupeau, la charge qu'il a plu à Dieu me donner en ce diocèse, et l'amour tendre avec lequel je souhaite votre salut, m'ont porté à vouloir m'acquitter utilement envers vous de ce à quoi je me sens obligé en ce point.

« Pour cet effet, sachant que paître spirituellement n'est pas autre chose qu'instruire l'esprit de l'homme des volontés de son Créateur, et l'inviter à les suivre, j'ai entrepris de vous faire voir particulièrement ce qu'il désire de tout chrétien, et par ce moyen de vous disposer à le faire. C'est le but de cette instruction que je vous dédie à très juste titre, puisqu'elle est faite pour vous (2).... »

Un peu plus loin, il ajoute qu'il a écrit son livre dans un style fort simple, son but étant de paître les colombes plutôt que les aigles, qui peuvent chercher leur nourriture d'elles-mêmes.

S'adressant ensuite aux curés, il leur dit qu'il a fait cet ouvrage pour s'acquitter de sa charge et les aider à remplir la leur. Il leur recommande de lire une leçon de son livre chaque dimanche et fête à la messe paroissiale. Quand la leçon sera jugée trop longue, on la coupera, « désirant, dit-il, non seulement fournir au peuple cette nourriture spirituelle, mais en outre qu'elle leur soit servie de telle sorte qu'ils la reçoivent avec plaisir. » Pour cela, il veut que les curés fas-

(1) Mgr Perraud, p. 24.
(2) Richelieu, *Instruction du Chrétien*. Poitiers, 1621.

sent cette lecture « distinctement et posément, s'arrêtant tellement aux points qui forment les divers sens que l'intelligence en soit facile à leurs auditeurs ».

Il fait deux parts de son livre : l'une est pour le peuple, l'autre est réservée aux doctes : « J'ai mis à la marge, dit-il, beaucoup de choses que je n'ai pas voulu mettre dans le texte pour être trop hautes pour le peuple. » Les notes marginales seront pour les curés.

L'ouvrage entier comprend vingt-huit leçons, dont les plus longues ne dépassent pas douze pages. L'explication des articles du symbole, des commandements de Dieu et ceux de l'Église, de l'Oraison Dominicale et de la Salutation Angélique, de la valeur et de l'usage de chaque sacrement ; enfin un formulaire de prières quotidiennes avec l'indication sommaire de la manière dont le chrétien doit s'acquitter de tous ses devoirs : telle est la substance de ce livre si méthodique et surtout si pratique. Car c'est là peut-être le côté le plus saillant de l'esprit de Richelieu, c'est qu'il repousse toutes les théories spéculatives pour tendre uniquement à l'action. Avec un rare bon sens et une parfaite justesse, il condamne ces prédications où l'orateur cherche, non pas le bien des âmes, mais un moyen de faire parade de sa science et de son érudition. « Vous avertirez de notre part, écrit-il aux curés, tous les prédicateurs qui prêcheront en vos paroisses, de s'arrêter plus en leurs sermons à instruire le peuple de ce qui est de son salut, et l'exciter à faire son devoir, qu'à décider quelque point de doctrine trop haut pour sa portée et dont la connaissance ne lui est point nécessaire. » A ses yeux un commentaire très clair et très simple d'un texte de catéchisme l'emporte sur les sermons les plus savants et les plus éloquents.

Quoique très courte, chaque leçon comprend deux ou trois
articles, suivant l'importance de la matière. L'auteur place
en tête le texte de l'article du symbole ou du commandement
de Dieu qui doit faire l'objet de la leçon et il fait ensuite
un commentaire littéral et rationnel de tous les mots de ce
texte. Toutes ses explications sont admirables de netteté ;
mais peut-être pourrait-on lui reprocher de s'être servi dans
ses développements des procédés fournis par la rhétorique.
On croirait presque qu'il a voulu répondre à tous les points
de la formule classique : *quis, quid, ubi*, etc., tant ses amplifications ont quelque chose d'artificiel. Ainsi à propos de
l'article : *est né de la Vierge Marie*, il demande comment
Jésus-Christ est né, en quel temps, en quel lieu, de qui?
de quelle femme? Cette méthode a l'inconvénient de trop
rappeler les distinctions sans fin et les arguties de la
scolastique, et surtout de donner trop de sécheresse au
style.

Après les explications dogmatiques, viennent les réflexions
morales, les règles de conduite pratique qui s'en dégagent.
Ici encore, aucun mouvement, aucune chaleur, rien qui
aille droit à l'âme et la remue. Il semble que l'auteur se pro-
pose uniquement de parler à l'esprit et à la raison sans tenir
aucun compte du cœur. D'ailleurs, il ne range pas la sensibilité parmi les facultés de l'âme ; suivant une division
très ancienne, pour lui les trois puissances de l'âme sont la
mémoire, l'entendement et la volonté (1). Les sentiments
qu'il veut faire naître chez ses auditeurs sont de véritables
déductions qu'il présente pour ainsi dire sous la forme de
syllogismes. « Qui ne sera humble, s'écrie-t-il, considérant
que Jésus-Christ s'est abaissé et humilié jusqu'à l'opprobre

____

(1) *Instruction du Chrét.*, leçon X.

de la Croix? Qui ne sera obéissant, considérant qu'il l'est jusqu'à la mort? » On le voit, cette aridité ne ressemble guère aux analyses si fines, aux instances si pressantes et si tendres de S. François de Sales, dans son *Introduction à la vie dévote.*

Chaque leçon se termine par ces mots : vous prierez Dieu pour l'auteur de cette instruction. Comme le remarque Mgr Perraud, cette recommandation si simple, mais si chrétienne, répand sur le livre tout entier un véritable parfum de foi et d'humilité. Plus tard, quand, devenu ministre, il sera absorbé par les conceptions gigantesques de sa politique, quand, dans des heures critiques, les cabales de la Cour s'attaqueront à sa haute fortune, quand enfin les armées étrangères envahiront la France et que Paris tremblera à l'approche des bandes espagnoles, de pauvres curés de village, après avoir lu quelques pages du catéchisme de Luçon, inviteront les paysans à *prier Dieu pour l'auteur de cette instruction;* et qui sait si ces humbles prières faites pour le grand Cardinal ne lui seront pas plus utiles au tribunal de Dieu que d'avoir vu pendant vingt ans la France trembler à ses pieds (1)?

L'*Instruction du Chrétien* obtint un très vif succès. En lui donnant leur approbation (20 octobre 1618), les religieux augustins déclarèrent « qu'ils avaient trouvé ce livre rempli d'une bonne et saine doctrine..., dont les âmes pieuses peuvent recueillir beaucoup de fruit et de contentement pour la clarté, facilité et excellence du bel ordre et des instructions qui s'y trouvent ».

L'ouvrage eut plus de trente éditions et un grand nombre d'évêques l'adoptèrent pour l'usage de leur diocèse. Il fut

(1) Mgr Perraud, *Le Card. de Richelieu évêque et théologien*, p. 27.

traduit non seulement dans la plupart des langues de l'Europe, même en basque, mais encore en arabe et en turc. Ainsi, dit Lescot, ce livre fit de l'évêque de Luçon un véritable missionnaire, lequel parlant toute sorte de langues put enseigner toute l'Église.

Lorsque, quatre ans plus tard, Grégoire XV l'éleva aux honneurs du cardinalat, il lui écrivit un bref très élogieux et très flatteur où il lui disait qu'il devait la pourpre, non pas aux prières du Roi et de la Reine, mais à ses travaux de controverse religieuse. Voici ce document tel que l'a traduit M. B. Zeller.

« Grégoire XV, pape. Notre cher fils, salut.

« Nous n'avons pas voulu seulement accorder une récompense à la vertu, mais fortifier d'un nouvel appui la religion catholique et parer le Sénat apostolique d'une nouvelle gloire, lorsque, approuvant la désignation de Leurs Majestés Très-Chrétiennes, nous t'avons récemment décoré de la pourpre cardinalice. En effet, de même que les lois de la discipline militaire décernaient sagement le triomphe aux soldats dont le courage avait servi de rempart à la république, et causé la ruine des ennemis, ainsi est-ce avec raison que tu viens d'arriver à la plus grande dignité dans l'Église romaine. Car, dans la lutte que nous avons à soutenir contre le prince des ténèbres, ta science et ta piété ont été dans nos contrées comme un glaive de salut pour abattre l'orgueil des hérétiques et exercer une Sainte Vindicte parmi des peuples non croyants. Aussi jouis, notre très cher fils, non seulement du témoignage de la faveur royale et de la munificence pontificale, mais aussi de la juste renommée due à tes qualités éminentes; car la splendeur de tes mérites brillait d'un tel éclat dans la république chrétienne, qu'il paraissait importer à la Gaule tout entière que ces vertus fussent distinguées par la gloire d'insignes sacrés. Ces distinctions ont en effet plus de puissance pour frapper les imaginations des hommes que la seule vertu nue, dépouillée d'ornements. Nous nous réjouissons vivement que cette récompense de tes mérites et ce témoignage de notre bienveillance aient été pour toi un événement si agréable. Or, sache que tu nous auras comblé des preuves de ta reconnaissance si, te montrant semblable à toi-même, tu continues à augmenter en Gaule la dignité de l'Église, si tu écrases les forces de l'hérésie sans te laisser épouvanter par aucune difficulté, mais marchant avec confiance sur les aspics et les basilics. Ce sont là les grands services que l'Église romaine exige et attend de toi ; quant à nous, certain que notre espoir ne sera pas déçu, nous t'embrassons avec amour dans notre charité paternelle.

« Donné à Rome, à Sainte-Marie-Majeure le 3 novembre 1622, la seconde année de notre pontificat (1). »

On sait que Richelieu ne trompa point l'espérance du pape. Malgré les soucis de la politique, il écrivit un traité *De la perfection du Chrétien*, ouvrage de piété mystique qu'il rédigea à l'armée, sous les murs de Corbie (2), et qui dans sa pensée devait être le complément de son *Instruction du Chrétien*. Il composa aussi un second livre de controverse contre les protestants. Il fut publié après sa mort par les soins de sa nièce, la duchesse d'Aiguillon, sous le titre suivant: *Traité qui contient la méthode la plus facile et la plus assurée pour convertir ceux qui sont séparés de l'Église.* Cet ouvrage posthume est la preuve irrécusable du goût qu'avait

(1) ZELLER, *Richelieu et les ministres de Louis XIII.* Paris, Hachette, 1880, p. 122.
(2) Commencé en 1636 à Corbie, *la Perfection du Chrétien* fut terminée en 1639 pendant le siège de Hesdin.

conservé le grand Ministre pour les travaux théologiques. La méthode y est plus ferme, plus nette, et l'argumentation plus irrésistible que dans ses livres de jeunesse. On y sent le génie d'un diplomate qui va droit au but et qui démasque avec une merveilleuse clairvoyance les sophismes et les faux-fuyants de ses contradicteurs.

Au point de vue littéraire les livres religieux du cardinal de Richelieu ne valent ni ses *Mémoires* ni son *Testament politique*, ni même ses *Lettres*. Homme d'affaires et de raison avant tout, il n'avait ni assez de sensibilité ni surtout assez d'onction pour parler le langage de la piété et pour traiter des grands mystères de notre foi.

Il n'était bien lui-même que lorsqu'il avait à démêler quelque intrigue obscure, ou à exposer quelque grand dessein, intéressant le salut de la France. Il trouvait alors l'expression forte, pittoresque, saisissante, pour traduire sa pensée. Lorsqu'il traite au contraire des matières religieuses, il échappe le plus souvent au mauvais goût de son époque, sa langue est grave, simple et toujours lumineuse ; mais l'homme de génie et surtout l'écrivain supérieur s'y révèle trop rarement. Par ses livres de controverse, il est l'émule des du Perron, des Bérulle et des Coëffeteau ; il l'emporte même sur eux par la clarté et la sobriété de son style ; mais il est loin de l'allure vive et passionnée des *Provinciales*. Pour que la prose française pût faire ce pas immense, il fallait quarante ans encore et le génie de Pascal.

CONCLUSION

Les conclusions qui se dégagent de cette étude peuvent,
je crois, se résumer en ces mots : *Richelieu a été un excellent évêque, et l'évêque a préparé le ministre.*

L'histoire a peut-être trop négligé, dans la vie de Richelieu, son épiscopat à Luçon. La gloire de l'homme d'Etat
semble avoir fait oublier les qualités et les vertus de l'homme
d'Église. Il n'était donc pas sans intérêt d'essayer de réparer cette injustice et de montrer combien le ministre a été
redevable à l'évêque.

Entré dans l'Église sans vocation et pour conserver un
bénéfice dans sa famille, Richelieu a le grand mérite de se
plier à toutes les exigences de sa nouvelle profession. Il
renonce brusquement aux séductions de la vie mondaine, se
condamne à une retraite laborieuse, étudie à fond la théologie et se prépare à devenir, comme du Perron, le champion du catholicisme contre les protestants.

Au lendemain de son sacre, et après des succès oratoires
qui l'ont fait remarquer, il a le courage de quitter la Cour,
où le retiennent de si brillantes espérances, pour aller vivre
à Luçon, au milieu des pauvres populations dont il est le
pasteur. S'astreindre, à vingt-trois ans, à l'obligation de la
résidence, alors que la plupart des prélats s'en affranchis-
saient si aisément, ce n'est pas le fait d'une âme vulgaire,
mais plutôt la marque d'un esprit élevé et soucieux de
remplir tous ses devoirs.

Pendant les huit années à peu [près consécutives qu'il

passe à Luçon, il transforme son diocèse. Il relève les ruines matérielles et morales que les guerres de religion
y avaient accumulées ; il restaure sa cathédrale, il fonde un
séminaire, il crée plusieurs maisons religieuses, il fait la
visite canonique de toutes les paroisses, et remédie partout
aux abus qu'il rencontre. Enfin, quand il quitte Luçon pour
devenir secrétaire d'État en 1616, il laisse son diocèse dans
un état de prospérité qu'il n'avait pas connu depuis plus de
cinquante ans.

Ces diverses institutions nous permettent de juger son
zèle épiscopal : sa correspondance nous met au courant de
sa vie intime pendant toute cette période. Elle nous révèle
même un Richelieu absolument inconnu. Ce n'est pas le
terrible Ministre qui fait tout plier devant lui, et qui, pour
atteindre son but, ne recule pas devant les mesures les plus
violentes et les plus cruelles. C'est un prélat aimable, sédui-
sant par le charme de sa jeunesse et les grâces de son esprit,
doux et affable pour tous ceux qui l'approchent, régulier
dans ses mœurs, sincèrement pieux, même avec un certain
mélange de superstition, juste et ferme dans son administration, mais en même temps accueillant, hospitalier et serviable pour tous ses amis. Enfin il se montre à nous avec
une qualité qu'on ne lui aurait pas soupçonnée et que les
dures nécessités de la politique lui feront perdre trop tôt :
il est homme de cœur. Aussi est-il aimé de tous ceux qui
l'entourent. Sa mère est pénétrée de reconnaissance pour
ses soins affectueux. Ses frères et ses sœurs recourent à lui
comme au chef de la famille ; ses amis et ses serviteurs lui
sont très attachés et lui restent fidèles dans la mauvaise comme
dans la bonne fortune. Enfin, ses collègues dans l'épiscopat le tiennent dans la plus haute estime. Ils parlent avec

éloge de ses travaux et de sa piété ; ils recherchent son amitié, et en 1615, malgré sa jeunesse, ils le désignent pour
parler devant le Roi au nom de tout le clergé de France,
tant ils ont bonne opinion de son zèle, de son activité, de sa
science et de ses vertus.

J'ai ajouté que l'épiscopat fut, pour Richelieu, une préparation au ministère.

On a vu des hommes que le hasard des circonstances,
un caprice du souverain ou les intrigues d'une favorite,
avaient élevés au pouvoir, et qui, pris à l'improviste par la
fortune, ont fait leur éducation politique au préjudice des
intérêts qui leur étaient confiés. Si Richelieu, au début de
sa carrière politique, dut beaucoup à la faveur, il faut reconnaître qu'il s'était depuis longtemps préparé aux obligations qu'elle lui imposa.

Né avec des qualités brillantes, il les perfectionne par de
solides études littéraires et philosophiques, comme n'en
faisaient guère les jeunes gens de sa condition. L'imagination a peu de prise sur lui ; son esprit est essentiellement
positif. Il est avant tout homme de raison et d'action, trait
distinctif de ceux que la Providence prédestine à gouverner
les peuples. La théologie, par ses mille subtilités et ses distinctions infinies, achève d'affiner son intelligence et lui
donne cette souplesse qui fait les diplomates.

Quand cette première éducation est terminée, l'administration d'un diocèse l'initie à la pratique des hommes et des
choses. Les fonctions délicates et multiples dont il est
chargé lui font acquérir cette expérience qui est indispensable aux hommes d'État, et que les soudaines illumina-
tions du génie ne sauraient remplacer. Et comme si Dieu
avait voulu réunir autour de lui les conditions les plus

favorables à son développement, il se trouve dans un évêché pauvre et sans ressources, où il est obligé de tout créer, et où il est constamment aux prises avec la gêne et les difficultés matérielles, situation excellente, qui stimule son ambition et donne l'essor à des facultés que la richesse et le bien-être auraient peut-être énervées. Il avise donc, dans la solitude de son évêché, aux moyens de sortir de son obscurité et de jouer un grand rôle ; on dirait qu'il a le pressentiment de ses hautes destinées. En attendant que ses rêves se réalisent, il profite avidement de tout ce qui peut l'instruire et le former. Comme les protestants sont nombreux dans son diocèse, il observe leurs menées, il discute leurs prétentions, il y fait droit quand elles sont justes, il les combat quand elles sont illégitimes et dangereuses. En un mot, il étudie sur place la question religieuse, qui était si importante à cette époque, et il est ainsi amené à se tracer à lui-même une ligne de conduite, faite de tolérance et de fermeté, qu'il applique d'abord à son diocèse et qu'il appliquera plus tard à toute la France.

Son séjour à Luçon, en plein théâtre de la guerre civile, le met aussi en mesure d'observer les révoltes des grands. Il médite sur les dangers que ces levées de boucliers font courir à l'autorité royale et à la tranquillité publique. Il est non seulement le témoin, mais encore la victime des excès que commettent les troupes rebelles ; aussi le voit-on multiplier les démarches et les prières, pour épargner à son diocèse et à sa terre de Richelieu les horreurs de la guerre. Enfin, un peu plus tard, on le charge de négocier avec les chefs de la révolte, le prince de Condé et le duc de Nevers, pour les ramener dans le devoir. Il n'est donc pas téméraire de penser que ces événements, auxquels il est mêlé d'une

manière si directe, ont fait naître dans son esprit la résolution de réprimer un jour toutes ces tentatives séditieuses,
et de faire courber ces têtes altières devant l'autorité du Roi
et la majesté des Lois. Or, la ruine des protestants comme
parti politique, et l'abaissement des grands, ne devaient-ils
pas former tout le fond de la politique intérieure de Richelieu?

Chose plus surprenante encore! Il a déjà choisi les hommes
qu'il chargera plus tard d'exécuter ses desseins. Ce sont des
amis qu'il s'est attachés pendant son épiscopat, et qu'il a
pu étudier et former de longue main. Ils sont pour la plupart des hommes d'Église. Il ne les juge pas pour cela ni
moins intelligents, ni moins souples pour manier les affaires
de ce monde; mais surtout il sait qu'il trouvera en eux des
instruments plus dociles, plus dévoués et peut-être moins
difficiles à récompenser. Vienne donc l'heure où il sera appelé au ministère, il aura pour collaborateurs des hommes
comme les Bouthillier, le cardinal de Bérulle, le Père Joseph
et le cardinal Henri de Sourdis.

Enfin, comme un diocèse est un champ d'expérience nécessairement restreint, il a la bonne fortune d'être envoyé
par le Poitou aux États généraux. Là, il assiste à des délibérations où s'agitent les intérêts non plus d'une province,
mais de la France entière. Il peut donc se rendre compte
des maux dont elle souffre, des doléances et des vœux que
présentent les trois ordres, des remèdes et des réformes
qu'ils proposent. Observateur sagace, il comprend la faiblesse du gouvernement en face des députés et les efforts
qu'il fait pour éluder leurs demandes. Il prévoit surtout le
jour où les favoris de rencontre auront disparu, et où le
Roi sera obligé de confier le pouvoir à des mains plus dignes,
plus habiles, et plus fortes. Ce changement serait à coup

sûr le salut de la France ; mais pourquoi ne serait-il pas le
point de départ de sa propre fortune ? Et s'il faut au Roi un
ministre capable de tout remettre en ordre, de pacifier ce pays
au dedans, et d'accroître son prestige et sa puissance au
dehors, le jeune évêque se demande pourquoi cet illustre rôle
ne lui serait pas réservé.

Le pressentiment de sa grandeur future éclate à chaque
instant dans les confidences échappées à sa plume, et il faut
ajouter que tout le justifie dans sa conduite depuis qu'il est
arrivé à l'âge d'homme. On vient de le voir, il lui a fallu sept
années de recueillement, de travail intense, de méditation,
de contrainte et de manœuvres habiles pour s'imposer à
l'attention de Marie de Médicis et devenir ministre. Après
quatre mois d'une administration déjà résolue et énergique, une révolution de palais le renverse. Mais cette chute
ne le décourage pas. Avec une merveilleuse dextérité et une
persévérance que rien ne rebute, il reprend un à un tous
les fils de ses ambitieuses intrigues, il se remet en route, sé-
duit les uns, se rend redoutable aux autres, et après sept
autres années de patience et de souplesse, couvert cette fois
par la robe rouge de cardinal, il rentre de nouveau au ministère. Mais cette seconde prise de possession est définitive ;
il sera le maître, j'allais dire le Roi, jusqu'à sa mort.

BIBLIOGRAPHIE

MANUSCRITS

1° **Archives de la famille de Richelieu**, t. 1ᵉʳ, 1585-1622.

2° **Papiers d'Aquitaine**. Collection D. Fonteneau. Bibl. de Poitiers, nᵒ 139. — Bibl. Nationale, fᵈˢ latin, nᵒ 18389. *Copie*.

3° **Négociations de M. de Marquemont**, arch. de Lyon, près la Cour de Rome, 1617-1618. Bibl. Mazarine, nᵒ 1826.

4° **Lettres diverses à Richelieu**, év. de Luçon. Arch. des Aff. étrangères. France, t. 765 à 771.

5° **Lettres de Bouthillier à Duvergier de Hauranne**. Bibl. de l'Institut. Collect. Godefroy, portef. 268 et 69.

6° **Le Pré-Balain. Vie Msc. du P. Joseph**. Copie au couvent des Capucins de la rue de la Santé, à Paris.

7° **Le testament et les dernières paroles du P. Joseph...**, par une fille du Calvaire. Bibl. de Poitiers, nᵒ 281.

8° **Procès-verbal de la Chambre de la Noblesse, durant les États de 1615**, par R. de Montcassin. Bib. de Poitiers, nᵒ 161.

9° **Dépêches des Ambassadeurs Vénitiens**. Bib. Nat., fᵈˢ italien, copie, nᵒˢ 1763, 64, 65, 66, 67, 68, 69, 70, 71.

10° **Bibl. Nat., cabinet des titres, nᵒ 2302. Pièces originales sur la famille du Plessis**.

11° **Abrégé de la Vie du card. de Richelieu, ou idée de son ministère**. Arsenal. 190 *ter*.

12° **Recueil de pièces relatives au card. de Richelieu.** Arsenal. nᵒ 187.

13° **Abrégé de la Vie du card. de Richelieu.** Arsenal. nᵒ 186.

IMPRIMÉS

Allery, **Pouillé de l'Eglise de Luçon**, 1860, in-4ᵒ.

Anquez, **Histoire des assemblées politiques des réformés de France, 1573-1662**, Paris, 1865. in-8.

Arconville (d'), **Vie de Marie de Médicis**, Paris, 1774, in-8, 3 vol.

Argentré (d'), **Œuvres complètes**, Migne, Coll. d'orateurs sacrés, 1ʳᵉ série, tome LXVI.

Aubery, Histoire du cardinal duc de Richelieu, Paris, 1660, in-fol.

— Mémoires pour servir à l'histoire du cardinal duc de Richelieu, Paris, 1660, in-fol., 2 vol.

Aumale (d'), Histoire des princes de la maison de Condé, tome III, Paris, 1885, in-8.

Avenel, Lettres, instructions et papiers d'État de Richelieu, Paris, 1853-1874, in-4°, 8 vol.

— La jeunesse de Richelieu, *Revue des questions historiques*, tome VI.

— Les Mémoires de Richelieu, *Journal des Savants*, 1858.

Avenel (d'), Richelieu et la monarchie absolue, Paris, 4 vol. in-8°.

Baguenault de Puchesse, Histoire du Concile de Trente, 1870, in-8°.

Balzac, Lettres, dans ses Œuvres, réunies et publiées avec une préface de l'abbé Cassaigne, Paris, 1665, in-fol., 2 vol.

Baschet, Mémoire d'Armand du Plessis de Richelieu, évêque de Luçon, écrit de sa main, l'année 1607 ou 1610, alors qu'il méditait de paraître à la Cour, Paris, 1880, in-8°.

Bazin, Histoire de France sous Louis XIII, etc., Paris, 1837-1842, 4 vol. in-8°.

Benoit, Histoire de l'Edit de Nantes, 1685-1695, in-4, 5 parties.

Bentivoglio, La Nunziatura di Francia, Firenze, 1863-1870, 4 vol. in-8°.

Bonneau-Avenant, La duchesse d'Aiguillon, nièce du cardinal de Richelieu, sa vie et ses œuvres charitables, 1878, in-8°.

Bosseboeuf, Histoire de Richelieu et de ses environs, Tours, 1890, in-8°.

Caillet, L'administration en France sous le ministère du cardinal de Richelieu, Paris, 1860, in-12, 2 vol.

Cimber et Danjou, Archives curieuses de l'histoire de France, 1ʳᵉ partie, tomes XII à XV ; 2ᵉ partie, tomes VI.

Cousin, Le duc et connétable de Luynes, dans le *Journal des Savants*, 1861 et 1862.

Crevier, Histoire de l'Université de Paris jusqu'en 1600, Paris, 1761, in-12, 7 vol.

Deageant, Mémoires, Grenoble, 1668, in-12.

Dedouvres, Le P. Joseph du Tremblay, Angers, 1889.

Dreux du Radier, Bibliothèque historique et critique du Poitou, Paris, in-12, 5 vol.

Du Chesne, Histoire généalogique de la Maison du Plessis-Richelieu, Paris, 1631, in-fol.

Dufour, Histoire générale du Poitou, Poitiers, 1828, in-8°, tome Iᵉʳ.

Dugast-Matifeux, Etats du Poitou. Mémoire au roi par Colbert de Croissy, 1669; Fontenay, 1865.

Dupleix, Histoire de Louis le Juste, Paris, 1654.

Dussieux, Le cardinal de Richelieu, Paris, 1885, in-8°.

Fagniez, **Fragments de la vie du P. Joseph.** *Revue historique,* septembre-octobre, 1887.

Fontenay-Mareuil, **Mémoires (1609-1647),** dans la coll. Petitot, 2ᵉ série, tomes XXII et XXIII.

La Fontenelle de Vaudoré, **Histoire du monastére et des évêques de Luçon.** Paris, 1847, 2 vol. in-8°.

Gallia Christiana, tome II, p. 785-891 : *Ecclesia Burdigalensis.*

Girard, **Vie du duc d'Epernon,** 1730, in-4°.

Goujet, **Mémoires historiques et littéraires sur le Collège royal de France,** Paris, 1758, in-4°.

Griffet, **Histoire de Louis XIII,** 1755, 3 vol. in-4°.

Gui Patin, **Lettres choisies depuis 1645 jusqu'en 1672,** Cologne, 1692, in-12, 3 vol.

Halphen, **Journal inédit d'Arnauld d'Andilly,** 1614-1620, Paris, 1857, in-8°.

Hanotaux, **Maximes d'Etat du cardinal de Richelieu,** coll. des Documents inédits pour l'hist. de France, **Mélanges,** 2ᵐᵉ série, tome III, in-4°.

— **La jeunesse de Richelieu,** *Revue des Deux-Mondes,* 1889.

Henri IV, **Lettres missives,** publ. par Berger de Xivrey, Doc. inédits, 9 vol. in-4°.

Héroard, **Journal,** publ. par E. de Barthélemy et E. Soulié, Paris, 1868, 2 vol. in-8°.

Houssaye, **Le cardinal de Bérulle et le cardinal de Richelieu,** Paris, 1875, in-8°.

Ingold, **Archives du diocése de Luçon,** Paris, 1875, in-8°.

Isambert, **Anciennes lois françaises,** tome XV.

Jacquinet, **Les prédicateurs du XVIIᵉ siécle, avant Bossuet,** Paris, 1863, in-8°.

Jourdain, **Histoire de l'université de Paris au XVIIᵉ et au XVIIIᵉ siécle,** Paris, 1862-1866, 2 vol. in-fol.

Lalane, **Histoire de Châtellerault et du Chatelleraudais,** 2 vol. in-8°.

La Mothe Le Vayer, **Œuvres,** Dresde 1756, 14 vol. in-8ⁿ.

Launoy (de), **Regii Navarræ gymnasii Parisiensis historia,** 1677, in-4°.

Leblois, **Lieu de naissance du cardinal de Richelieu,** Tours, 1888, in-8°.

Le Clerc, **La vie du cardinal duc de Richelieu,** Cologne, 1695, in-12, 2 vol.

Le Cointe, **Histoire du régne de Louis XIII,** Paris, 1716-1717, 5 vol. in-12.

— **Recueil de piéces concernant l'histoire de Louis XIII,** Paris, 1716-1717, 4 vol. in-12.

Legrain, **Décade contenant la vie de Henri le Grand,** Paris, 1614, in-fol.

Lelong, **Bibliothéque historique de la France,** Paris, 1768, 5 vol. in-fol.

Levassor, **Histoire de Louis XIII,** Amsterdam, 1700-1711, in-12, 20 vol.

Lézat, La prédication sous Henri IV, Paris, 1872, in-8°.

Lièvre, Histoire des protestants et des églises réformées du Poitou, 1856-1860, in-8°, 3 vol.

Malingre, Histoire de Louis XIII, Paris, 1616, in 4°.

Marcellin de Pise, Annalium ordinis minorum sancti Francisci, tome III.

Marolles (l'abbé de), Mémoires, Paris, 1656, in-fol. in-12, 3 vol.

Martin (Henri), Histoire de France, tome XI, réédition par Goujet, 1755,

Martineau, Le cardinal de Richelieu, Poitiers, 1865, in-8°.

Matifaut, Notice historique et archéologique sur l'abbaye de Fonte-vrault, Angers, 1866, in-8°.

Maurice de Toulon, Le Capucin charitable, Lyon, 1721, in-12.

Mercure français, tome III.

Meurisse, Histoire des évêques et de l'église de Metz, Metz, 1633, in 4°.

Mignet, Mémoires historiques, Introduction à l'histoire de la succession d'Espagne.

Monzie, Le cardinal de Richelieu, Tours, 1879, in-8°.

Perraud (Mgr), Le cardinal de Richelieu, évêque, théologien et protecteur des lettres, Paris, 1882, in-8°.

Peyrat (du), Histoire ecclésiastique de la Cour, Paris, 1645, in-fol.

Picot, Histoire des États généraux, Paris, 1872, 4 vol. in-8°.

Plessis-Mornay (du), Mémoires, 1624-1652, 4 vol.

Poirson, Histoire du règne de Henri IV, Paris, 1862, 4 vol. in-8.

Prat, Recherches historiques et critiques sur la Compagnie de Jésus en France, au temps du P. Cotton, Lyon, 1876, 5 vol. in-8°.

Procès-verbaux des assemblées du clergé, tome II.

Pure (de), Vita eminentissimi cardinalis Arm.-Joan. Plessei Richelii, vitæ et fortunæ exordia, ab ann. rep. f. 1585 ad ann. 1619, Parisiis, 1656, in-12.

—   Vita Alphonsi-Ludovici Plessei Richelii, Parisiis, 1653, in-12.

Rancke, Histoire de France pendant le XVIIe siècle, traduction française, Paris, 5 vol. in-8°.

Ravenez, Histoire du cardinal François de Sourdis, Bordeaux, 1867, in-8°.

Recueil des pièces les plus curieuses faites pendant le règne du conné-table de Luynes, 1628, in-12.

Remy du Ferron, Vita A.-J. cardinalis Richelii, Orléans, 1626, in-4°.

Ricciardi, Vita di Armando, cardinal di Plessis, duca di Richelieu, Vienna, 1699, in-8°.

Richard, Histoire de la vie du P. Joseph Leclerc du Tremblay, Paris, 1702, in-12, 2 vol.

—   Le véritable P. Joseph, 1704, in-12.

Richelieu, Mémoires, collection Petitot, 10 vol. in-8°; Coll. Michaud, 3 vol. in-8°.

RICHELIEU, **Ordonnances synodales** (1613).

— **Les principaux points de la foi catholique défendus contre l'écrit adressé au Roi par les ministres de Charenton**, Paris, 1617, in-8º.

— **L'instruction du chrétien**, Paris, 1621, in-8º.

— **La perfection du chrétien**, Paris, 1646, in-4º.

— **Traité qui contient la méthode la plus facile et la plus assurée pour convertir ceux qui se sont séparés de l'Église**, Paris, 1651, in-fol.

ROBUCHON, **Paysages et monuments du Poitou**, in-fol. 1889.

SAINTE-BEUVE, **Port-Royal**, 7 vol. in-8º.

— **Causeries du lundi**, article Richelieu.

Semaine catholique du diocèse de Luçon, 1888.

VITTORIO SIRI, **Memorie recondite**, Lyon, 8 vol. in-4º.

SULLY, **Economies royales**, collection Petitot.

TALLEMANT DES RÉAUX, **Historiettes**, Paris, Téchener, in-8º, 9 vol.

THIBAUDEAU, **Abrégé de l'histoire du Poitou**, 1782-1788, in-12, 6 vol.

THIERRY (AUGUSTIN), **Essai sur l'histoire de la formation et des progrès du Tiers-État**, 1853, in-8º.

Les tombeaux de Richelieu à la Sorbonne, Paris, 1867.

DU TRESSAY, **Histoire des moines et des évêques de Luçon**, Paris, 1869, in-8º, 3 vol.

TOPIN (MARIUS), **Louis XIII et Richelieu**, Paris, 1876, in-8º.

VAISSETTE (DOM), **Géographie historique, ecclésiastique et civile**, Paris, 1755, in-4º, 4 vol.

VERDIER (DU), **Les Cardinaux illustres**.

VIGNIER, **Le château de Richelieu**.

ZELLER (BERTHOLD), **Le connétable de Luynes, Montauban et la Valteline**, in-8º.

— **Richelieu et les ministres de Louis XIII, de 1621 à 1624**, 1880, in-8º.

Vu ET LU,
En Sorbonne, le 29 juin 1889,
Par le doyen de la Faculté des lettres de Paris

A. HIMLY.

Vu et permis d'imprimer
Le Vice-Recteur de l'Académie de Paris.

GRÉARD.

TABLE DES MATIÈRES